阅读是心灵的呼吸

——中共广东省委党校读书文萃

李青　何宣　王坚方　编著

广东人民出版社

图书在版编目（CIP）数据

阅读是心灵的呼吸：中共广东省委党校读书文萃 / 李青，何宣，王坚方编著. —广州：广东人民出版社，2017.9（2023.1重印）
ISBN 978-7-218-12042-3

Ⅰ. ①阅… Ⅱ. ①李… ②何… ③王… Ⅲ. ①读书活动-文集 Ⅳ. ①G252. 17-53

中国版本图书馆 CIP 数据核字（2017）第 228571 号

YUEDU SHI XINLING DE HUXI ZHONGGONG GUANGDONG SHENGWEI DANGXIAO DUSHU WENCUI

阅读是心灵的呼吸——中共广东省委党校读书文萃

李 青 何 宣 王坚方 编著

出 版 人：肖风华

责任编辑：曾玉寒 廖智聪 伍茗欣
封面设计：李桢涛
责任技编：吴彦斌 周星奎

出版发行：广东人民出版社
地 址：广州市大沙头四马路 10 号（邮政编码：510199）
电 话：（020）85716809(总编室)
传 真：（020）83289585
网 址：http：//www. gdpph. com
印 刷：三河市嵩川印刷有限公司
开 本：787mm×1092mm 1/16
印 张：17. 75 **字 数**：310 千
版 次：2017年9月第1版
印 次：2023年1月第2次印刷
定 价：58. 00 元

《岭南理论视野丛书》总序

习近平总书记在全国党校工作会议上指出：党校姓党，决定了党校科研要紧紧围绕党的中心工作展开，在党的思想理论研究方面有所作为，为坚持和巩固党对意识形态工作的领导、巩固马克思主义在意识形态领域的指导地位作出积极贡献。党校要根据时代变化和实践发展，加强理论总结和理论创新，为发展21世纪马克思主义、当代中国马克思主义作出努力。党校要聚焦党和国家中心工作、党委和政府重大决策部署、社会热点难点问题进行深入研究，及时反映重要思想理论动态，提出有价值的对策建议。党校要成为党和国家的重要智库。习近平总书记的重要讲话，为在新形势下提高党校科研能力和水平，做好党校理论研究工作指明了方向，具有很强的指导性和现实针对性。

当今世界正处在大变革大调整大发展之中，出现许多新情况和新问题。如果不深入研究，就无法掌握经济社会发展的新特点、新规律，就无法掌握工作的主动权，面对困难时就会束手无策。理论研究既有助于我们实现对客观世界的准确把握和对未来发展趋势的深刻洞察，又有助于我们紧跟时代发展步伐，不断以新的研究成果指导新的实践，以新的实践印证新的理论。因此，加强理论研究和学习，无论是对理论工作者还是对领导干部来说，都显得尤为重要。

《岭南理论视野丛书》是由中共广东省委党校（广东行政学院）有关专家学者研究、撰写，由校院资助出版的丛书。每年出版一套共五部。这套丛书重视理论性和学术性，在对重大现实问题的研究上注重理论提升，力图形成以理论性和学术性为基础，具有岭南视野与党校和行政学院特色的系列著作。我们希望丛书的出版，对理论工作者尤其是领导干部学习研究中国特色社会主义理论体系，提高逻辑思维和理论分析水平，深入理解当代中国特别是广东经济社会发展的现状和趋势，将会有所补益。

学无止境，探索真理的道路是漫长而又艰辛的，对《岭南理论视野丛书》的作者们来说，情形亦是如此。没有批评，就没有进步。我们期待着各界方家大师的指点。

杨汉卿

2016 年 12 月

（作者系中共广东省委党校常务副校长）

序

古往今来，凡成就大业者，无不是思想上的领先者。在实现民族振兴伟大理想和广东率先实现现代化战略任务的历史进程中，作为培训轮训党员领导干部的主渠道、主阵地，党的理论创新重要方面军的党校，如何读书对发挥好自身职能的意义和作用，是不言而喻的。多年来，我校教职工和学员孜孜以求、勤勉奉公，为思想强党，理论兴国不懈努力读书，用自己的忠诚和智慧，在为党的理论创新事业做出应有贡献的同时，也培育出了崇学明德、止于至善的党校读书氛围，形成了独特的姓党爱党、追求真理的党校读书传统。

为传承发扬这一传统，我校自2013年起开始组织“书香黄华园”读书活动，定期安排教职员工和学员围绕中心工作，结合专业特长和工作实际，对自己的读书成果予以梳理，通过读书报告会、座谈会等形式总结交流分享。这项活动，在校内外产生了日渐广泛的影响，成为我校传承党校文化传统的重要平台。为进一步拓展“书香黄华园”的功能，校学术委员会决定出版《阅读是心灵的呼吸——中共广东省委党校读书文萃》一书，通过荟萃近几年来党校人读书活动的成果，既褒奖先行者，又鼓励后学，以期更好发挥“书香黄华园”打造平台、交流思想，锻炼队伍、培育新人的作用。

读书本是寻常事，但若细究，党校人如何读书，却有值得深思之处。

首先，以什么态度读书，便大可琢磨。中央文件明确规定：党校是党委直接领导下培养党员领导干部和理论干部的学校，是党委的一个重要部门。党校的诞生、存在和发展，始终同党的建设、同党在各个时期的中心任务紧密相连。党校的性质定位决定了党校在培训轮训党员领导干部，培养高素质的领导干部和理论骨干，学习、研究、宣传马列主义、毛泽东思想和中国特色社会主义理论体系诸多方面，肩负着重大的历史使命。由此可见，党校应该是一种思想性的存在、精神性的存在。这一特征，决定了党校的教职员工和学员如何看待读书、如何读书的问题，不是个人私事，而是涉及执政理国的政治问题。正如习近平总书记所强调指出的那样，党校姓党，党校的一切办学活动都坚持党性原则、遵循党的政治路线，坚持以党的旗帜为旗帜、以党的意志为意志、以党的使命为使命，严守党的政治纪律和政治规矩，坚持在党爱党、在党言党、在党忧党、在党为党，归根到底一句话，就是要在思想上政治上行动上自觉同党中央保持高度一致。因此，党校人要树立正确的读书观，必须将真理性作为内在追求，党性作为“取景框”，世界性作为参照系，在赤子之心、家国情怀、党员意识的统一中为理论强党、思想兴国而读书。读书能不能真正提高领导干部的素质和能力，是评价党校人读书成效高低的唯一标尺。具体来说，党校读书活动的目标应体现在以下四个方面：一是要通过读书活动引导党校人把中国特色社会主义理论转化为科学的世界观和坚定的政治信仰，从而在内心深处坚信和拥护中国特色社会主义，使之真正成为自身坚定理想信念的“魂”和统率各项工作的“纲”；二是通过读书活动引导党校人把中国特色社会主义转化为坚定的党性原则，树立核心意识，紧紧团结在以习近平同志为核心的党中央周围，令行禁止，从而增强党的凝聚力和战斗力；三是通过读书活动引导党校人把中国特色社会主义理论转化为科学的方法论，以此作为观察事物、判断形势、解决问题的思维方式和锐利武器，从而推动各项事业的进步；四是通过读书活动引导党校人把中国特色社会主义转化为扎实的领导作风和工作作风，进一步提升自身的能力，从而推动各项具体工作的落实。

其次，读书要有利于党校功能的发挥和党校教育价值的实现，这是党校的使命所使然。读书，可以帮助我们学习借鉴间接经验。人是一个问题机器，应对问题，间接经验可以提供方便有效的应对模式。人生也有涯而知无涯，以有涯随无涯，怠矣。习近平总书记指出：“从总体上看，与今天我们党和国家事业发展的要求相比，我们的本领有适应的一面，也有不适应的一面。特别是随着形势和任务不断发展，我们适应的一面正在下降，不适应的一面正在上升。如果不抓紧增强本领，久而久之，我们就难以胜任领导改革开放和社会主义现代化建设的繁重任务。”(《习近平在中央党校建校80周年庆祝大会暨2013年春季学期开学典礼上的讲话》)没有间接经验，我们就无法应对复杂多变的环境，执政理国就无从谈起。就省级党校的学员而言，副处级以上的学员参加培训以前，经过若干年的岗位历练，履职尽责需要的政策法规知识、日常工作经验、工作认知能力，都有相当水平。但由于工作岗位相对固定的限制以及对自身经验的习惯性顺从，对解决问题有益的间接经验获取，又显得不够。在组织培训中要解决直接经验与间接经验的双向转化的问题，目前仍需努力。学历较高与履职能力相对不足、直接经验丰富和间接经验欠缺的矛盾表明，“已知的半径越长，未知的圆周越大”。当前，选调进入党校学习的学员普遍学历较高，基本上都经过高等教育阶段学习，有自己不同的专业教育背景。但是，对于履行岗位职责所必需的马克思主义理论素养、党史、中国史、世界史、公共管理相关知识等，一些学员还存在这样那样的不足。根据我们多年统计和跟踪研究，学员中具有人文社会科学，特别是马克思主义理论教育背景的并不占多数，存在着专业知识与理论素养结构不平衡的矛盾。知知与无知的辩证法，才能有所畏惧；有所畏惧，才能理智地面对世界、面对自己，才能安身立命。一个成熟领导者素质的养成，如遵法规，知分寸；合时宜，懂进退；守纪律，有主见；智慧、忠诚、勤勉、廉洁等素养，都需要重打“书底子”，重构马克思主义的见识与见地。

最后，读书的状况还影响党校的品位，是党校有没有魅力、能不能树立榜样的大问题。党校人如何读书，有示范和引领作用。

善于发展当代马克思主义，是党校人读书的神圣使命。习近平总书记指出，党校姓党，决定了党校要在党的思想理论研究方面有所作为，为坚持和巩固党对意识形态工作的领导、巩固马克思主义在意识形态领域的指导地位作出积极贡献。党校要根据时代变化和实践发展，加强理论总结和理论创新，为发展21世纪马克思主义、当代中国马克思主义作出努力。党校要聚焦党和国家中心工作、党委和政府重大决策部署、社会热点难点问题进行深入研究，及时反映重要思想理论动态，提出有价值的对策建议。如果为读书而读书，学富五车，百无一用，就像李白所说的那样“鲁叟谈五经，白发死章句。问以经济策，茫如坠烟雾。”如此读书，自然就会死读书，读死书，读书死，把一个人变成了有学历、学位的文盲，变成了有生命但却无智慧的知识存储器。

只有用心思去读，用智慧去读，用激情去读，才能读出精彩、读出真理；才能具有提问现实的能力，具有思考现实的能力，具有发现未来的能力，具有建设性思维的能力；才能增加自己骨骼的硬度和灵魂的光泽；才能将自己读成想干事、会干事、干好事、不出事的干部。党校还要在坚持反对假读书、读假书上做出表率。毋庸讳言，关于如何读书，当前有一种逆向模仿的现象。读书，其实也是人与环境的互动过程。书籍提供给我们的无非是一个思想环境。环境对个性的塑造来自两点：一方面，对环境的模仿心理，也就是所谓的近朱者赤、近墨者黑；但另一方面，人对环境还有很强的逆反心理——近朱者偏偏黑，近墨者偏偏红。如果读书不求正解、反求歪念，不悟大道、自立私意，这和党校人读书的宗旨背道而驰，当然需要警惕。

总之，读书是深层次的精神的呼吸、心灵的光合作用。没有生理的呼吸，肉体的生命必然窒息；没有精神的呼吸，心灵的活力同样也日渐衰竭。愿党校人都能有一种求知若饥，虚心若愚的读书心态，带着神圣感、使命感、责任感、精英感、晋级感为强党兴国而好读善读。

苟志效

2016年12月

（作者系中共广东省委党校副校长）

目　录

上辑

精品·声音·倾听

——学者著作出版对话录

中辑

书香·阅读·品味

——读书活动征文选读

下辑
三味·思享·版图
——读书生活随笔

上辑

精品·声音·倾听

——学者著作出版对话录

揣摩时光　进出历史

——对话《共产党人与黄埔军校》

曾庆榴

【学者简介】曾庆榴，曾任中共广东省委党校副校长、广东省委党史研究室主任，历史学、中共党史学教授。兼任广东省政协第八届和第九届委员、文史委员会副主任，广东省社会科学界联合会委员、常委，广东省历史学会副会长，广东省中共党史学会会长等。主要著作有：《广州国民政府》《走出历史的困谷》《国民革命与广州》《共产党人与黄埔军校》；主持编撰《中国共产党广东地方史》（第一卷），参与撰写《中国大革命史》及编撰《广东革命史辞典》，2010年参与中央新闻纪录电影制片厂摄制大型历史文献片《黄埔军校》，任总撰稿。近年主要从事《黄埔军校史1924—1927年》的撰写及《黄埔军校稽旧录》（包括《黄埔军校讲演录》《黄埔军校论著》《黄埔军校文存》《黄埔军校征战录》《“廖案”风云录》）的辑注。

从“辛亥革命”到“国民革命”

◇ 问：曾老师您好。《共产党人与黄埔军校》是您出版的一部佳作，您是闻名海内外的广东地方史和党史专家，您还是央视《黄埔军校》（历史文献片）的总撰稿，对于您来说，往事并不如烟，请和读者谈一下辛亥革命百余年的历史好吗？

◆ **曾庆榴**：好的，我是一位历史工作者，愿意谈这样的话题。辛亥革命推翻几千年封建帝制，从帝制到民国，真正是沧海横流、地覆天翻。辛亥革命之后，国民革命兴起。这两次革命相隔的时间不长，接踵而至，国民革命欲竟辛亥革命未竟之业。这是我一直比较留意的一段历史，近年来读书、写作，多是与此有关的。

◇ 问：这好像是民国史的题目啊，您不是研究中共党史的吗，怎么会对民国史关注起来呢？

◆ **曾庆榴**：我认为做学问不应画地为牢，自己限制自己，自我束缚。正是为了弄清党史问题，必须将视野放大，要阅读与此相关的各种资料。我关注民国初年那段历史，最初的出发点，就是要搞清楚中共初创时期的问题。那是在大致相同的一个时间段发生的事，许多事情是你中有我，我中有你，分不清哪是党史，哪是民国史的。

《共产党人与黄埔军校》

◇ 问：那么，在这一时间段中，您比较留意的问题是什么？

◆ **曾庆榴**：我给自己出的题目，简而言之是十六个字：南北关系、南方政权、国共关系、国民革命。这几个问题既是全局性的，但主要发生于广东，也是地方性的。既与民国史有关，也与中共党史有关，特别是与广东党史有关。这不是哪一级的课题，并没有谁给我派过这样的任务，而是多年来我综观学界的动向，并考虑到自己的研究方向，自认为值得自己去做的题目。大体上，我是围绕这四句话去阅读和思考的，我做出来的东西当然不成气候，也无足称道，但一直在做。

◇ 问：您说过“历史从来就不是一条直线”，对这一段历史最想说些什么？

◆ **曾庆榴**：历史不是直线发展，有波澜、迂回、曲折。辛亥革命后，帝制为民国所替代，但民国徒有其名，不成熟，“民”而不“国”。在政权更迭、社会变动的过程中，武人的作用被突出，各种名目的军事集团因势而起，他们登上了历史的舞台，但其中演变成军阀的那些人，却成为社会新的乱源。民国名不符实，实际上是武人当国。国民党、共产党合作开展的国民革命，是民族民主革命，要反帝反封建，打倒列强除军阀，目标是实现民族独立，建立民主政治，希望真正做到人民当国。但国民革命同样走着曲折的道路，许多情况令人浩叹。

◇ 问：这话怎么说？

◆ **曾庆榴**：长话短说吧。国民革命过程中，孙中山鉴于以往的经验，学苏俄，努力打开“以党治国”和“统一军政”的局面，对此，当时的共产党人是予以支持的。然而，这两条都在实际中变了样。首先是国民党的改组遇到了重重的障碍，国共合作波折横生，并没有实现国民党的政治方向与组织制度的彻底更新，结果也就未能形成以革新政党的应有品质来掌握国家政权的各种条件，反而为国民党搞一党专政铺平了道路。其次是“统一军政”的措施不得法，并未建立由革命党、革命政府掌握军队的有效机制，也没有形成足以监督、制衡军队的实际力量，而是走以军制军的老路，为野心武人扩张自己的实力提供了便利。结果，“以党领军”的路线未能实现，实现了的却是蒋介石的“以军制党”和“以军制政”。1926 至 1927 年国民党内发生的“党权”“政权”“军权”的大较量，结果是“军权”战胜了“党权”和“政权”。1927 年蒋介石“清党”后，蒋所搞的国民党的党国体制和军事独裁，正是从上述两条演变而来的。历史走着曲折之路，可叹之处在此。

◇ 问：看来您对国民革命的研究下了很多功夫。大家都说，广州是国民革命的中心，您认为这个“中心”包含了哪些内容？

◆ **曾庆榴**：辛亥前后，广州是革命人最活跃的地方之一。从 1917 年起，孙中山先后三次在广州创立革命政权，国民党中央设在广州，国民党前两次全国代表大会在广州召开。孙中山逝世后，国民政府在广州正式建立，通过两次东征和南征，完成了广东和两广的统一。广州共产党组织是全国党组织的重要组成部分，党的创始人陈独秀先后三次来广州工作，中共三大、社会主义青年团一大和前三次全国劳动大会均在广州召开，中共中央一度设于广州。广州是国民党改组和国共合作的“试验区”，通过在广州召开的国民党一大，国共两党建立了第一次合作。随着国民革命运动的发展，在广州逐步形成了四大革命活动基地，就是黄埔军校、农民运动讲习所、东园（省港罢工委员会）和中山大学。全国各地及海外归来的知识精英，优秀青年，军、政、文化各界的杰出人物，纷纷云集广州，共同推进革命运动的高潮和广州社会的进步。将国民革命运动由珠江流域推进至长江、黄河流域的北伐战争，是以广州为发祥地的。

◇ 问：您的《“廖案”能见度》，一写将近两万字，写了许多他人未提到的事，您怎么会想到写“廖案”的？

◆ **曾庆榴**：1983 年 12 月，李新教授、刘桂生教授应邀来广东省委党校讲学，我被党校指定全过程陪同，因此有机会常与他们联系和谈话，听完了他们讲的全部课程，并参与整理他们的讲课记录稿。有一次李新对我说，廖仲恺被杀是历史上一大悬案，你们应当将有关的材料收集起来，做通盘的研究。李新已谢世多年，但他这句话我没有忘记。20 多年来，每见到有关的资料，我都会收集起来，或复制、或抄摘。虽然不是专门在做，但多年没有停止，也积累了不少史料。直到现在，我还不能说我已经弄清了“廖案”的内情，可见历史是不容易搞的。这个案子只能借用“能见度”这个说法，将目前看得清楚的部分，特别是它的影响整理出来。陈铁健教授（他是李新的研究生）最近读了这几篇文章，给予了肯定，说要将有关内容反映在他的著作中。

◇ 问：国民革命是我们对百年激荡历史理解的一个着重点，那个时代的共产党人的气质其实是“新潮”和充满“激情”的。在动荡年代中，知识分子的道路选择有怎样的意义？

◆ **曾庆榴**：我很佩服历史上那些有远大的抱负、勇于担当时代大任的人物。读省港罢工的史料，我就觉得像邓中夏那样的人，的确是很不简单的。他是北京大学的学生，是驾驭着省港罢工的巨轮在怒海中前进的工运舵手。省港罢工的许多创制，包括工人内部的组织管理、宣传教育、罢工策略等，几乎都出自邓中夏的手笔。有人说：革命者应当具备的品质，邓中夏都具备；他天天在解决问题，又天天发现新问题；他在创造革命经验，又在总结革命经验。又有人形容说，他是手挥五弦、目送归鸿、俯仰自得，从事革命运动对于他们这些人来说，是得之心、应之手的事情。可惜的是，自觉的知识分子并未成为当时革命运动中的主导，许多事，他们说了不算。

广东地方史——黄埔军校史的学术魅力

◇ 问：曾老师，您的作品是以广东地方史，特别是广东党史为主要视域，我们常说“越是中国的，就越是世界的，”您把它转换成“越是有地方特色的，就越是能行之久远的，”您还说过做地方史研究不会被矮化，怎么理解这句话？

◆ **曾庆榴**：在史学领域中，我们追求的是“通识”。与“专”相比，“通”的学术品位更高。有“通识”的人很难得，“通古今之变”一直是史家追求的境界。但我认为“通”应以“专”为基础，所谓“通识”，主要是能从总体上和宏观上把握、处理具体历史问题的一种识见。走向“通才”的道路，应从专题起步。我的一位朋友做壮族史研究，他很自谦，说自己搞的是“地方粮票”。我说搞出有见地的“地方粮票”并不容易，就像破解“马尾巴功能”一样，或许有人认为这是个小题目，但小题目却非人人能做，也要涉及一个庞大的知识体系，何来被矮化，又何须自我矮化？

◇ 问：您的代表著作《共产党人与黄埔军校》让人思索良久，多年来您穷搜罗掘、苦苦寻证，您是什么时候有这么浓烈的“黄埔情结”的？

◆ **曾庆榴**：我并没有军人的背景，除军训外，一天兵都没当过。我的家并非军人之家，我与黄埔岛也没有特别的情缘。我之所以走进黄埔军校史的领域，不是“军人”或“黄埔”情结所致，完全出于阅读的积累与心得。

◇ 问：黄埔军校史是否也算一张“地方粮票”？是否也有个庞大的知识体系？

◆ **曾庆榴**：黄埔军校在广州，做广东地方史固然离不开它，但做民国史、军事史、中共党史同样离不开它。黄埔军校史的涵盖面和辐射面很广，与众多历史人物、大量历史事件有关。黄埔军校不但在广州办，在许多地方都设有分校，1927年后又在南京、成都连续举办，牵涉面就更广了。但是在整部中国近代史中，也还只是个小题目，在教科书上写不上几行字，讲起课来寥寥数语，一带而过。称之为“地方粮票”也不为过。然而，做起研究来还真不容易，我浏览、阅读、整理过的东西，自己说不清有多少了。

◇ 问：对黄埔军校史您最想说些什么？

◆ **曾庆榴**：在我看来，黄埔军校史有两个话语系列。作为公众话语空间，黄埔军校史是多色彩、多层次、多元化的，是不同诉求的人们对于那一段历史的一个叙说平台；而作为学术话语空间，黄埔军校的历史也是有魅力、有大量的文化与学术含量的，值得学者们潜心以求。黄埔军校史所蕴涵的许多史事，例如军队“党化”等，就很值得研究。黄埔军校建立的军队称“党军”，走出了“以党领军”的第一步，然而一面是军队的“党化”，另一面却是“党军”的异化，作用与反作用几乎同步进行着。军队“党化”与“党军”异化都有国民党本身内在的原因，更有着深刻的社会历史原因，与黄埔军校的历史有密切的关系。

◇ 问：党校的体验式教学让学员参观黄埔军校旧址，参观以后，以今天的感觉来看，1924年的国共风云际会，岁月沉淀让内心多了一种沧桑感。

◆ **曾庆榴**：是的，参观黄埔军校，常看常新，我说过黄埔军校史是个公众话语空间，的确有许多人参与其中。党校的学员们，实际上也走上了黄埔军校这个话语平台，是不同程度的参与者。并非所有的历史叙述都能引起公众的关注，只有在一定的氛围中，只有那些能够触发人们某种情感的史事，才会唤起人们的集体记忆。而对某一史事的叙述能够成为公众共有的话语平台，有公众的关注和参与，并自然而然形成互动，这就是那段历史的灵魂与活力所在。

◇ 问：屈原说“长太息以掩涕兮，哀民生之多艰。”面对历史我们未免感慨良多，特别是两岸和国共两党关系新的背景下，您对黄埔军校的历史有何新的感悟？

◆ **曾庆榴**：我在美国两次参观了著名的西点军校。在西点校园里见到一座内战纪念碑，据介绍美国发生的60场内战，其中55场双方军队的指挥官都是西点军校的毕业生。同学与同学对打，原来不是黄埔军校才有的，在西点军校早就是这样了。黄埔军校过去让人讲得最多的，就是师生同学对打。除北伐、抗日曾经同仇敌忾之外，两次国内战争，多是黄埔军人在互相对垒，这就未免令人“长太息以掩涕兮”了。其实，放在历史的长河来看，这只是浪花儿一朵。再往深一层看，同学之情、同窗之谊，往往很难割得断。北伐时，黄埔一期生共产党员曹渊牺牲于武昌攻城之役，他的同学桂永清（国民党员、孙文主义学会骨干）发表《同学曹渊同志之死》一文，说“他（曹渊）死的价值得比泰山还重”，并对曹渊表示“忏悔”。这就让我感到，有的时候同学之情是能够越出于党派歧见的。即使是在兵戎相见的时候，人性中固有的那一点东西，往往也能够使人作出这样的超越。读黄埔军校的史料，对此时有感触。当然，正如西点军校那座纪念碑所昭示的，同学打同学的战争，以后就不要再发生了。

“历史情结”——挥之不去的一抹尘烟

◇ 问：曾老师，您退休后，笔并没有停歇下来，发表了很多文章，写得相当大气，还在到处搜集资料，随身带着照相机将那些与历史相关的东西拍下来，这是不是您锲而不舍、刨根问底的习惯？

◆ **曾庆榴**：其实，我已将我的图书陆续捐赠给广州图书馆了。但一边在捐赠，一边却在买书和接受赠书，同时还接受有关的约稿，做别人要我做的事。对史料的搜寻也是这样。我到美国探亲之前，凭着一条线索，我知道陈公博的一批史料还密存于美国某城银行的保险箱里，至今还未被史学界使用过，我即萌发了要跟踪、了解这批史料的想法。虽然没有人给我交这一任务，但我感觉应当做这件事。我到美国后，即想办法与当事人取得联系，证明确有这样的一批史料。我提出要看这些史料的要求，也为对方所理解和重视。我离开美国后，对方还来电话找过我。但因存放的地点太远和其他的原因，我未能目睹这批史料，真是十分的遗憾。对史料的执着搜寻，只能说我在历史这个行当中一干数十年，积习难改了。

◇ 问：与历史打交道需要怎样的一种学术品质？

◆ **曾庆榴**：我们以历史为专业，不能不与历史打交道，不能不“走进”历史，让自己“活动”在历史当中，不断进行古今对话。因为往事并不等于就是史学，经过史家之手才成为史学。历史其实是史家与史实之间的不断互动，永无止境的古今对话。

◇ 问：如果说历史也是个“行当”的话，您一干数十年，对其“行规”“行矩”一定会有不少的认识和体会吧？

◆ **曾庆榴**：我对历史哲学、史学理论一类没太多的研究。历史的定义是什么？很难说得清楚。我们经常说的一句话，只是要就事析理，也就是要结合历史过程来分析问题。如果离开历史的支撑，任何经验、理念或观点的提炼，都将是苍白的。在史学领域内，历史是史家的主人。诗贵传情，史贵传真。历史学是首先求真之学。只有真实可靠的历史，才称得上是信史。

◇ 问：在您研究的领域中，经常琢磨什么问题？

◆ **曾庆榴**：我经常琢磨的，只是两句话：一句是“现在不能说明现在”；另一句是“六经皆史”。搞历史的人，往往将“现在不能说明现在”奉为原理、信条，也就是相信未经时间沉淀，无以揭示历史；未经时间检验，无以证明历史。“现在不能说明现在”这句话，彰显出史学的价值，等于确立了史学的基础。

◇ 问：那么第二句“六经皆史”是什么意思呢？

◆ **曾庆榴**：这是我对古语的套用。我的意思是将所能读到的东西都作为史料，从中找出能反映历史、证明或证伪历史的东西来。以读史料的心态进入阅读，让一切都姓“史”，都看作是某种历史条件、某种历史情境之下的产物，从中寻绎过往时光的痕迹。这样，就能经常读出他人不易读出的一些感受来。再说，以历史的眼光审读一切，也能避免对所读的东西产生迷信、轻信，或者反过来一概都不信。这也算是一种读书和搞历史的方法吧。

◇ 问：您会读回忆录、文史资料、口述历史吗？实际上个人写作或口述的史料可能并不完全真实，出于一些顾虑和其他考量，当事人不一定说出全部的原由，您是怎样甄别史料的价值的？

◆ **曾庆榴**：对于历史的当事人、过来人和某一事件见证人写作或口述的东西，我是会经常阅读的，也喜欢读，特别是他们亲历、亲见、亲闻的材料，我没有理由抵制它，不将它纳入阅读的范围之内。当然，这需要甄别。价值如何，就不可一概而论了。

◇ 问：读历史是很沉重的，有时让人纠结，您一辈子与史料打交道，说实在的，到底会不会产生疲惫感？

◆ **曾庆榴**：以前，我也以为只有文学作品才可以赏玩，才有“可读性”，才令人读而不厌，殊不知历史也是可以“读”的，也有兴味盎然的地方。特别是那些有“通识”的作者、有独到的眼光而观察入微的作者，他们写出的东西就很可读。在我看来，史家著史，并非铁石心肠一副，即使是那些显幽烛隐、匡谬正误的文字，往往也寄寓着太多的情感，只是我们有时读不出来而已。史笔是这样的一副笔墨，既有思辨魅力，也有文辞之美。史家的写作，往往也有出于赏玩、一吐积愫或抒写灵性的一面。好的史学作品还是有魅力的，我喜欢读。

◇ 问：历史风云跌宕，如果让您来写一台反映百年史的大戏，您会从什么地方落笔呢？

◆ **曾庆榴**：近百年来，许多故事当然可以写成戏，但我从来没有想过要自己去写，根本就没有这样想过。甚至，我对谁能写好这台戏也不抱太多希望。我已经习惯于从客观的历史来看“戏”。客观的历史（不只是纸上写出的）本身有许多“戏”可看，高潮迭起，波澜曲折，悬念一个接着一个，更有预想不到的喜剧或悲剧结局，令人荡气回肠。这很难移来纸上，很难重现于舞台。在客观历史面前，再有天赋的作家，也会显得渺小和笨拙。我们当然很尊重作家，我的感受只是：历史永远比小说耐看，比戏深刻。

◇ 问：您在教学、研究岗位上一干多年，您退休后还在继续做研究，著作甚丰，退而不休，能和读者介绍您近来的课题研究吗？

◆ **曾庆榴**：《共产党人与黄埔军校》这本书经过修订已经出版。也有北京的出版社约我撰写《黄埔军校史》和辑注黄埔军校的历史文献，已经列入出版计划。多年来在这些方面有点积累，量力而为。愿以“永远在路上”一语勉励自己，在读书、写作中，打发今后的时光。

◇ 问：我们也以历史角度问历史学家最后一个问题吧，您是怎样评价自己？

◆ **曾庆榴**：我的老师胡守为（任过中山大学副校长，已退休）为我们的“同学录”撰序，其中引用了孔子《论语·八佾》中的一段话：“射不主皮，为力不同科，古之道也。”胡老师解释说：“孔子的意思是行礼射箭时，只要中的，不一定看靶子是否射穿，因为人的力气大小不同，自古就是这个道理。引申到人事上，是不应以职务高低、财富多少作为衡量人的标准，因为每个人能力、机遇不一样。”这段话说得真好。说到我自己，射箭的力度如何固然不好自评，而射中了目标没有，在我们这个行当中，也是不应笼而统之、一概而论的，这点就不要由自己来说了吧。我所能够说的，只是我已把箭射出去了，是努力对着靶子射的。这算不算符合“射不主皮”之义呢？这也让别人去评价吧。

国家课题研究的思维底蕴

——对话《道德代价论》

吴灿新

【学者简介】吴灿新，中共广东省委党校哲学部二级教授、伦理学硕士研究生导师。多年来，主要从事哲学、伦理学等方面的教学和研究；先后出版独著、主编与合编的著作、教材50余本，发表论文、文章400多篇，有90多个项次获得国家、省部、校级优秀科研成果奖。先后兼任中国伦理学会理事、中国社会科学院应用伦理学研究中心理事，中国政治伦理学研究会副会长、广东省伦理学会会长与名誉会长、广东省社会学会副会长、广东省精神文明学会副会长、广东省中华民族凝聚力研究会副会长、广东省妇女学会副会长等；先后获得国务院政府特殊津贴专家、广东省优秀中青年社会科学家、广东省五一劳动奖章、中共广东省委党校建校60周年"感动党校"先进人物、荣誉岭南学者、全国优秀社会科学普及专家等荣誉称号。

◇ 问：吴老师您好，您是哲学名家，教书育人，笔耕不辍，研究领域有很多重要的理论贡献。请问做《道德代价论》国家课题的价值在哪里？

◆ **吴灿新**：我不是什么哲学名家，能够做个哲学伦理学研究和教学的工匠，就很不错了，很知足了。我只是尽我的本分，做了一些我应该做的事情。

说到《道德代价论》国家课题的价值，主要有两个方面：其一是理论的价值——道德代价问题的研究能够开拓发展伦理学的理论视野。随着中国社会的进步发展，社会发展问题日益凸显，发展伦理学也就呼之而出。中国发展伦理学的研究发轫于20世纪90年代。它是从伦理的视角研究和评判发展，并力图挖掘出"发展"内含的伦理意义和价值。其重点是从社会发展的宏大背景，去探讨发展善的问题。然而，发展善与发展恶是一对客观的辩证统一关系。社会发展作为前进的、上升的运动，发展总是朝着"善"之方向运动的。但作为一种过程，它既无法完全脱离“恶”，也无法完全避免“恶”。善与恶既相互肯定，又相互否定；发展不是对“恶”一劳永逸的克服，而是在对“恶”的否定之否定过程中接近更高的“善”；社会发展就是在发展的善恶矛盾运动中不断走向更高的发展阶段。然而，以往发展伦理学在研究发展恶方面比较薄弱。而道德代价问题的研究，则有助于补上发展伦理学这一短板。因此，可以说，本课题的研究，在理论上有助于对人类社会发展中道德代价规律的认识，也有助于进一步拓展发展伦理学研究的理论视阈。其二是实践的价值——在最大限度上降低中国改革开放所付出的道德代价。中国改革开放在30多年的伟大历史进程中，引发了社会翻天覆地的历史性变迁。

《道德代价论》

它造就了令世界为之瞩目的骄人成就，推动着中国经济社会迅猛发展。然而，与此同时，也出现了不少危机与挑战。其中一个最严峻的危机和挑战，就是在改革开放这股巨大的历史洪流之中，挟裹着大大小小的道德代价之毒水污泥，正在严重地侵蚀着中国社会的肌体，污染着国人的精神家园，它使改革开放付出了沉重的发展代价。要使改革开放顺利进行，就必须在最大限度上降低其所付出的道德代价。因此，这一课题的研究，在实践上有助于更好地推动中国的道德建设，有助于更好地克服全面深化改革中的发展恶，从而，有助于更好地建成全面小康社会和实现伟大的中国梦。

◇ 问：您太谦虚了。您在“耳顺之年”，研究热情还依然这样旺盛。请问，可研究写作的东西很多，但您为何会进行这本书的写作？

◆ **吴灿新**：写作《道德代价论》，完全是出于一个关心祖国命运的知识分子之使命。我出生于20世纪50年代初，几乎是与新中国一块成长的，目睹新中国在曲折的发展道路上不断前进。改革开放以来，经济建设一马当先，一跃而成世界第二大经济体。然而，由于社会的急速转型，更由于长期忽视社会全面协调可持续发展，特别是一段时间忽视道德建设，导致在社会发展中，道德资源比较稀缺，从而付出了沉重的道德代价。作为与新中国一起成长的我，我的命运与新中国的命运息息相关。我曾经当过多年的工人，恢复高考后，有幸考上大学，并成长为一名高级知识分子。为祖国繁荣昌盛而尽自己的一点绵薄之力，这是我作为一个关注祖国命运的知识分子义不容辞的使命。我长期研究哲学伦理学，十分关注改革开放以来中国道德发展的状况。这种沉重的道德代价，让我无比痛心。我有责任对此进行研究、进行写作、进行呼吁，为尽可能地降低道德代价提供一个知识分子应当提供的理论引导。

◇ 问：明白了。可否请您向读者介绍一下，这本书的新意在哪里？

◆ **吴灿新**：新意在两个方面：

首先，是研究的思路新。

新思路一是从一般到特殊，从普遍到个别，即从研究代价一般到道德代价一般，再到中国改革开放的道德代价（特殊）。课题研究时，摆在我们面前的首先是道德代价的真理性维度。在真理性维度上，其根本特质是“一元性”。因而，我们研究道德代价，就必须从道德代价的普遍性和一般性入手，才能科学地认识道德代价的特殊性。而真理不仅具有“一元性”，还具有“多层性”和“多维性”。从事物的一般到特殊，再从特殊到个别；从事物的一层到二层，再从二层到三层以至无限；从事物的一维到二维，再从二维到三维以至四维，人类就是在这种相对真理的认识过程中，不断趋向绝对真理的彼岸。因此，我们对道德代价的认知，也必然要走这条从相对真理不断趋近绝对真理的道路。

新思路二是从历史到现实，即从道德代价思想的历史到当代中国道德代价思想的现实，从人类社会道德代价的历史到改革开放道德代价的现实。这是研究道德代价问题的历史性维度和现实性维度。世界任何事物都有一个发生发展的过程，从事物的时间存在形式来看，过去就是现在的历史，现在是过去的继续发展。探寻现实，只有借鉴过去了的历史才能看得更清楚。从因果关系看，事物过去的发展往往是事物现存的原因；而事物的现状，往往也是事物过去发展的结果；同时，又是事物未来发展的原因。因此，探寻中国改革开放历程中的道德代价问题，一方面，在实践上，必须从道德代价发生发展的历史过程，去把握当今中国社会发展中的道德代价问题；另一方面，在理论上，应当从道德代价思想发生发展的历史过程中，去了解当代中国道德代价思想的现实，并由此推进对当代中国道德代价的认识，以更好地引导实践的前进。

新思路三是从理论到实践，再从实践到理论，即从探讨一般理论到道德现实实践，再从道德现实实践概括出新的理论。这是一个以价值性维度为主导的真理性与价值性相结合的认识维度。从实践到理论，再到新的实践与理论，这是人类认识世界和改造世界的一般规律。理论是人类认识世界的成果，实践则是人类改造世界的桥梁。道德的特质就是一种“实践精神”，是一种价值理性的成果。道德代价本质上是一个价值问题，也是一个实践问题。因而，研究中国改革开放道德代价问题，不仅应当探讨关于道德代价的一般理论，并依据现有的理论，去分析改革开放的道德实践；更重要的是，通过这一过程，去检验现有的理论，并从道德现实实践概括出新的理论，去指导改革开放的道德代价调控实践，以达到最大限度地降低道德代价，顺利推动改革开放的不断深化发展和中国社会的不断进步。

其次，是观点新。道德代价问题，由于以往研究的不太多，因此，其尚未开垦的处女地也就较多，这就使得我们在研究中，产生出许多新的观点和思想。

在第一章中，创新性地重点探讨了道德代价的含义问题。指明道德代价是人类社会发展进程中往往难以避免的一种精神性代价，是指人类在社会发展的历史进程中，为追求社会进步所引起的道德的损害、损失和牺牲，即主要指正向的、合乎道德的、善的价值的损害、损失和牺牲，以及为实现这种进步所承担的消极道德后果。它是社会发展的矛盾或背反性质的道德体现，是否定的道德外化或对象化形式，其实质是社会发展实践活动在道德上的否定性方面，它是与人类追求社会进步价值取向相悖的负面道德价值和道德价值损失。

在第二章中，较全面地探讨了道德代价思想史问题。人类对道德代价问题的认识由来已久，然而，从学科的严格意义上的对道德代价问题思索，是从近代以来特别是资本主义社会确立以来的事情。因此，我们选择了三条思想史线路：一是中国历史上的道德代价思想；二是西方历史上的道德代价思想；三是马克思主义的道德代价思想。

在第三章中，创新性深入地探索了道德代价的本质、规律及类型问题。不仅从本体论的维度、价值论的维度、认识论的维度和方法论的维度全面探讨了道德代价的本质，而且揭示了道德代价具有客观必然性、普遍性、精神价值性、否定消极性、特殊规范性、内在性、广泛性等基本特征，以及其基本规律：道德代价与社会进步矛盾运动规律、道德代价与经济关系矛盾运动规律、发展善与发展恶矛盾运动规律。并将道德代价的基本类型分为“主客性道德代价”“时空性道德代价”“对象性道德代价”“内涵性道德代价”“范围性道德代价”等。

在第四章中，重点探究道德代价的价值问题。道德代价就其主要的和基本的方面来说，具有不可否认的负价值。其一是毁坏道德主体的道德人格，导致道德主体的道德异化；其二是损毁道德主体的精神支柱，荒芜道德主体的精神家园；其三是错误道德主体的价值取向，引导道德主体走上发展邪路。然而，道德代价也有其正价值：它是道德进步和社会进步的一个前提条件；是道德进步和社会进步的一个必然环节；是历史发展动力的表现形式。

在第五章中，追述了道德代价产生发展的历程。根据社会历史发展的脉络，可从前现代社会的道德代价、现代社会的道德代价和后现代社会的道德代价去考察，从中揭示人类社会发展的内在矛盾和道德代价产生发展的一般性根源与规律。其中，特别从中国现代化发展尤其是改革开放道德代价演变的历程去考察，揭示改革开放的内在矛盾和道德代价产生发展的根源与规律。

在第六章中，重点探寻市场经济发展进程中道德代价产生发展的根源和规律。一是研究经济、经济基础与道德代价的关系，以期从中发现经济对道德代价的一般意义；二是研究市场、市场经济与道德代价的关系，以期从中发现市场经济对道德代价的特殊意义；三是研究资本、资本逻辑与道德代价的关系，以期从中发现研究资本、资本逻辑对道德代价的重大影响；四是研究计划、社会主义与道德代价的关系，以期从中发现中国社会主义市场经济对道德代价的关键作用。

在第七章中，重点概括和探寻中国改革开放道德代价的现象及其根源。对改革开放道德代价现象的概括，从两个层面进行：一是表层道德代价；二是深层道德代价。因此，探讨产生道德代价的根源，也从两个层面进行：一是道德代价的一般性根源；二是改革开放道德代价的特殊性根源。

在第八章中，重点探求道德代价调控的路径和方法。这种探求从三个层面和角度去进行：一是降低中国改革开放所付出的道德代价所应当确立的正确观念、目标和模式问题；二是降低中国改革开放所付出的道德代价所应当确定的正确途径和方式；三是降低中国改革开放所付出的道德代价所应当明确的关键、重点和突破口。

在第九章中，重点探讨道德代价机制建设问题。要降低中国改革开放所付出的道德代价，从根本上和长远来说，就必须建立健全降低道德代价的机制。而这种机制，从系统论的视角来说，不仅有道德系统自身运行的内在机制，还有道德系统与整个社会发展系统之间相互作用的外部机制。

◇ 问：这本书的确不仅有很多的新意，也有很多独特的理论梳理，故我们特别感兴趣的是，为何做哲学研究需要有历史大视角？

◆ **吴灿新**：做哲学研究需要有历史大视角，这是由哲学的本质与特点所决定。虽然哲学的概念众说纷纭，然从词源上来看，哲学（英语：Philosophy，源于希腊语：Φιλοσοφία），意即“热爱智慧”的意思。因此，在一定意义上，可说哲学是“智慧学”。感性认识产生经验，理性认识产生知识，悟性认识产生智慧。哲学智慧是大智慧，它的研究对象是宇宙、世界、社会、人生的一般性本质与规律，它是关于世界观的学说，也是自然知识和社会知识的概括和总结。因此，哲学研究必然是一种宇宙大视野、世界大视野、历史大视野。

◇ 问：您认为中国改革开放以来付出了沉重的道德代价，请问应当如何看待这些道德代价？

◆ **吴灿新**：社会的发展与进步，从伦理学的视阈来看，就是一个善恶矛盾运动的历史进程。道德代价是人类社会发展进程中往往难以避免的一种精神性代价，即是一种“道德恶”或“发展恶”。在此，这种“道德恶”或“发展恶”往往指的是客观性道德代价，即在社会发展中不得不付出的道德代价。比如，中国改革开放后走社会主义市场经济道路，因为这条道路是中国强国富民的必由之路。但是，由于市场经济的一般性缺陷，它会在不同程度上引发极端个人主义、拜金主义和享乐主义，从而造成一系列道德代价，这是问题的一个方面。问题的另一个方面是，如果我们在主观方面始终重视有针对性的制度建设和道德建设，尽最大努力去减少市场经济的负面效应的话，就有可能最大限度地降低社会发展所付出的道德代价。

◇ 问：中国社会转型，需要理论的跟进，请问，这本书创新理论的难度在哪里？

◆ **吴灿新**：这个课题的研究，属于“综合研究”，既不属于纯粹的“基础研究”——理论学术研究，也不属于单纯的“应用研究”——问题对策研究，而是既有基础研究，又有应用研究。因为本课题的研究，是在“问题”意识指导下的研究，最终目的是希望能够为中国改革开放的深化发展提供一些降低道德代价的指引。但要使实践具有科学性，减少盲目性，就必须探索道德代价的本质与规律，建立完善相关的理论。因此，本书创新理论的难度，就在于不仅要有实践的指导性，还要有科学的理论学术性。要做到两全其美，很不容易。

◇ 问：这是第一部在“问题”意识引导下全面系统研究道德代价问题的论著，不仅具有较强的理论性，更具有很强的实践性。请问面对社会发展实践的热点、难点问题，学者何为？

◆ **吴灿新**：面对社会发展的热点、难点问题，学者何为？这是一个问题，又不是一个问题。说它是一个问题，是当下的学者分化得很厉害，各种各样类型的都有。其根本原因，是道德教化的缺失，从而导致少数学者连基本的职业道德素养都没有。在这些人的眼里，没有大义，只有自己的私利，甚至于往往为了自己的一点私利而不择手段。指望这种人关心社会发展，那是很难的。说它不是一个问题，就是关心社会发展的热点、难点问题，是一个学者（主要是文科学者）的分内之事。一个学者，其本职工作之一，就是要对社会发展贡献出自己的一点“智慧”。要做到这一点，就必须主动积极地面对社会发展的问题，尤其是热点难点问题。说到底，智慧的源泉在“社会实践”，离开了社会实践，离开了对社会实践的关怀，“智慧”只能是空穴来风。

◇ 问：当代中国出现道德滑坡现象，大部分人只认为是道德缺失，而您将这种现象作为追求社会进步所付出的道德代价，能讲讲道德代价与道德缺失的区别吗？

◆ **吴灿新**：改革开放以来，中国道德发展的状况的确很复杂。一方面，在现代化建设进程中，中国道德发展水平有了整体的提升，许多新的道德观念深入人心，诸如自由、平等、民主、人权、公平、正义、法治等；但另一方面，随着商品经济特别是市场经济的发展，在市场经济的负面影响之下，在我们忽视道德建设的情况下，中国道德发展又呈现出大量的消极现象，许多人类社会的伦理底线都被冲破，从而给了人们一种普遍的感受：道德滑坡。据一些课题组调研数据显示，被调研者认为道德滑坡的占65%—85%。而道德滑坡的原因在大众眼中主要是由于道德缺失。

当然，把道德滑坡仅仅归因于道德缺失，那肯定是不对的。但如果仅从主观的视角上来说，这并没有错，只是这种认识停留在表面现象上。

作为社会科学工作者，其职责就是能够科学地认识社会现象，能够透过现象看本质，并科学地提出解决问题的建议。

通过研究，我们发现，在中国改革开放发展进程中出现的道德滑坡现象，从根本上来说，是道德代价付出过大过多而造成的。

那么，道德缺失与道德代价有何区别呢？

道德缺失一般地说，就是指道德资源的缺少与流失，造成道德资源的稀缺，引发大量不道德的消极现象发生。

而道德代价则是人们为实现一定的价值目标而付出和牺牲的道德价值，以及由此所承担的与价值取向相悖的消极后果。它是社会进步历程中要付出的代价。

由此可见，第一，道德缺失的产生不一定具有必然性，而道德代价的产生则具有必然性；第二，道德缺失是道德滑坡的表层原因，道德代价则是道德滑坡的深层原因；第三，道德缺失只是从道德发展视阈去看问题，而道德代价则是从社会发展的视阈去看问题。

从此出发，我们可以看到：中国改革开放的历史进程中，产生道德代价是必然的，这是中国社会进步中不得不付出的代价，但道德代价付出过大过多，引发道德缺失，造成道德滑坡又是偶然的。因此，一方面，必然性告诉我们，对于道德代价的付出，我们不必大惊小怪，甚至惊慌失措。另一方面，偶然性告诉我们，对于道德代价过大过多的付出，我们必须要有足够的重视，要主动积极地采取各种措施，最大限度地降低道德代价，以推动中国全面深化改革的顺利进行。

◇ 问：您书中提到“发展善”的新的研究视角，您觉得当代中国应该如何通过发展善来降低道德代价？

◆ **吴灿新**：简单来说，主要从三个方面着手：第一个方面，是建立健全体制和法治。由此来造就“善有善报，恶有恶报”的社会机制，以制度来推动发展善。第二个方面，是加强有效性的道德建设。特别要建立健全道德建设的机制，使道德建设制度化，按照道德教化的规律加强党员干部和全民的道德教育，提升全民族的道德素质，特别是提升党员干部的道德素质。第三个方面，开展有针对性的道德实践活动。道德的深层本质是“实践精神”，它突出强调实践性，通过各种有针对性的道德实践活动（例如志愿者活动等）进行道德养成。

◇ 问：看到了李克强总理说的“工匠精神”这个新词，一辈子用心做好一件事，耐住寂寞，做到极致，然后刻下自己的名字。其实工匠不仅仅是指手工业界，工匠精神作为一种价值坚守，也是可以跨界的，搞理论研究，也是需要这种精神的。感觉您相似“匠人匠心”那样做学问，您从事理论研究已有30多年了，请问有什么感悟和体会？

◆ **吴灿新**：工匠精神是最近的热词，各行各业，也是需要工匠精神的，这种精神的核心就是扎扎实实创造性做好自己的本职工作，它不是简单的劳动，而是以创新精神为核心。说到体会，我毕竟从事教研工作30多年了，还总是有一点的。其一，把教研工作从“职业”上升为“事业”。“职业”是满足生存的需要，而“事业”是满足发展的需要；“职业”是按劳取酬，事业是不计报酬；

“职业”是讲公平，事业是讲奉献；“职业”最高的境界是敬业，事业最高的境界是爱业。其二，要确立使命感。“职业”是讲责任的，它要遵守职业道德；事业是讲使命的，它追求一种奉献精神和“大责任感”。所谓“大责任感”就是超越了职业责任，上升到社会和国家的责任。正如古人所说：“天下兴亡，匹夫有责”。要对社会进步，国家强盛关心与尽力。其三，要有正义感。要善其善，恶其恶。然而，要真正做到这一点，还应当努力学习马克思主义，掌握其科学的立场、观点和方法。只有这样，才能更好地明辨是非善恶，也才能发挥其正能量。否则，在错误的立场、观点和方法指导下，就往往会颠倒是非善恶，正义感就会变成负能量，就会干出让亲者痛仇者快的事情来。

海外马克思主义中国化研究：必要的视野与维度

——对话《海外邓小平研究新论》《海外马克思主义中国化理论研究》

成　龙

【学者简介】成龙，曾任中共广东省委党校教授、硕士生导师，中国特色社会主义研究所所长。享受国务院特殊津贴专家、全国优秀社会科学普及专家。广东省高等学校“千百十工程”省级培养对象。广东社会主义辩证法研究会常务理事，中国人学学会、中国辩证唯物主义研究会理事。研究方向：马克思主义哲学史研究、国外中国特色社会主义研究、主体间性哲学研究。先后在《哲学研究》《马克思主义研究》《中共党史研究》等刊物发表论文80余篇，被人民大学复印报刊资料、《新华文摘》等转载、摘录21篇。主持完成国家社科基金项目2项，其中重点项目1项，独立主持完成广东省社科基金和中央党校重点项目5项，参与其他12项。出版专著3部，合著12部。5次获省部级以上奖励。5次获中共广东省委党校“优秀科研工作者”称号。

学术研究要有“吃冷猪肉精神”

◇ 问：成老师，很高兴能阅读到您的代表著作《海外邓小平研究新论》和《海外马克思主义中国化理论研究》，请和读者讲一下“海外研究”是怎样的一种情形？

◆ **成龙**：好的。我们所说的“海外研究”，一般是指中国内地以外，包括港澳台和国外学者、人士、政府要人对中国马克思主义，包括毛泽东思想、邓小平理论、“三个代表”重要思想和科学发展观的研究。从事海外研究的力量比较庞大，来源于不同的国家、地区、学科领域、文化背景，空间分布很不均衡，大体有以下三种类型：一是传统汉学、中国学研究专家，如费正清（John Fairbank）、史华慈（Benjamin Schwartz）等；二是海外毛泽东思想研究专家，如施拉姆、迈斯纳、竹内实等人；三是海外中国学研究的新生力量，如麦克法夸尔、戴维·W·张、德里克（Arif Dirlik）、弗里德曼（Edward Friedman）等；四是国际著名政治活动家及其他领域知名学者，如尼克松、李光耀、戈尔巴乔夫、布热津斯基等东西方政界要人。

《海外邓小平研究新论》

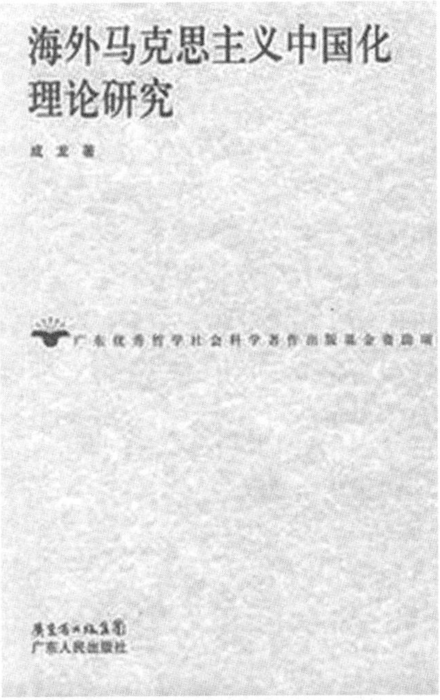

《海外马克思主义中国化理论研究》

◇ 问：您说从事海外马克思主义中国化理论研究要有“吃冷猪肉精神”，此话怎么讲？

◆ **成龙**：实际上，做任何学问都需要两种精神：一是坐冷板凳的精神；二是吃冷猪肉的精神。冷板凳不好坐，冷猪肉不好吃。你知道，冷猪肉特别肥腻，吃下去不好消化，弄不好要吐出来，吃多了要拉肚子。但毋庸置疑的是，冷猪肉有营养，有价值。吃冷猪肉要有勇气，消化功能要好。海外研究，当时对我来说，的确像一块冷猪肉。一是不想吃，二是不知从哪里吃起。导师王东教授的意思，抓两个方面：既看海外学者怎样从正面评价邓小平理论，也看海外对邓小平理论提出了什么样的挑战问题，理顺来龙去脉。问题搞清楚了，也就比较好做了。

◇ 问：能与读者分享您的海外马克思主义中国化理论研究的独到之处吗？

◆ **成龙**：王东教授在我的书出版之际曾经为之作序，他认为这本书的可取之处主要表现在：一是对海外马克思主义中国化研究的历史进程做了系统的考察，打通了海外马克思主义中国化理论研究的历史，描绘了一幅海外研究的整体历史图景，为学术界系统地理解海外研究提供了一个重要的理论参照；二是对海外研究的核心问题、基本观点做了全面的清理和概括，进一步抓住了海外研究的总纲，廓清了海外研究的整体面貌，提供了一条海外研究的问题线索；三是对海外研究提出的挑战性问题做了初步的分析和回答，对于澄清国内外研究中的模糊认识，坚持和发展马克思主义具有重要的引导意义；四是书中引用了大量第一手资料，读者可从书中获取海外评述毛泽东思想、邓小平理论、“三个代表”重要思想和科学发展观的大量信息，对于开阔马克思主义中国化研究的理论视野是具有重要启迪作用的。

◇ 问：根据您的观察，到底海外研究的水平高，还是国内研究的水平高？

◆ **成龙**：这要具体问题具体分析，不可一概而论。即使国内研究也不是那么清一色的整齐，有水平高的，或者说比较高的，但也有相当低劣的；海外研究有水平不高的，但也有水平高的，或者比较高的。有句话说：“他山之石，可以攻玉。”海外学者以旁观者的身份看待中国改革，能够提供更为客观的参考视野。无论如何，不管人家说什么，首先要耐心去听一听，看一看，即使批评性的意见，对我们也是有参考价值的。在我的印象中，海外有相当一些学者，他们几十年如一日，始终坚持自己的学术方向，对中国问题可谓了如指掌，的确可以称为“中国通”。他们的治学态度是相当严谨的，读他们的著作确有“山重水复、柳暗花明”的感觉。

◇ 问：海外学者如何评价中国的马克思主义？

◆ **成龙**：主要有两类观点。一类是“继承发展论”。比如，迈斯纳盛赞中国的改革开放政策，认为邓小平理论可以视为“新版的中国马克思主义理论”，是“更加正统的马列主义理论”。季塔连科认为，“从正统的马克思主义的原理角度来说，中国社会主义的构想可以作为《共产党宣言》的第3章第4节。”渡边利夫认为，邓小平的改革，“其最显著的特征是实验主义性的实用主义”，“所谓邓小平的实用主义，就是反复试验，在其奏效之前，要想在制度上给予承认是很不容易的。”等等。另一类是“背离否定论”。如海外关于毛泽东思想的“异端论”

“阴谋论”“唯意志论”“民粹主义论”等；关于邓小平理论的“实用主义论”“变相资本主义论”“民族主义论”“新权威主义论”等。这些都需要我们有正确的马克思主义观去判断海外研究的观点。

◇ 问：怎么看海外学者提出的挑战性问题？

◆ **成龙**：我用大量的篇幅分析了海外研究提出的挑战性问题，但觉得很多问题还需继续深入思考。比如，邓小平理论和“实用主义”的区别到底在哪里？20世纪初，当实用主义创始人杜威支持苏联时，斯大林认为“杜威是苏联人民最好的朋友”。后来因杜威发表文章，反对苏联的专制体制，斯大林于是马上改变了原来的看法，说“杜威是苏联人民最凶恶的敌人”，今天如何看待实用主义？再比如，中国特色社会主义与西方资本主义的区别，除了政治上共产党领导这一条外，还有哪些本质的区别？中国搞的不是“民族主义”！那么，民族主义与我们坚持的爱国主义之间的区别在哪里？如何界定现行政治体制与“新权威主义”之间的区别？我认为，这些都是理论上很大的难题，需要继续深入探讨。

◇ 问：人们都在讨论马克思主义中国化的经验和未来创新，根据您的研究，如何实现马克思主义中国化理论创新？

◆ **成龙**：历史是未来的镜子。在马克思主义中国化的历史进程中，既有成功的经验，也有一些值得反思的问题。历史经验告诉我们：马克思主义中国化理论创新必须坚持唯物辩证法，反对形而上学片面化倾向。具体来说，就是要坚持“五个结合”，反对“五种倾向”：一是政治层面与学术层面相结合，反对学术问题虚无化倾向；二是现代文明与传统文化相结合，反对文化批判简单化倾向；三是文本解读与现实考察相结合，反对研究内容割裂化倾向；四是大众化与专业化相结合，反对研究风格格式化倾向；五是国内研究与国外研究相结合，反对评价标准单一化倾向。

哲学年代

◇ 问：您的哲学启蒙教育是从20世纪80年代起步的。那是一个充满理想年代，“有诗歌和哲学”，那时您是否也充满激情？

◆ **成龙**：是的。那时粉碎“四人帮”不久，天下大顺，人心大快，大家都在拼命学习，弥补曾经失去的时光。我从小就对天人、人心这样的问题感兴趣。

我的专业方向是马克思主义哲学，但我对西方哲学也很感兴趣。一则马克思主义哲学来源于西方哲学，不懂西方哲学，就不能很好地理解马克思主义哲学；二则自“五四”以来，流行着一种习惯的看法，认为中国传统哲学是封建极权主义的理论基础，思想上自然就对中国传统哲学有抵触；三则从中学起为考试就死记硬背哲学，大学里讲的还是那么老一套，没有一点新鲜感；四是中国当时正处在改革开放的时代，大家都很关注中国的未来命运。在这样的情况下，我自然地走向西方哲学，力图开阔自己的思想视野，看看外国思想家到底讲些什么，怎么讲的。当然，随着岁月的流逝，人生价值观逐渐成长形成，自己对事物当初的很多想法都有了改变。

◇ 问：在最初的哲学启蒙教育里，《西欧哲学史》是一本被翻烂了的书，您是怎样系统读西方哲学的？

◆ **成龙**：我力图搞清西方哲学思想发展的线索。一是坚持阅读，反复思考，不放弃。二是对各种版本的西方哲学史进行比较阅读。除阅读十七所师范大学联合编写的《西欧哲学史》，还读了中国人民大学李志逵教授、复旦大学全增嘏教授、北京大学赵敦华教授、英国哲学家罗素等人写的西方哲学史，刘放桐教授主编的《现代西方哲学》可说是西方哲学史的续篇，后来接着读了。三是阅读原著，从点上突破。先后品读了北京大学外国哲学教研室主编的《西方哲学原著选读》，也读了柏拉图、苏格拉底、康德、黑格尔等人的著作。最后决定做一个马克思主义哲学和现象学的比较研究，硕士论文写的是《胡塞尔现象学及其对当代西方哲学的影响》，1994 年去南京东南大学参加了“中国第一届国际现象学学术研讨会”。

◇ 问：能不能简要谈一下什么是现象学？

◆ **成龙**：就我的体会而言，现象学，又可称为本质学，是用现象学的方法研究人的意识现象的哲学学说，它反映了第二次世界大战后西方思想家对人类命运的再思考。在西方哲学史上，笛卡尔第一次提出了“我思故我在”的命题，以“我思”肯定了“我在”，但笛卡尔对“我思”的问题并没有展开。康德接着笛卡尔，继续对“我思”的问题进行开掘，但康德侧重的只是“我思”的形式，至于形式和内容如何统一起来，在康德那里却戛然而止了。胡塞尔正是在康德的基础上，把“我思”的问题再一次提了出来，通过现象学还原，进一步揭示“我思”的特点和功能，强调意识的直观构造作用，在直观的基础上达到了“我，我思，我思对象”的统一，也就是达到了内容和形式的统一。现象学也因之在当今西方被称之“哥白尼式的革命”。

◇ 问：读了西方哲学史，怎样看马克思在哲学史上的地位？

◆ **成龙**：马克思是伟大的哲学家。古往今来，几乎所有的哲学都围绕三大问题展开：天和人的关系、人和人的关系、人的肉体和心灵的关系。近代以来，人的问题成为西方哲学的重点，笛卡尔、康德、黑格尔侧重的是人的“理性”问题，尼采和叔本华侧重的是人的“意志”问题，弗罗伊德、荣格等人侧重的是人的“性”心理问题，克尔凯郭尔关心的是人的“情感”问题，马克思关注的是人的“实践”问题。马克思在实践的基础上，达到了对思维和存在、主观和客观、历史和现实的统一。萨特说过：“马克思主义是不可超越的”。读西方哲学史，综合各家各派的思想，能够开阔视野，更全面更深刻地理解马克思主义哲学。

◇ 问：理论界有人经常引用恩格斯的一段话，说哲学已经被科学所取代，未来哲学只剩下了“逻辑和辩证法”，您怎么看？

◆ **成龙**：理论界引用恩格斯的话出自《路德维希·费尔巴哈和德国古典哲学的终结》，“对于已经从自然界和历史中被驱逐出去的哲学来说，要是还留下什么的话，那就只留下一个纯粹思想的领域：关于思维过程本身的规律的学说，即逻辑和辩证法。”恩格斯这篇文章的主旨在于回顾他和马克思共同创立的新哲学与德国古典哲学，特别是与黑格尔哲学、费尔巴哈哲学的关系。这句话是对全文的一个总结，意思是旧哲学中的唯心史观已经被唯物史观所取替。旧哲学，即德国古典哲学，要是还能留下什么的话，那就只有思维的领域，即形式逻辑和辩证法。所以，引用恩格斯的话来证明哲学已经走向科学的时代，本体论、世界观过时了，散布“哲学无用论”，这是对恩格斯思想的误读和误解。

◇ 问：从80年代起中国马克思主义哲学界致力于清理苏联哲学教科书的影响，重新“回到马克思，发展马克思”，怎么看苏联哲学教科书？

◆ **成龙**：苏联哲学教科书把马克思主义哲学简单化、庸俗化，而且有很多的误读误解。首先，它没有能够体现马克思在哲学领域实现的革命性变革，用“物质”代替“实践”，反复强调“物质是马克思主义哲学大厦的基石”，使马克思哲学回到18世纪法国唯物主义的水平。其次，它颠倒了马克思从社会存在到自然存在的逻辑方向。按斯大林的说法，“历史唯物主义就是把辩证唯物主义的原理推广去研究社会生活”。这与马克思在实践基础上，从社会历史走向自然存在的逻辑恰好相反。第三，它忽略了人类社会生活的特殊性，人的主体性、能动性和创造性完全被物质机械性所掩盖。所以，中国哲学体系应该要有自己的特色，扬长避短，推陈出新，不能简单机械地照搬套用。

从马克思回到中国哲学

◇ 问：您这几年重新把中国古典哲学读一遍，从西哲、马哲走到中哲，为什么要这样来回走？

◆ **成龙**：一是个人情趣所致，我不愿把自己的研究只盯在某一点上，我希望能在马克思主义哲学、西方哲学、中国哲学的比较中提升自己对哲学的理解；二是近年做海外马克思主义中国化研究，马克思主义中国化包含着与中国传统文化相结合的内涵，不懂得中国哲学，怎么结合；三是如何处理人与人之间的关系，成为和谐社会建设的关键，中国哲学很早就十分注意这一问题。所以，我选择了一个新课题“交互主体哲学新探”。原计划展开一个马克思主义哲学、中国哲学和西方哲学的比较研究，但真正进入这一问题时，发现自己对中国哲学的了解十分不够，于是我想先放下其他问题，集中阅读和思考一下中国哲学，看看中国哲学是如何思考主体间关系的。

◇ 问：中国哲学浩如烟海，您是怎样解决这一问题的呢？

◆ **成龙**：我的方法是抓主流主线，所谓经纬大略。重点研读了老庄、孔孟、墨子、韩非子、董仲舒、韩愈、朱熹、王阳明、洪秀全、康有为、孙中山等人的著作。首先考察了主体间关系问题在中国哲学中的可能性，然后根据思想发展的内在逻辑，进行历史分期，最后去阐述每个分期上的关节点。我自己的看法是，中国哲学对主体间关系问题的研究经历了三个大的时期：开创时期，诸子百家登场亮相，展开争鸣，建立了各自的体系；异化时期，董仲舒通过汉武帝确立了“尊君爱民”的纲领，以仁义治天下，而韩愈、朱熹、王阳明等则维护了这一框架；再造时期，鸦片战争后，西方文化传入中国，洪秀全、康有为、孙中山等人结合西方文化，改造中国社会，提出了新的社会改造思想。

◇ 问：在处理主体间关系时，中国哲学家与西方哲学家相比，有什么不同？

◆ **成龙**：西方哲学家历来强调人的个性，主张人与人之间的竞争和斗争。在古代有赫拉克利特关于“战争是万物之父”的名言，近代有达尔文“物竞天择，适者生存”的生物进化论思想。其目的都在于说明竞争、斗争的合理性。中世纪十字军东征打了将近两百年；近代以后，两次世界大战也首先是从欧洲爆发的；现在世界并不稳定，爱打仗的主要还是西方人。相比之下，中国哲学家更强调人与人之间的和谐平等，讲究“以和为贵”，在矛盾面前，主张妥协退让，走“中庸之道”“仇必和而解”。在处理国与国之间的关系时，秉持“协和万邦”“四海之内皆兄弟”的理念。春秋战国之后，中国持续了近两千年的稳定。

◇ 问：对中国哲学的研读特别深刻的感受是什么？

◆ **成龙**：中国人是天生的共产主义者。几千年来，中国人试图建立的“大同世界”，实际上是共产主义构想的东方版本。从孔夫子到孙中山，一以贯之地传承的就是这个思想。正因为这样，“五四”时期，马克思主义一登上中国的土地，就与中国人一拍即合，而其他的各种思潮则被中国人所抛弃。这正如有几个远道而来的朋友，一开始谈得很投机，慢慢相互了解了，原来你和我不是同路人，就自然疏远了，留下来的才是真正的朋友。马克思关于“自由人联合体”的设想与中国人关于“大同世界”的设想本质上是一致的。

◇ 问：习惯上，人们把洪秀全的“太平天国”，康有为的“大同世界”，孙中山的“三民主义”都斥之为空想，怎么看这问题？

◆ **成龙**：洪秀全、康有为、孙中山都是广东人，是历史进入近代以后中国最早的社会改革家。读了他们的书，觉得将他们的构想斥之为空想，实在有点不妥。从他们所处的时代和环境以及个人的知识水平来看，他们的构想是很不简单的。以康有为来说，在“戊戌变法”失败后，他曾周游世界，在写《大同书》前后，他去过世界上 42 个国家和地区，跑了 60 余万里路；他考察过法国大革命，对革命和改良进行了对比，了解革命的代价，认为全世界绝大多数的国家都是通过改良走上现代化的；从理论体系来看，《大同书》对未来社会的构想十分精彩，有着独特的风格。当然，读书要联系当前中国社会深化改革的实际，才可能有理论创新的思维。

◇ 问：萨特说“马克思是不可超越的”，德国人把马克思选为“世界上最伟大的公民”，说明了马克思“依然是不可超越的”，怎么看马克思关于未来社会的设想？

◆ **成龙**：马克思讲过，共产主义是一种世界历史性的事业。看马克思关于未来社会的设想，必须立足于全世界。资本主义在经历两次世界大战的打击后，被迫进行改革，以征收累进税、遗产税等办法，消灭贫富差距，发展社会公益事业，不但生产力得到迅速发展，工人阶级的待遇大为提高，劳资关系相对缓和，一般公民享受从摇篮到坟墓的福利政策。总之，世界尽管不安宁，但整个世界更加关注公平正义，社会主义因素在不断增长，世界正在以这样那样的方式向社会主义、共产主义迈进。我相信，共产主义道路是人类最好的选择。

◇ 问：马克思的墓碑上镌刻着“哲学家们只是用不同的方式解释世界，问题在于改变世界。”以中国化的视野来看，怎样解读这句话？

◆ **成龙**：联系马克思写作《关于费尔巴哈的提纲》一文的背景，当时他主要力图清算与青年黑格尔派、费尔巴哈哲学的关系。否则这句话就有点讲不通了。且不说古代的柏拉图、亚里士多德，中国的老子、孔子、墨子、韩非子，即使中世纪的基督教哲学，也都对人类的实践活动产生过重要的指导作用。到了近代，哲学与人类实践活动的关系就更加密切了。发生在英国、法国、德国的资产阶级革命，都以哲学的变革为前导。资产阶级革命的口号“自由、平等、博爱”，以及“人民主权”、“政府是人民的公仆”的思想首先是由哲学家卢梭等人提出的。恩格斯晚年在《路德维希·费尔巴哈和德国古典哲学的终结》一文中指出：“正像在18世纪的法国一样，在19世纪的德国，哲学革命也作了政治崩溃的前导。”这是对以往哲学作用的充分肯定。德国诗人海涅曾说过：“康德的哲学比刽子手的屠刀更厉害。”这是对康德哲学革命性的一个极好说明。

◇ 问：您对未来哲学创新有怎样的想法？

◆ **成龙**：任继愈先生曾经说过，有两类学问：一种是细竹竿式的，在一个地方，钻得很深，但稍不注意，就会折断；另一种是金字塔式的，基础很宽很厚，越往上越尖锐，即使大地震，也摧不垮。实践表明，这两种学问都是需要的，但金字塔式的学问更代表未来方向。现在，哲学界流行着一种观点，往往把体系性的构思斥之为宏大叙事，我认为这种观点是值得商榷的。在中外哲学史上，哲学家成名总是与一定的宏观体系相联系。即使写一篇简单的论文，也是需要体系的。就目前我国哲学界的情况而言，能够称得上体系的东西实在太少了。我们所需要的正是那些能够大开大辟，引领时代，把中国哲学推向世界前沿的哲学家。而要做到这一点，必须有一种世界眼光，了解自己所处的时空位置，既博览群书，又重点突破，一言以概之，叫做“打破中西，走综合创新之路”。

“提纲”谜思与经典悦读的道路

——对话《主体的实践——马克思〈关于费尔巴哈的提纲〉如是读》

周 峰

【学者简介】周峰，中共广东省委党校哲学部主任，教授，中山大学哲学博士；美国加州大学伯克利分校访问学者。广东省高校“千百十工程”、广东省宣传思想战线“十百千工程”省级培养对象。广东省理论宣传青年优秀人才，广州市重大行政决策论证专家。兼任中国社会主义辩证法研究会常务理事，中国政治伦理学会常务理事，中国历史唯物主义研究会理事。主要著作有：《人性的消解与历史的实践建构：唯物史观对人道主义历史观的变革与超越》《主体的实践——马克思〈关于费尔巴哈的提纲〉如是读》《历史真相的探索——马克思〈德意志意识形态·费尔巴哈〉如是读》等。

谜 团

◇ 问：周老师您好，欢迎您和喜欢阅读的读者朋友一起交流您的新书《主体的实践——马克思〈关于费尔巴哈的提纲〉如是读》。

◆ **周峰**：我很高兴能参加这个特别的阅读分享会。

◇ 问：这本书是“经典悦读”的第二季，第一季很受读者欢迎，还得了大奖。请问您的这本新书，写作上是否延续第一季的风格呢？

◆ **周峰**：是否延续第一季的风格，我相信读者看后就会知道了，不过，我个人觉得，这一次比我第一季写的会更自由点，没有太多拘束。

◇ 问：马克思《关于费尔巴哈的提纲》原文只有短短的1400字，为什么会把这篇短文作为解读的视野？

◆ **周峰**：选择哪些经典著作来解读，我和培永都商量过。《提纲》被恩格斯誉为包含着马克思新世界观诞生的第一个天才文件，也被后来研究者公认为是勾勒了整个马克思主义理论最核心内容的框架性文本。虽然很短，但在整个马克思主义思想史上，却地位显赫，至关重要。应该说，它起到了一种文本应该具有的承上启下的思想传输功能。

《主体的实践》

◇ 问：法国马克思主义哲学家阿尔都塞说过，《提纲》看似透明，但实际是一团谜。在这个精短而落下巨大谜思的小文，在哲学迷宫里找到出口，是令人兴奋的工作。为何《提纲》是个谜团？

◆ **周峰**：阿尔都塞的确这么说过："《关于费尔巴哈的提纲》——它宣告了一种从未到来的哲学——的那些光彩夺目的、谜一般的短句"（陈越编：《哲学与政治：阿尔都塞读本》，"哲学的改造"第225页）。不过，阿尔都塞对于马克思理论的解读一向见仁见智。比如，《提纲》只有11条，但表达的思想却非常丰富且复杂。以至于阿尔都塞说出了很令人无法接受的话语：《提纲》之后到《资本论》完成之间的几十年时间里，马克思的哲学思想是荒芜的。

你们也把《提纲》当作是谜团，我估计也是受到阿尔都塞的"认识论断裂"影响。阿尔都塞曾说过，马克思的思想以1845年为界，之前的是非学科的意识形态，之后的就是科学的理论。这个我就不重点分析了。但我会接受这种分析方法，即1845年是一个分水岭，它标志着马克思本人的思想从不成熟走向成熟，或者说走向一个真正的历史唯物主义者的界限。

除了这个原因之外，《提纲》构成所谓的谜团，还有个原因就是，当恩格斯在1888年发表《路德维希·费尔巴哈和德国古典哲学的终结》时，把《提纲》作为附录首次作了个别字句的修改并发表。这个文本在发表的当时，根本没有引起大家的普遍关注。

其实最关键的原因在这里：马克思的新世界观到底是人本主义、历史唯物主义、实践唯物主义、辩证唯物主义，还是什么？这些被西方马克思主义者和苏联马克思主义者不断争论的主题，都可以利用《提纲》作为一个基础性文本来探讨。在马克思主义思想史上，《提纲》的地位其实相当尴尬：因为1844年有两部重要的著作产生，分别是马克思独自写的《1844年经济学哲学手稿》和与恩格斯合著的《神圣家族》，而这两部著作在今天基本上被认为是对马克思主义理论做出最直接、最早世界观表达的完整性著作。1845年9月到1846年8月期间与恩格斯合著的《德意志意识形态》，这被誉为最成熟的马克思主义理论著作，有关马克思主义的一切内容、包括上述的所谓新世界观的判断等争论都在这部著作中得到了解决。所以，我们把这个思想史一旦说清楚了，就会发现，《提纲》的11条，所扮演的角色就是一个过渡性的、同时又起到了新世界观的奠立的功能这样的一部著作。

所以，《提纲》的写作，一旦背景清楚后，就很明白，这短短的11条内容，是马克思本人思想的小结，用最通俗的话说，就是总结自己的思想历程，清算自己的旧思想，确立自己的新思想。当然，这种破与立的过程，总免不了与他的思想老师们打交道，最重要的当然就是黑格尔与费尔巴哈。至于其他流派，不过都是他加以总结与批评和利用的对象。

◇ 问：原来是这样啊，《提纲》还有这样的背景，那么您进入谜团后，写这本书的目的是什么？

◆ **周峰**：我写这本书，当然不是为了说明这些背景，否则肯定没有多少大众愿意去读的，因为，思想史比较枯燥，它不适合普通大众而更适合研究者。

我们做“悦读”，目标就是让我们写出来的书，能够使大众在面对经典时，不要心生畏惧、退避三舍，而是能够比较自然地面对和接受。当然，这一目标很难，但我们在做。

具体到这本小书，我就直接一条一条地解读了，因为它字数少，很容易做到这一点。既然大家认为每一条都是名言警句，那我的工作就是让它复归原貌，实现孔子老先生所说的“微言大义”，同时又能切合现实。

逆 道

◇ 问：在您的书里看到了叙述谨慎的开放，力图以自己的逻辑风格进行一番“大逆不道”的解读，为什么会有这种想法？

◆ **周峰**：其实在书中我已经说过这个问题。在解释学里有这样一种说法：

你要面对解释的文本是开放的、是活的，并非是无生命的文字堆积。《提纲》已经有许多知名学者进行过解读，并按一定的逻辑进行归类式分析和说明。我呢，也只是提供了一种自己的理解方式，当然有的会与大家一致，有的也不一定。

所谓的“大逆不道”，不过是一种对学术正确的思考。在任何时代，都不存在什么绝对的正确。但是，总有些人以为自己牢牢掌握着“正确的”量尺，规约他者。

◇ 问：“大逆不道”其实就是对已有“提纲”解读文本进行理论创新，重新提炼，建构“一番风味”的自我文本。您会把写作的重心放在哪里呢？

◆ **周峰**：我不会说我已经建构了“一番风味”的自我文本，充其量，这个解读只是自我的一种看法，有没有“风味”就需要读者自己带调味品了。

有重心么？我不认为有什么重心，每一条、每一种归类的方式都算是重心。如果硬要给个重心，也许就是一种世界观和方法论。这是马克思自己给我们的，我的任务是把它展示给大家。

◇ 问：我们都知道，越短的东西越难解读，它需要我们插上想象的翅膀。请问在您其他厚重的作品中思想是如何松绑的？

◆ **周峰**：如果厚重是以重量、纸张的多少来判断，那这本小书显然不具备任何分量。但也算是我对经典著作解读中比较厚的了。

没有必要夸大所谓新的写作，我的写作基本是以说明思想问题为主，然后结合实际作一发挥。这些方式大家都用得很多了。松绑思想？是想说我要突破什么限制？没有。因为，本来就没有什么限制，限制都是一种假想敌。尤其是在思想史的叙述逻辑中，人人都有想象力，根本不需要翅膀。人们常说，有多少读者就会有多少哈姆雷特，这既是戏说又是一种合理性解释。

今天，对待马克思同样有万花筒式的解读。我只能力求反映真实的马克思思想，但我绝对不会以想象来代替真实，我也不希望读者这样。

实 践

◇ 问：让我们一起分享书中的观点吧：“保守还是改革，不是靠思辨的力量，而是靠实践。”这句话很核心，我们如何解读？

◆ **周峰**：这是马克思世界观的核心理念。在他看来，黑格尔是行动的保守派，思想的保皇（神）派和改革派，但终究是一个思辨派。什么意思呢？黑格尔是一个非常伟大的哲学家，我非常赞同恩格斯对黑格尔的评价，如果黑格尔的著作都倒过来读，即把精神都换成物质或实践，那么他就是一个典型的唯物主义哲学家。如果这样的话，马克思、恩格斯就不会出现了。

黑格尔在整个哲学史上作出了巨大的贡献，可以说启蒙哲学到他这里基本达到了思想的最高峰。理性、人权、自由、正义、法律、社会、国家、人的异化等等，所有这些都可以说在黑格尔的哲学著作中全部得到了精致与完美的解释。但是，一旦真正进入到现实社会问题时，他提出的伦理实践就变成了纯粹无力的思想，因为他要求的实践都只是思想与意识的实践，而不是现实地改变普鲁士国家的分分毫毫。但当时的普鲁士已经问题多多，黑格尔所设计的自由与理性在现实中不过是虚假的幌子，人的现实异化处处皆是。因此马克思在批判黑格尔后，给他当时的朋友卢格写信说："虽然对于'从何处来'这个问题没有什么疑问，但是对于'往何处去'这个问题却很糊涂。"甚至是费尔巴哈这样伟大的唯物主义者，也以抽象的方式来谈论现实异化的消除。不过，马克思并不希望停留于意识哲学和精神哲学层面来解决现实的社会问题，他希望能够以现实的革命性方式来解决，这就是他在连续批判黑格尔、谢林、费尔巴哈后提出的宗教解放、政治解放、经济解放路径。

实践，并不是一个新范畴，从古希腊的亚里士多德到当时的费尔巴哈，都谈到过。但是，只有马克思赋予了这个实践以新的内涵——改变世界。

◇ 问："实践"是这本书的主体。书中紧紧围绕环境客体面对各种棘手的残酷现实这个主题，而主体实践常常面临困局，怎样客观看这个问题呢？

◆ **周峰**：我倒想说，主体更是本书的主题。实践，固然重要，但没有主体——人和人的主观能力与理性逻辑，实践也会变成空中楼阁。今天我们到底是面临主体人本身的困境还是主体人面对的客体环境困境——这是个需要分析的问题。只有找准才能有所行动——实践。

在我看来，都存在着问题。主体人本身——能力缺失，理性逻辑不够，妄自尊大等，因此才造成对客体环境导致错误实践；客体环境——其内在规律没有被发现，发现后被滥用，或者违背客体属性与发展规律等等，一样会产生错误实践。今天的生态问题、社会问题、人的问题，都基本上可以从这两个方面来判断。当然，我们也需要注意的是，主体人对客体环境的改变都是通过一定中介——工具，制度，关系等来展开的，这些中介发生了问题也一样导致错误实践。

但是，这是个鸡生蛋和蛋生鸡的问题，也是个本体论和存在论、价值论的问题。主体——实践——客体，三者互相制约共同形成一个难解的圈。不过，最终，还是主体人的问题，因为，一切终究是为人的。不要怕问题，我们怕的是缺乏发现问题、面对问题、解决问题的能力、勇气、决心。

◇ 问：书中设计了人的本质讨论命题，读来很亲切很有共鸣感。想问一下，为何会有这样的重笔？

◆ **周峰**：人的本质长期得不到有效的解答，到底善恶如何，无论中西哲学都难形成定论。但也不要认为，只有马克思在《提纲》中的规定，才是唯一科学的。

在《提纲》中，马克思谈人的本质是直接针对费尔巴哈的自然主义出发的。马克思说得很清楚，费尔巴哈把人的本质当作是抽象的人共同性——情感与宗教。在《德意志意识形态》中，马克思说得更清楚，费尔巴哈理解的人的本质从来没有什么变化，好像天生就是如此，无论男女。甚至在费尔巴哈的著作中，我们同样看到，费尔巴哈说人的本质就是他所吃的东西，虽然谈到社会性，但也只是抽象地谈到人的群居生活。在这个角度上，马克思才说："人的本质，应该从现实性去考察，即一个人现实所处的种种社会关系——政治关系、经济关系、文化关系、精神关系、交往关系等中，去发现，去考察，这样，才能对一个人有真正的了解。"

那么，马克思完全排斥了费尔巴哈的自然主义规定吗？我个人认为，并没有。因为，马克思也赞同自然的优先性，即自然本身的客观前提性。人，是从自然中脱胎而来，当然会带有自然的种种痕迹，但是，一旦人结成社会，形成人本身的世界之后，他的本质就不再依赖自然本身，而更多地依赖于社会。所以，重点不一样，马克思关注社会的现实的人是怎么生活的，为什么会这样生活，从而为不好的生活做出改变；费尔巴哈却直接从自然出发，要求大家用彼此的无差别的自然性、爱的情感来温暖一切。问题是，这样的爱，能够实现吗？

今天，我们面对着诸种人与人之间难以处理的关系时，我们似乎又觉得费尔巴哈的爱的宗教与言论，颇有市场。但问题是，大家会这么唱歌：没有无缘无故的爱，也没有无缘无故的恨。我以为，人的本质，需要从方法论进入到本质主义和价值论的规定。

而这一点，马克思实际上在《1844 年经济学哲学手稿》中已经有所讨论。那就是，作为人类的本质，他在与人以外的物种进行比较从而给予一种本质性的规定时，应该这么来考虑：人的生命活动是自由自觉的；人不仅懂得自然规律，而且会按照美的规律来创造世界。

我愿意接受这样的规定。

◇ 问：看到书中有一段批评于丹“精神防雾霾”的心灵鸡汤，很幽默生动。对于老百姓日常生活来讲，可能更关心接地气“讲理”的东西。您觉得“讲理”的主体实践理论，应该是什么样子的？

◆ **周峰**：应该？哲学一直都在谈应该，人的生活与实践也一直在应该如何中前进。

所谓“讲理”的主体实践，在我看来，应该解决这个问题：我们要讲的“理”是最简单的常识，它表达与反映的是社会最根本的认知和共识；我们要讲的“理”是真理，是真正反映客观规律并符合客观实际的；我们要讲的“理”是与主体和实践紧密相关的，并非事不关己高高挂起；我们讲的“理”不应该是所谓的底线，而是一种底线之上的要求，因此主体人及其实践是一种基本的义务。今天，我们主体人会走入另外一种悖论：在实践中不断要求自己应有的权利（力）时，同时忘记了作为一个主体所负有的义务——帮助他人。这是理论吗？当然不是，只是最简单的行动要求。

今天，我们需要的不是大部头的理论；我们需要的只是最简单的常识；我们需要的是能够行动的主体及其合理的实践。

外 域

◇ 问：马克思写美国，但他从来没有去过美国。您写马克思，却在一个巧妙的时间节点上跑到“万恶的美帝”（会心一笑）去研究。岸外的“在场”很重要，请给读者介绍一下您在美国加州大学伯克利分校访学的情况。

◆ **周峰**：我很幸运能够来到世界知名高校访学，我访学接收单位是 Institute of Research on Labor and Employment，简称 IRLE，中文就是“劳工与雇佣研究所”。这个研究所在加州很有名，经常为州政府提供政策咨询，其日常研究大量关注于美国最低小时工资研究、劳工权利、就业市场、工会组织等。

我并不住在伯克利市，因为伯克利大学周围的房子房租太贵，这一点与国内情况一样。我在阿尔伯尼市（Albany city），那里房租稍微便宜点，但也很贵，学校给我的资助刚好交房租。我去学校主要是坐公交，大约需要 40 分钟，也有 BART（Bay Area Rapid Transit 相当于国内的地铁，美国叫做“旧金山湾区捷运系统”）十分钟可以到附近的站，但再算上走路时间也需要40分钟左右。

伯克利作为世界知名大学，非常开放，你会遇到世界各地的人。我去的第一天，伯克利国际办公室就召集来读博士、做博士后研究、访学的教授等人开了一个见面会，主要是介绍伯克利这所学校和你在学校能够享受的各种权利与义务，其中听办公室主任介绍，2015年最多外国学者和学生中，排前三名的是中国、印度、韩国。事实也是这样，我在伯克利的路上经常会遇到中国学生，而伯克利附近的餐饮，也有不少中餐馆和面包店，很亲切。

我们研究所不大，是校外独幢的一座小楼，很古典。办公的人员和专职的研究人员也就20个不到，但接待的世界各地访学者每年却就有10多个。研究所会为访学者提供办公室，当然你必须交500美元的年使用费。一般是5、6人一间，平常很难见到大家在一起，就是在每个月几次的会议与学术讨论中会出现。所有的访学者都带着自己的研究课题，忙于做着自己的事情。

我的研究是做美国社会正义理论与实践方向，跟随的导师也是长期关注美国和世界劳工权利问题，所以算是问题相合。因为我的访学时间只有半年，去除前期的租房、熟悉情况等过渡时间，其实，我所设计的理论分析、资料收集、实际调研、有关访谈等，是不可能完成的。在我离开美国前，我必须尽力完成理论与资料的收集。

◇ 问：伯克利分校的哲学研究情况如何？是否有专门的马克思主义哲学？

◆ **周峰**：我来之前，曾专门联系伯克利哲学系的导师，找到他们的网站和邮箱就开始海投信件，试图得到他们的青睐，但很遗憾没有。现在我来到了伯克利，专门去哲学系考察，发现伯克利哲学系做的哲学研究，在研究生教育方面主要关注于认识论、心智哲学、形而上学、语言哲学、逻辑学、伦理学、历史哲学和科学哲学、政治法律哲学。按国内大的分类，实际上就属于欧洲传统哲学、现代分析哲学、逻辑学、现代心灵哲学等，至于马克思主义哲学几乎看不到，但是，能看到中国哲学的本科教学课程。不过，我也看到过有署名伯克利大学的作者研究马克思主义的相关文章，但很奇怪在哲学系网站和课程体系里却难以发现。

伯克利哲学系还给有志于攻读博士学位的研究生们专门指定了“批判理论项目”研究课程，凡是想要攻读哲学博士学位的都必须参加这个项目。我觉得这个项目是伯克利哲学系最大的特色，因为这个项目研究的内容是所有哲学中最著名的前沿的批判理论，如法兰克福学派、现代和后现代主义的批判理论、性别研究、女性主义理论等，它也力图打破哲学、政治学、法学之间的界限，进行跨界讨论，并提供各种奖学金。所有参与老师来自美国国内著名高校如哈佛大学、斯坦福大学、哥伦比亚大学等；而所有参与的研究学者则来自世界各国著名的高校，如法国巴黎大学等。我曾听过几次，其中，有著名的女性主义哲学家朱迪·巴特勒主持的法国和美国关于女性主义批判理论研究的课题。而正是对女性主义的关注，伯克利大学的男女平等的讨论甚为激烈和开放，我经常会看到关于女性主义、关于性别权利讨论的海报，以及声援黑人、反对歧视的校内游行和演讲。

◇ 问：那么，您怎么看待美国整体的马克思主义研究？他们的研究主题主要关注点是什么？

◆ **周峰**：在伯克利的批判理论项目中，马克思主义就是重要的研究对象。至于美国整体的马克思主义研究，我只能做一个直观的个人观察。我在联系访学单位时，曾给马克思主义研究的重镇——纽约大学的波特尔·奥尔曼教授（Bertell Ollman）、哥伦比亚大学的乔恩·艾尔斯特教授（Jon Elster）写过信，这两位都很有影响力。其中，奥尔曼是做马克思主义辩证法研究，艾尔斯特做分析主义马克思主义研究，但他晚年后就不再做马克思主义研究。当然，芝加哥大学、圣地亚哥大学也都有不少人做马克思主义研究。总的来看，美国是把马克思主义当作一种激进理论来研究，在专业性的哲学课题里并不多见。不过，马克思主义在美国的研究已经完全被分散化了，即作为一种方法论进入到很多学科里。我可以给一些简单的介绍，如美国的批判理论就吸收了马克思主义的批判方法，现在很活跃的有女性主义批判理论家 Iris Marion Young，David Ingram；市场社会主义的研究代表，有 Richard Arneson，Rodney Peffer，Milton Fisk 等；美国的分析马克思主义或新马克思主义，代表人物有 Nancy Holmstrom，Tony Smith，David Schweickart，Rita Manning，Rodney Peffer，Nancy Zeigler 等。激进与分散是美国对待马克思主义哲学的不同态度，与中国截然不同。不过，总体上，今天的美国马克思主义在整体上仍然关注于辩证法、资本论研究，然后就是马克思的正义与道德哲学、女性主义马克思主义、生态马克思主义（社会主义）等。

◇ 问：顺便问一下，您在《提纲》中谈到对于改变世界的马克思理想，那么，如果要改变“万恶的美帝”，您认为美国人会去信奉马克思吗？

◆ **周峰**：2016 年 6 月 3 日，民主党总统竞选人、希拉里的党内对手伯尼·桑德斯及其竞选团队，曾专门来我所在的研究所，想了解加州工人权利状况，为全国劳工问题的辩论提供素材。但是，所里发布的邮件信息是通知所有研究所的研究人员和工作人员，都在固定的时间里不要过去，换句话说是清场了。只有非常少的人参加了，如研究所所长。如果你想看伯尼本人，那么必须提前联系看能否安排？看到这封邮件我不得不笑了，原来作为宣传“社会主义”的代表伯尼同志，也是害怕被曝光的。这个行动的安全级别是很高的，但我透露给咱们大家，不知违反美国安全法没有？所以，从这里可以看出，美国领导人并不真正地信奉马克思。

那么普通美国人呢？我在和一个攻读伯克利大学本科学位的黑人聊天时，问他对马克思主义感觉如何？他说：“很棒，有道理。”我又问他：“你觉得你会接受马克思的革命思想，改变你们黑人的状况吗？”他说：“No!”

我还参加过美国大学生自己发起的“socialism revolution”活动，这个活动的海报张贴在大学的树上、门前、走廊、电线杆等位置，晚上是在一个教室里，陆陆续续来了约30个大学生。主持人是个美洲裔小伙，很有激情，在介绍时说是学了相关课程要展开讨论而发起，并大声地批评了美国的资本主义罪恶，要号召大家多多学习进入行动来批判美国。

我觉得，这也许是改变美国的希望所在。

理　向

◇ 问：特别喜欢书中的一句：“批判的理性武器，终究要被武器的批判所代替。”很有力量的一句话，我们应该怎样理解这句话的含义呢？

◆ **周峰**：这句话来自于马克思。马克思说：“理论必须经由群众，才能发挥其物质性力量。”这是批判当时德国的意识形态家们，天天嚷嚷着用“自我意识”、“唯一者”等抽象的范畴来改变德国的不合理状况。马克思说：“这不过是纯粹的思辨，没有任何现实性作用。要想对现实发生真正的改变，只能从现实的革命开始。”这就是“武器的批判”，即用群众性的实践力量这种武器来代替意识形态家们的思辨。

理论是革命的火车头，这句话没有错。但是，再好的理论，离开了主体人的掌握与实践，也都是空谈。

◇ 问：有一档节目叫“靠谱马克思”，还有一首歌叫“马克思是个90后”，感觉很有意思。以您写悦读“小书”的心得看，这种新的宣传方法靠谱么？

◆ **周峰**：我也听过类似的嘻哈音乐，我也看到过清华美女写的“不疯魔不马克思”等文章。我只能说很有意思，但我估计自己写不来。这样的宣传方法是否可行，不是我自己说了算，要看社会大众的认同度。这种认同，不是在所谓的“90后”学生里，也许需要更加放大它的受众对象。

◇ 问：您这本写经典作品的“小书”，实际是一本内涵很丰富的大手笔。联想起您前一部著作《历史真相的探索——马克思恩格斯〈德意志意识形态如是读〉》，里面有不少相关内容，像是在研究长河里放下路向纹理的石头，您是怎么看《提纲》的研究价值的？

◆ **周峰**：在前面的问题中已经谈到了，我只想强调一点：不要过度地拔高，也不要不当回事。文本是什么，就是什么，如何让文本和作者真实地表达自己，这是文本学、解释学、考古学等共同做的事情，我们作为其中的一分子，首先能够做到的一点就是不要添乱。

至于一个思想到底能否起到现实的持续影响力，我们还是慢慢观察吧。

◇ 问：感谢周老师在繁忙工作里抽出时间与我们的读者互动交流。书香社会，对热爱阅读的人来说，一本新书，就如是一段充满好奇心的思想之旅，必然有收获与惊喜。我们希望通过《提纲》的阅读，在此岸开出经典主义的花朵。天涯万里，书意寸心。再次感谢周老师，也感谢大家的关注。

◆ **周峰**：谢谢各位热爱阅读的读者朋友！

源头激活：远眺永恒的思想之塔

——对话《马克思民主观的文本研究》

郭丽兰

【**学者简介**】郭丽兰，北京大学哲学博士。中共广东省委党校科学社会主义教研部副主任、教授、硕士生导师，中央编译局国家高端智库核心团队成员、广东省科学社会主义学会副秘书长、中国科学社会主义学会理事、国际共运史学会理事、广东省生态文明促进会理事、广东省社会主义辩证法研究会理事。主要研究方向：马克思主义哲学、民主政治、文化。主要研究成果：主持、参与国家省部级课题十余项，在《哲学研究》《哲学动态》《马克思主义与现实》等全国核心期刊发表论文60余篇，出版著作7部，多项成果被人大复印资料、人民网、新华网、中国改革论坛网、中央编译网等转载。多次获省部级和广东省委党校“优秀（青年）教学奖”“优秀科研成果”等奖项。

一、文献的说话方式

◇ 问：郭老师您好，很高兴与大家一起分享您的第一部个人专著《马克思民主观的文本研究》，请为读者介绍一下写作这本书的背景？

◆ **郭丽兰**：好的，很高兴与读者朋友们分享我写这本书的一些想法。我来说一下这本书的创作初衷，这是在我的博士论文基础上丰富完善后出版的一本小书。我在北京大学哲学系念硕士、博士时，学的专业是马克思主义哲学。在读马克思主义哲学史的时候，我对于原生形态的马克思、恩格斯特别感兴趣，我们大学时所学的马克思主义基本都被教科书化、格式化，和马克思、恩格斯本人的思想有很大差异，因而还原马克思恩格斯思想的时代语境，是马克思主义研究的一项基本工作。国际学界以哈耶克、波普尔等自由主义学者为代表，质疑马克思和马克思主义的政治思想，这倒逼我们必须要下功夫研究原生形态的马克思主义，回答马克思和马克思主义究竟是“民主的”还是“专制的”，研究马克思主义指导下的中国民主政治发展方向。理论和现实的一系列问题，使我萌生了对马克思民主政治思想进行系统研究的想法。

《马克思民主观的文本研究》

◇ 问：很少看到一本书下了那么大功夫来研究文献与文本的，用放大镜解剖每一条纹路与貌样，您为什么会有这样的研究视野？

◆ **郭丽兰**：文本文献学研究是在北京大学学习做学问的基本方法，在北京读书时听说过一句开玩笑的话：“北大靠史吃饭，人大靠论吃饭”。当然，北大研究既有史也有论，但对史料的细致研究是北大治学严谨最集中的表现。北大学者在各个领域建树斐然，首先依靠的便是扎实的文献基本功，我的博导王东教授、硕导聂锦芳教授都是文献文本研究非常扎实和功底深厚的学者。我本人对文献文本研究也怀有极大的兴趣。文献研究必须深入当时的历史和时代背景，文献不是“故纸堆”，通过还原历史文献，活生生的马克思出现在我们面前。从理想主义的少年，到激情迸发的青年，再到成熟稳健的中年，睿智深邃的晚年，他是一个不断变化发展的思想家形象，而不是教科书上那个教条的“先知”。马克思一生多舛，多次被各国“驱逐出境”，在艰难困顿时期写作了《德意志意识形态》《资本论》这样的鸿篇巨制，其各类手稿、笔记堆垒起来比人还高。研究马克思的思想发展，也是我们研究者精神升华的过程。

“我所崇拜的马克思博士还是一个很年轻的人……他将要给中世纪的宗教和政治以最后的打击。在他身上既有最深奥的哲学的严肃性，也有最机敏的智慧；请你想象一下，卢梭、伏尔泰、霍尔巴赫、莱辛、海涅和黑格尔结合成一个人——我所说的结合不是机械地混合——这将会使你得到一个关于马克思博士的概念。”（同时期思想家赫斯对马克思的评价）

◇ 问：曾经从别的地方读到一段话：查资料很简单的，就是相互引用而不用注释，我就是我们，我们就是我，很文献。一听就是误解，可又不知从何反驳，您正好有这种体会，我们应该有怎样的文献态度？

◆ **郭丽兰**：文献研究是一项基础而艰辛的工作，并非简单的引用和注释。文献文本研究必须考量多重因素。包括当时的时代背景、被研究者的思想渊源，同时期思想家的互相影响，被研究者的思想发展历程及节点变化，甚至需要细致考证被研究者手稿、笔记的用纸、用笔、用墨的情况等等，因而文献研究首先是一项艰苦的“考古”工作。但文献文本的考证研究只是前期的准备工作，对被研究者的思想进行理论分析和逻辑思路重现，考察其思想体系构建的具体方法，进而分析其可能具有的现实意义，才是文献学研究的目的所在。

◇ 问：看完您的书，发现您研究文献时，很注意反向的文本，譬如波普尔质疑的声音，请问您是怎样看待质疑的另一种“建设”的？

◆ **郭丽兰**：波普尔、哈耶克等自由主义学者对马克思政治思想的质疑在西方学界有代表性，他们认为马克思那里没有民主思想，社会主义与集权主义存在着千丝万缕的关系。对此学界一直存在着理论争论。波普尔、哈耶克在西方受众很广，特别是年轻人对此存在着模糊认识。因而必须对马克思民主政治思想进行深入研究，批驳这些质疑的观点，还原马克思民主思想、社会主义民主观的真实面貌。这既具有重要的理论价值，更具有巨大的现实意义。

二、民主研究的扣动人心

◇ 问：“民主”是您这本书的核心，民主研究在国内有很多的话题和拓展空间，您的书也围绕“马克思究竟是民主的，还是专制的？”这一话题，请和读者分享一下您的结论是什么？

◆ **郭丽兰**：从文本解读来看，在马克思早中晚期的著述中存在着显性的民主思想，即马克思一直把民主看作是高于现有国家政治形式的形式，强调“民主”对于克服国家和社会的二元分立、社会把国家政权重新收回具有的重要意义。在马克思《莱茵报》时期，现实物质利益的冲突为马克思民主思想的萌芽提供了可能。1843 年《黑格尔法哲学批判》及《德法年鉴》时期有关市民社会和政治国家关系的厘清，为马克思民主观开启了理论出发点的思考。克罗茨纳赫笔记通过对法国大革命时期自由和民主的考察，坚定了马克思人民民主的政治思想。巴黎时期，马克思已渐渐明晰，民主问题不能仅仅从政治角度探讨，更重要的是探寻民主背后的经济根源。《1844 年经济学哲学手稿》第一次从经济角度切入，挖掘民主政治背后的深层根源；1845 年《德意志意识形态》深入分析民主问题产生的哲学根源，提出必须通过消灭社会分工、私有制和异化来实现无产阶级民主和共产主义。《共产党宣言》中提出的“工人革命的第一步就是使无产阶级上升为统治阶级，争得民主”这一论断，旗帜鲜明地把获得无产阶级民主作为革命的目的；《法兰西阶级斗争》《路易·波拿巴的雾月十八日》则具体探讨了民主运行的具体程序和模式问题；《资本论》继《1844 年经济学哲学手稿》之后，又一次对民主政治背后的经济、哲学基础进行了挖掘。巴黎公社为马克思民主思想提供了可操作的实验基地，共产主义民主的实现方式和途径得到了实践证明。在马克思的思想发展历程中，民主思想一直是其国家观构建的重要理论基石。

◇ 问：通过您对马克思的文献研究，其民主观是如何建构的？

◆ **郭丽兰**：马克思民主理论的核心范畴是“人民民主”，他对于民主的基本概念、民主的前提与条件、民主的运行方式与运行规则，都实现了理论创新。

“市民社会与政治国家”是马克思民主观的理论出发点，市民社会才是国家的前提、起源和基础。民主是实现国家向市民社会复归的有效途径，在国家向市民社会复归的过程中，国家与整个社会的利益结构达成一致，真正成为市民社会的代表。随着国家统治职能的日益弱化，公共事务管理职能的增强，政治国家真正为市民社会的健康发展而服务。国家向市民社会复归的过程，同时也是国家消亡的历史过程，两者的发展过程是一致的。

“人民民主”是马克思民主观的主体规定。马克思民主观第一次旗帜鲜明地主张“民主”的阶级主体性。公开自身的阶级属性，将民主定位为特定阶级利益的代表，这是无产阶级民主与其他民主形式的本质区别，也是马克思民主观较以往民主理论批判性、超越性所在。

良好民主机制的培育需要具备经济、社会、智力、心理等多方面的实现条件和基础。多方面、多层次的条件结构体系是形成良好的民主环境和氛围的保证。

人民民主的参与形式和机制建立，“倒金字塔”结构新型“人民监督”机制，与人民选举的正“金字塔”结构形成了权力对称，有效地防止官僚的腐败和权力的失衡。

◇ 问：在您关于马克思民主观的文献研究中，《资本论》一般被认为是经济学著述，如何理解其中的政治内涵？

◆ **郭丽兰**：《资本论》是马克思主义的经典著作，它不仅是马克思政治经济学的集大成，同时涉及政治学、哲学、科学社会主义等多重视角。但以往的研究大多从经济学角度进行，《资本论》中蕴含着丰富的民主政治思想，《资本论》从政治哲学角度出发，通对资本、资本主义批判的新解读，就是从商品经济的内在要求——平等和公平，看资本主义社会生产过程中的劳动不平等与商品交换平等这一内在要求之间的矛盾冲突。通过深入分析劳动二重性，提出劳动的特殊性和一般性。特殊劳动和一般劳动的二重性是研究民主问题的关键点。当人类步入正式社会交往时，劳动二重性便成为独立个体和社会成员二重性的集结和矛盾的聚合。这种二重性在社会发展中一直处于张力的不平衡发展，当这种张力被打破时，矛盾便进入不可调和阶段，政治革命便产生了。建立于劳动二重性上的民主政治问题在社会有机体中得到系统阐释，民主的产生、发展、国家职能的变迁都集中于这一内在结构。马克思探讨民主最终目的在于：通过政治革命和社会革命，实现人类活动方式的改变，实现每个人及一切人的自由全面发展。这是马克思哲学、政治学、经济学研究的最终理论归宿。

◇ 问：通过您对马克思民主观的研究，他的思想对当代中国民主政治建设有哪些启发？

◆ **郭丽兰：**马克思关于市民社会决定国家、市民社会在政治生活中的基础地位的论断，广泛人民参与和基层人民自治、全面人民监督制等思想具有重要的理论意义和现实价值。马克思对国家和市民社会的关系重新进行确立，提出市民社会决定国家，国家与市民社会实现良性互动的关系。这些思想对于中国“市民社会”的建立，乃至“全球市民社会”构建起着积极作用。

马克思提出，通过直接和间接民主参与两种渠道，培养人民的参政能力和政治效能感，不断扩大人民对社会公共事务的管理范围，增强人民的管理能力，逐步实现政治国家向市民社会的复归。人民可以通过人民代表制度、政治协商制度、基层自治制度等方式参与民主选举、民主决策、民主管理和民主监督四个环节。马克思从监督主体、对象、权限、建构原则、法律制度、功能这六个方面出发，构建一套完整的人民监督体制。通过六个方面的政策实施，真正促进人民民主的发展，促使中国民主政治改革步伐取得实质性进展。新型的人民监督制突破了西方政治传统中“三权分立”的监督模式，跳出了采用西方政治模式和传统模式来解决中国政治体制改革和建设的争议，为社会主义民主政治建设提供了一种新思路和具体的操作模式；为中国政治体制改革的顺利进行提供了新的学理依据和理论资源。

三、经典原著的应有图景

◇ 问：您对很多文本的进入都有着自己直面问题的态度，读者看到了“潮头”对“源头”的激活，为什么有这样的想法？

◆ **郭丽兰**：文献学研究在于通过历史文献再现，呈现作者的原本观点，但这并非文献研究的根本目的。文献学研究在于通过文本的梳理，找出思想家原生形态的理论建构和对当代实践的启发。“潮头”对“源头”的激活，这才是文献学研究的真正意义。

◇ 问：在马克思民主思想发展历程中，我们注意到有一部著述叫《黑格尔法哲学批判》，您能聊聊它么？

◆ **郭丽兰**：1843 年《黑格尔法哲学批判》是比较复杂的一部著述，同时也是人们谈得最少而且曲解最多的一部。它一向被认为是马克思思想发展史上不成熟的论著，以往研究者对这一文本的历史地位和哲学内涵重视不够。马克思通过对黑格尔政治哲学、法哲学、一般哲学的揭露和剖析，实现了对黑格尔国家哲学的批判和超越，奠定了马克思新型政治哲学思想的雏形。在《黑格尔法哲学批判》中，马克思颠倒了黑格尔的市民社会与政治国家论断，提出个人、家庭与市民社会才是国家的起源和基础，形成了从国家前提论到市民社会前提论，从国家建构论到市民社会建构论，从国家起源论到家庭、市民社会起源论，从国家原动力论到家庭市民社会原动力论，从国家理念基础论到家庭、市民社会双重基础论的逻辑思路与理论框架。《黑格尔法哲学批判》是马克思主义研究史的创新，为马克思思想的整体研究提供了源头，这也是当代研究市民社会理论非常重要的一部著述。

◇ 问：关于马克思晚年，有些学者认为马克思晚年基本没有理论创作，如梅林在《马克思传》中提出的“马克思晚年慢性死亡论”、西方马克思学家和新马克思主义者提出马克思晚年“衰退论”和《资本论》创作“中断论”。您如何看待？

◆ **郭丽兰**：晚年的马克思思想一直在向前发展，根据当代资本主义正在经历的新变化、新特点，马克思提出了一系列新问题、新观点。在 1875 年《哥达纲领批判》以及同时期马克思给恩格斯的信中，马克思集中批判了拉萨尔机会主义的政治观点，其中涉及了劳动观、财富观、国家观、社会主义观等重大理论和现实问题。马克思提出了未来社会的两个发展阶段、无产阶级专政国家的历史作用等政治观点。

马克思晚年作了大量的读书笔记，这些读书笔记涉及历史、社会、数学、化学、美学等多个方面，蕴含了丰富的思想内容。在这些笔记中，有一组是以对摩尔根的《古代社会》摘录为核心的读书笔记。这一笔记在前苏联东欧学者那里曾被称为“古代社会史笔记”，没有得到应有的重视；而在美国学者劳伦斯·克拉德、诺曼·莱文、唐纳德·R·凯利、英国学者莫里斯·布洛赫那里，被称为“人类学笔记”、“民族学笔记”。这组笔记应该是马克思《资本论》的续编，是对国家与文明起源问题、国家本质的探讨，这组笔记应称作“国家与文明起源笔记”。在笔记中，马克思关注的焦点问题是从原始社会、野蛮社会到国家社会、文明时代的起源问题。在从原始社会到国家、文明时代历史进程的摘录中，贯穿了大量对原始社会、氏族公社民主的描述。对原生民主形态的探索，为马克思进一步丰富无产阶级民主理论，作出政治思想的新判断起着积极意义。

◇ 问：在您的书中，我还看到马克思与卢梭关系的论述，这一直是学界讨论的热点问题。卢梭对自由、民主、平等等问题的探讨，对资本主义社会的抨击和人民主权的推崇成为人民主权论的理论先驱。人们很容易产生这个问题：马克思的人民民主观与卢梭的人民主权论之间究竟是何种关系？

◆ **郭丽兰**：卢梭对马克思民主思想的影响不容置疑，但是相较卢梭，马克思民主观的现实性是其无法比拟的。马克思民主观与卢梭人民主权论具有二重性关系：即继承和超越的关系。卢梭提出的社会不平等起源、人民主权等思想对马克思民主观的形成具有重要意义。同时，马克思民主观与卢梭的人民主权论存在着质的差异，卢梭对马克思的影响所在，也就是马克思超越卢梭之处。马克思对卢梭人民主权概念批判的基础上实现了实质性超越，并就人民民主实现的现实基础、途径作了崭新论断。

卢梭的人民主权理论最终落脚点是实现社会“公意”，而“公意”正像罗马神话中的雅努斯，具有双重的面孔。与卢梭相异的是，马克思民主观强调的是每个人的自由是一切人自由发展的前提，他将作为市民社会成员的单个人与整个人类社会结合起来，未来社会不仅是一切人的共同发展，而且也是每个人的自由全面发展，每个人与一切人是内在统一的。卢梭的人民主权思想，是马克思新型人民民主观形成和发展的重要理论来源，同时马克思从新唯物主义出发，创造性地超越了卢梭的民主思想，为人民民主提供了新的解释和理论内涵。

四、“千年思想家”的时间进行时

◇ 问：马克思被称为“千年思想家”，我们面对的都是有年份的东西，岁月的积淀与流逝，解读必须在挖掘中释放新义，老文本如何入题当下社会呢？

◆ **郭丽兰**：在人类历史发展长河中，马克思的思想发挥着重要的作用。在西方发达资本主义国家“千年重要伟大思想家”和“十大哲学家”的评选活动中，马克思位居榜首。马克思主义今天仍是西方学界极其重要的思想流派，马克思对资本、资本主义的批判从未过时，这也是2008年世界金融危机后，马克思的《资本论》等著述热销的原因所在。解读马克思文本，最重要的是寻找其方法论对当代社会的重要启发。

◇ 问：读完您的这本厚实的著作，感觉到马克思的伟大和亲切，他好像有好多说不完的话，我们对他的认识好像才刚刚开始。为什么老文本不会过时？

◆ **郭丽兰**：当靠近伟大人物时，其思想如醇香佳酿，吸引着你去不断研究，这就是经典的魅力。我们平时了解思想大家，很多时候都是从二手、三手资料开始的；但历经几手之后，我们所读的有些并不是思想家原生形态的内容。因而在与学员、研究生交流时，我反复强调一定要读原著，这是我们真正靠近思想家的唯一途径，无他捷径。虽然这个过程会比较艰辛，但那种欣喜是言语无法比拟的。在今天这个浮躁的社会中，原著、文本文献研究尤需要静下心、坐得住冷板凳的耐心。

◇ 问：写完这本书，您觉得“中国式民主”有着怎样的迷人蓝图？

◆ **郭丽兰**：中国民主政治建设与西方民主建设有着很大的差异性，这也是我在思考中国现代化与欧美现代化很重要的一个区别维度。正如习近平总书记在莫斯科国际关系学院访问时所言：“尊重各国人民自主选择发展道路的权利，反对干涉别国内政，维护国际公平正义。‘鞋子合不合脚，自己穿了才知道’。一个国家的发展道路合不合适，只有这个国家的人民才最有发言权。”每个国家的民主图景会呈现出差异性，中国式民主政治是中国经济社会发展重要的航向标，以人民代表大会制度的根本政治制度、中国共产党领导的多党合作和政治协商制度、民族区域自治制度和基层群众自治制度的基本政治制度构成了中国有效的政治运行体系和机制。只有在这个政治系统下，中国才能稳定持续的向前发展。

◇ 问：对于说不完道不尽的马克思，这本书的推出也只是开了个头，特别喜欢您在书中的那句话：不是结束，而是新开始。您是如何思考自己未来研究视野的？

◆ **郭丽兰**：文献文本是我学术研究的起点，但理论终究还需回到实践。从北京大学博士毕业至广东省委党校工作，一晃7年过去，这7年时间中，除了对理论的继续深入研究，我一直在做一项探索性工作，即研究中国民主政治实践。围绕着广东发达省份的民主实践，这些年就基层民主、基层治理、协商民主等主题，做了些国家和省部级课题，发表了些小文章，这也是我下一本书的主题。通过实践研究，激活马克思民主观的现实意义，丰富中国民主政治理论。这一目标正如《马克思民主观的文本研究》一书序言中，我的博导王东先生所寄语：结合中国民主政治建设，特别是结合广东这一改革开放“排头兵”的政治体制改革经验，长期深入研究的方向所在。

◇ 问：最后，感谢郭老师和读者分享图书。摆在我们面前的，是郭老师把我们引进去了解一本本马列经典作品的真义，看到马克思经典著作的思想之塔，照耀我们方向的著作。而您谦虚地说自己的这本书是“小书”，其实这是一本回到马克思的大手笔。党校学者做的经典研读，让文献复位，在复位中激活，在政治读物的图景中，没有扭曲与剥离，而是让读者朋友们看到正宗的“原汁原味”的东西，丝丝入扣的分析与当下每时每刻更新走动的“时间表”合拍连在一起，感受到节奏澎湃的力量。再次感谢郭老师百忙之中为读者答疑解惑。

◆ **郭丽兰**：感谢热爱阅读的读者朋友！

在党史里重温我们的初心

——对话《毛泽东工农联盟思想研究》

王玉云

【学者简介】王玉云，毕业于北京大学马克思主义学院科学社会主义与国际共产主义运动，博士学位，现为中共广东省委党校中共党史和党的建设教研部副主任、教授、硕士研究生导师。长期从事中共党史、党的建设、思想政治工作等领域的研究和教学工作。主要著作有《毛泽东工农联盟思想研究》（中央编译出版社2010年出版）、《党的先进性建设在广东》（广东人民出版社2009年出版）等，发表专业论文数十篇。近年来在党校主体班次（市厅班、县处班、中青班、省直处长班）讲授的专题课主要有："中国共产党章程解读""新形势下党的建设科学化水平问题""新形势下党的基层组织建设的若干基本问题""中共党史""中共广东地方史""反腐倡廉建设的理论构建和实际效能分析""党内政治文化建设"等。2016年获得广东省党校系统精品课一等奖。

不忘初心：老百姓为什么要跟共产党走？

◇ 问：王老师，最近读到习近平总书记在中国共产党建党95周年大会上的讲话"不忘初心，继续前进"，您是研究中共党史和党的建设的学者，我们就从军旅作家王树增《解放战争》这本广受好评的著作开始我们的话题。看了这部大作后，感觉好像又读了一回中共党史，重温了共产党人的初心，您怎么看这本书的思想价值？

◆ **王玉云**：从党史研究的角度，我非常乐意从这部著作开始我们的话题。纵览20世纪上半叶的中国史，内战应该算是不少，但1946至1949年发生的解放战争，其规模和声势都达到了一个相当大的程度，因此，历来描述这段宏大历史场景的各类著作非常多。王树增这本《解放战争》出版后颇受读者欢迎，究其原因，除了它有建立中华人民共和国60周年这个际遇之外，还有两点是需要注意的：一方面，王树增是位军旅作家，既然是作家，就熟稔于文学语言的运用，同时这本书又逼近并展现了宏大的真实历史场景，这两者一结合，就使这本书读来饶有兴味。它既摆脱了传统党史著作的“刻板”，又不至于“戏说”历史。这是它的独特视野，也是在叙述方法上的成功之处。另一方面，这本书在展现民众对这场战争的态度和表现方面颇费了一些笔墨，这也折射出作者对这场战争在宏观层面上的价值判断，也是这本书重要的思想价值所在。

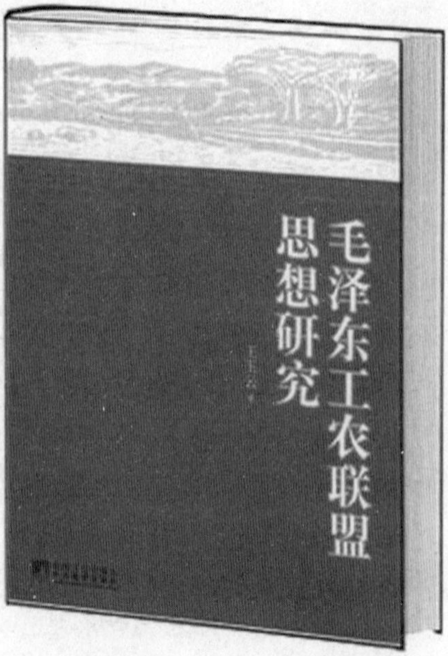

《毛泽东工农联盟思想研究》

◇ 问：书中谈到解放战争年代的民众说：最后一粒米，拿去做军粮；最后一床被，盖在担架上；最后一个儿，送到咱队伍。让我们想起了毛泽东说过的“决定战争胜负的是人，不是武器”，如何理解这句话？

◆ **王玉云**：作为世界著名的军事家，毛泽东对战争有很多有名的言论，刚才您说的就是其中一句。这句话如果从哲学意义上来领会，从历史唯物主义的角度来理解，可能更有助于我们的领悟。武器在战争中当然很重要，谁也不能轻视武器的作用；但归根结底，战争就是为了调整业已存在的利益关系而进行的，国与国、家与家、党与党、派与派、群体与群体之间展开的战争，一概如此。因而，战争就有了正义与非正义之分了。从事物发展的长远观点看，正义的一方最终要战胜非正义的一方。怎么分辨双方？代表人民群众利益、或者说代表新生事物前进方向的，就是正义的，否则就是非正义的。毛泽东后来所说的“帝国主义和一切反动派都是纸老虎”，也要从这个角度理解才行。《解放战争》里对民众踊跃支战支前的描写，透显出来的就是这样一种信息：共产党为最广大民众的利益而战，最终胜利一定是属于共产党一方的。

◇ 问：《解放战争》描写了这样的情景：共产党打到哪，老百姓就跟到哪，沿途每个村庄的人都把油灯点燃，所有村民都站在那儿迎接队伍，妇女们给官兵洗衣服，官兵们给房东挑水劈柴。为什么会发生这样感人的场景？

◆ **王玉云：**这个场景，也反映了当时社会上普遍存在着的反蒋拥共这种强烈的社会群体心理和强大的群众基础，尤其到了解放战争局势越来越明朗的后期，这一点表现得更为明显。这样的例子不胜枚举，比如书中写道：农民厌恶国民党的马师长，他的军队所到之处，老百姓全都躲起来了，甚至连水都藏起来，但共产党不一样，每路过一个村庄像回家一样。民心向背使这些国民党将领心里非常痛苦，常常有这样一个疑问：我为什么去作战？我为什么去打仗？所以这些将领最后被包围的时候，只有少数人战死，大多数人把自己手枪搁在桌子上，等着对手的士兵前来。共产党及其领导下的军队与民众之间的鱼水情深，如果要深究其原因，无外乎共产党忠实代表了民众的利益和诉求。

◇ 问：共产党在解放区土改是赢得民心的关键，我们读过的“土改小说”就有周立波的《暴风骤雨》和丁玲的《太阳照在桑干河上》。那时的农民说：“老大留在家里耕共产党分的地，老二送到咱部队去，防止狗日的回来算账。”怎样看共产党赢得民心的重要性？

◆ **王玉云：**离开利益问题来空谈民众之所以拥护共产党及其军队的作战，显然难以服人。事实正是如此，共产党要给予民众以实实在在的利益（物质的和精神的，首要是物质的利益），民众才会跟共产党走，才会赢得民心。其实在土地革命战争时期，共产党“打土豪，分田地”的口号和政策，就激起了广大农民对革命的支持，因为他们要使自己获得的土地不致再次失去，就要出力支援旨在保护自己利益的革命战争。毛泽东所谓“真正的铜墙铁壁是什么？是民众，是千千万万真心实意支持革命的群众。这个铜墙铁壁是什么力量也攻不破的。”说的就是这个道理。这个道理，同样适用于解放战争时期。所以，共产党一面组织军事行动，一面组织土改运动。土地改革既是革命的最直接目的，更是为了发动民众支援解放战争的重要策略，为解放战争提供了重要的支撑。在这种情况下，民众就会在共产党和国民党之间做出或认同或疏离的不同选择。

◇ 问：陈毅说：“淮海战役是老百姓用小车推出来的。”从解放战争的胜利中，我们该如何领悟中共执政地位最终确立的时代价值？

◆ **王玉云：**淮海战役是解放战争整个场景中双方投入兵力最多、持续时间最长、战争最为艰苦的一次大战役。作为这场战役的主要指挥者，陈毅饱含深情说的这句话，从形而下的角度看，是对历史场景的忠实描摹；从形而上的角度看，是对共产党取胜的深层次原因的阐释。一个政党或者组织要获得壮大和发展，就必须始终代表历史前进的方向。共产党从无到有，由小到大，最终确立了执政地位。到底是什么原因使得这个被国民党讥为“乌合之众”的组织，战胜了自诩为“虎狼之师”的对手呢？全心全意为人民服务的宗旨，是共产党的核心竞争力。由是观之，国共之争，其实胜败早有定论，只是迟早的事。无怪乎，蒋介石“偷学”毛泽东著作之后在日记里惊呼：“共产党在短时期内获得空前发展，是缘于一套科学的方法。”

战争只是为调整利益格局而采取的一种极端方式，如果不需要流血战争也可以调整利益关系，那就是改革了。因此，可以说，共产党无论是处于革命党的地位，还是处于执政党的地位，其战略宗旨都应该是一样的，即为了最广大人民群众的根本利益。舍弃这个东西，战争不能取胜，建设也不能成功。当下广东省委相应中央号召和顺应中央鞭策，要“率先全面建成小康社会”，这与我们党的宗旨、理念相契合，一如解放战争年代我们党所倡导的“老百姓是天”。广东要“率先全面建成小康社会，率先基本实现现代化”，就要在经济、政治、文化、社会、生态等各个方面给广大人民群众以更高的幸福感和获得感。因此，需要加强和改进新形势下广东省各级党组织建设，尤其是群众工作，眼光向下，俯下身段，真正地把人民群众的冷暖放在第一位。惟其如此，党才能获得人民的认同，为执政合法性增添筹码。

学习党史：为什么要常读常新？

◇ 问：党校姓党，爱党知党，习近平总书记也多次强调要学习中国共产党的历史。我们就谈一下《中国共产党历史》（第二卷）这部重要的党史著作吧，您能大致谈谈感悟吗？

◆ **王玉云**：毛泽东 1949 年 3 月在中共七届二中全会上高瞻远瞩地说：“中国的革命是伟大的，但革命以后的路程更长，工作更伟大，更艰苦。……我们能够学会我们原来不懂的东西。我们不但善于破坏一个旧世界，我们还将善于建设一个新世界。”《中国共产党历史》（第一卷）记述的是共产党如何“破坏一个旧世界”；与此前后脚，《中国共产党历史》（第二卷）就是记述共产党从建国到全面改革开放和现代化建设之前近 30 年间如何“建设一个新世界”。其主要内容既有执政理念、重要历史事件、党的历次全国代表大会等重要情况的评说，也有经济、政治、文化、社会等层面的相对微观的统计和描述；既有成就及其经验的客观记载，也有失误甚至错误的教训总结。是一部正史，也是一部信史，为党史的学习和研究提供了一个很好的蓝本。

◇ 问：听了您的感悟之后，我们明白了这部党史著作主要就是记述党如何领导社会主义建设的历史。坊间曾有“毛泽东建国有功，治国无能”的说法，这个说法该怎么评判呢？

◆ **王玉云**：在脱胎于半殖民地半封建社会的新中国建设社会主义，困难本就异常之大，尤其严峻的是没有现成的经验可循。这就需要探索，既然是探索，就无法保证不出现失误。所以，纵观从新中国建立到改革开放的30年间的历史，共产党领导社会主义革命和建设事业，总体上是有所前进、取得很大成就的；但是也出现了曲折和失误，有的失误造成的损失甚至还是十分严重的。究竟该怎么科学看待这段历史？那就得分清主流和支流，不能以点代面、以偏概全。2013年12月26日，习近平总书记在纪念毛泽东同志诞辰120周年座谈会上的讲话中强调：要实事求是地看待革命领袖和历史人物，他们的功是功，过是过，功过要分明，不能因其功而全盘肯定，也不能因其过而全面否定。习近平在积极肯定毛泽东为中国新民主主义革命胜利、社会主义革命成功、社会主义建设全面展开、实现中华民族独立和振兴、中国人民解放和幸福作出彪炳史册伟大贡献的同时，并不讳言毛泽东在晚年特别是“文化大革命”中所犯的严重错误，明确指出：“不能因为他们伟大就把他们像神那样顶礼膜拜，不容许提出并纠正他们的失误和错误；也不能因为他们有失误和错误就全盘否定，抹杀他们的历史功绩，陷入虚无主义的泥潭。”（《人民日报》2013年12月27日）因此，所谓“建国有功，治国无能”的说法，就是没有采用科学历史观的、感性色彩过于浓厚的一种说法。

◇ 问：您刚才谈到的，实际就是一种观察和学习党史的立场、观点和方法问题，这是不是就是我们所说的党史观？

◆ **王玉云**：党史观属于历史观的大范畴，它需要党性原则与科学精神相统一。党史观首先是历史观，因此，对于党史上的任何一件事情，都需要将之置于当时当地的国内国际大环境下来考量，才能够做出科学的评判，得出令人信服的结论。个人好恶、意气用事都不是研究历史的正确方法。司马迁写《史记》的原则是“秉笔直书，不虚美，不隐恶”，就是如此。但不可回避的是：党史，是执政党的历史，在记述它的过去的同时，需要兼顾现在和未来，尤其当它被用作教材来教育全党的时候，就不得随意“发挥”了，这是党性原则的要求。党性原则和科学精神以及两者的统一融合，应当是正确党史观的内在要素。

◇ 问：请您给读者举个建国到改革开放期间的重大历史事件进行简要分析，以具体说明什么是正确的党史观。

◆ **王玉云**：比如在当时物质产品特别匮乏的情况下，为了让广大百姓公平公正地享用有限的物质产品，国家实行了购物配票制。现在很多人尤其是没有经历过那段历史的年轻人一听说配票制，就把它骂得狗血喷头。其实这不对。您想想，物质产品只有这么多（苏联人讥笑我们“三个人才穿一条裤子”，因为当时三个人买到的布匹加在一起只够缝一条裤子），如果不配票，钱相对较多的人可能就会买走原本很多人可以享用的产品，钱相对较少的人什么也买不成（此时，恐怕 30 个人才能穿一条裤子了）。很显然，配票制是适应当时的具体情况的一种制度创新，如同即便在物质产品相对丰富的今天，如果汽油紧张，还需要限量供应一样。观察事物，要结合当时当地的情境，这才是正确的思维方法。在党史学习和研究上，要准确把握党的历史发展的主题和主线、本质和主流，只有把这 30 年历史放在特定的历史背景下来分析，才能得出科学的结论。

◇ 问：我们记得薄一波曾说过，中国特色社会主义建设“始于毛，成于邓”。这个说法是不是为我们正确理解“新中国建立以来的党史是一个不可割裂的整体”这种论断提供了一把钥匙？

◆ **王玉云**：是的。1993 年 12 月毛泽东同志诞辰 100 周年纪念会后，《人民日报》曾经发表了薄一波同志的署名文章，大致的意思就是这个。在新中国建立后的党史问题上，一直存在着一种倾向：通过贬低改革开放之前的建设史，来“抬高”改革开放的成就和贡献。这是割断历史的错误方法。熟悉党史的人都知道，由于国内底子薄弱和国际环境的原因，新中国建立之初全盘学苏，但不久，毛泽东就认为要独立自主地走中国自己的建设道路，亦步亦趋地干革命不能成功，搞建设也不能亦步亦趋。这个调子在中共八大上定了下来，后来的事实证明，很多事情都是在这条“自主道路”上发生的。就方法论而言，根本就无过错，不能因为实际效果有偏差就否认根本原则。在这些经过探索的自主道路上，经验为改革开放所传承，教训为改革开放所汲取。因此，两段历史不可割裂。2013 年 6 月 25 日，习近平总书记在十八届中央政治局第七次集体学习“中国特色社会主义理论和实践”时讲话指出：“中国特色社会主义这条道路来之不易，它是在改革开放 30 多年的伟大实践中走出来的，是在中华人民共和国成立 60 多年的持续探索中走出来的，是在对近代以来 170 多年中华民族发展历程的深刻总结中走出来的，是在对中华民族5000多年悠久文明的传承中走出来的，具有深厚的历史渊源和广泛的现实基础。”（《人民日报》2013年6月27日。）

◇ 问：读《中国共产党历史》（第二卷），对全党的教育事业将产生怎样的积极作用？

◆ **王玉云**：在中国社会很长一段时期里，史学都是“显学”。但近年来，学习历史不被看好。可是外国哲人说过：“学习历史有何用？学习历史就是让我们明白：我们从哪儿来？现在身居何处？我们要到哪儿去？”这话说得真是意味深长。清人龚自珍在《古史钩沉论》第二篇里说：灭人之国，必先去其“史”；隳人之枋，败人之纲纪，必先去其“史”；绝人之材，湮塞人之教，必先去其“史”；夷人之祖宗，必先去其“史”。这段铺排式的断语，其核心思想其实很明了，一言以蔽之，就是说一个国家的人不可不知道自己国家的历史，否则，离灭亡之期就不远了。中国共产党是执政党，学习它的历史，就是为了让它的党员明白今天的执政地位是怎么来的，党领导的改革开放现在怎么样，未来的发展路径如何。对这些基本问题的回答，能够激发党员尤其是党员领导干部对党的基本路线和目前行动方案的高度认同。学习《中国共产党历史》（第二卷），对全党的教育事业将产生积极而深远的影响。

著作赏析：“农民国度”里的工人运动

◇ 问：很高兴能读到您的代表著作之一《毛泽东工农联盟思想研究》。能跟读者谈谈研究初衷吗？

◆ **王玉云**：马克思主义一诞生，就以沛然莫御之势席卷了欧洲，进而传播到整个地球，因之才有国际共产主义运动。俄国十月革命胜利产生的震撼，进一步增强了中国马克思主义者和共产主义信仰者的信心，催生了中国共产党。中国共产党诞生后的革命活动，构成了中国共产主义运动，它属于国际共产主义运动不可分割的一部分，甚至因其地广人众而成为最重要的一部分。从这个意义上可以说，一部中共党史，就是一部中国共产主义运动史。但有一个无法回避的困境是：马克思主义理论体系是基于对日益分裂为资本家阶级和工人阶级的、相对发达成熟的资本主义社会的研究而提出的，所以“共产主义运动”有时跟“工人运动”几乎有等同之义。而中国的社会状况，离发达成熟的资本主义社会还有相当的距离。乍一看，这真是一个怪现象，让人困惑不已，但它又是切切实实发生的现实。令人困惑的现实需要做出理论说明和经验总结，这就是我研究“农民国度”里的工人运动———中国的工农联盟问题的初衷。

◇ 问：“农民国度”是中国最大的国情，在这样的社会大背景下进行共产主义运动，显然是“困难而特殊的任务”（列宁）。所以我们能够理解毛泽东写《湖南农民运动考察报告》的重要性了。毛泽东为什么会有“打倒土豪劣绅，一切权力归农会”这样前瞻性的想法？

◆ **王玉云**：刚才我说过，马克思、恩格斯在创立他们的学说的时候明确说过：“共产主义是关于工人阶级解放的理论”。共产党能够成立和运作的应有前提，就是有足够规模和有足够自为程度的工人阶级，恰恰中国又是个“农民国度”，要在这个“农民国度”里大搞工人运动，实在是“困难而特殊的任务”。这个“矛盾”，给中国共产党人提了个醒，那就是在搞工人运动的同时，不得不着重考虑农民问题。或者说，从工人运动着眼，从农民运动着手。但是从历史上看，这个问题在建党初期处理得不是太好。建党初期中共只是着手于工人运动，直到大革命后期，才提出农民问题的重要性，毛泽东的《湖南农民运动考察报告》就是例子，同期的其他共产党人也有类似的观点和文章。与其说这些观点具有“前瞻性”，不如说这些观点初步拨开了教条主义的迷雾，看到了“马克思主义中国化”的曙光。

◇ 问：把“工农联盟”作为一个重要学术资源进行挖掘和整理，其实在这方面的研究已经很成熟了，也就是说，您的研究一开始就存在创新问题，您是如何把握的？

◆ **王玉云**：就是。但是我认为，世上还没有成熟到无法研究的问题。工农联盟问题是毛泽东思想体系里的一个重要理论观点，大家耳熟能详，但是系统的研究还不多、不深。如果真要说我这本小册子有什么创新之处的话，我觉得在资料的深度挖掘和系统整理方面，相较别人有所前进。

◇ 问：日本著名历史学家和汉学家沟口雄三提出“以中国为方法，以世界为目的”的思想，思想资源的相互参照不能单靠欧美体系，也要有中国因素。反过来或许也是成立的。从您的新作《毛泽东工农联盟思想研究》中可以看出，您对国外相关文献很重视。您在参考这些著作的时候有什么原则和方法与读者分享？

◆ **王玉云**：国外研究毛泽东及毛泽东思想的学者和著作都很多，涉及的方面也比较广泛，比如：美国学者斯图尔特·施拉姆著《毛泽东的思想》、费正清著《伟大的中国革命》、莫里斯·迈斯纳著《马克思主义、毛泽东主义与乌托邦主义》和《毛泽东的中国及其发展》、约翰·布赖尔·斯塔尔著《毛泽东的政治哲学》，等等。与我的研究关联比较密切的就是他们有关毛泽东农民思想的研究，但是由于这些作者的阶级立场和资料的局限，他们那些在国内一些人看来非常“客观”的“研究”和“成果”的科学性不得不大打折扣。不可否认，国外学者的相关研究，为我的小册子提供了参考和借鉴。

◇ 问：据您的导师李青宜先生说，您很注重对文献的研究，追求“论从史出”，从不“虚美隐恶”，我们想知道对文献的态度在您的书中是如何体现的。

◆ **王玉云**：论从史出是历史研究应该遵循的基本原则之一。先有史料，然后才有结论，而不是相反。我在写我那本小册子的时候，需要查阅的资料很多，对这些形似一团乱麻的文献进行梳理，着实费了很多工夫。只有在此基础上，观点才会立起来。举个例子来说吧：研究大革命时期毛泽东的思想的论者，往往要引用毛泽东于1926年9月1日写成的《国民革命与农民运动》里的一句话：“中国革命的形势只是这样：不是帝国主义、军阀的基础——土豪劣绅、贪官污吏镇压住农民，便是革命势力的基础——农民起来镇压住土豪劣绅、贪官污吏。中国的革命，只有这一种形势，没有第二种形势。”但是，我翻阅资料时发现，很多论者在引用的时候又往往将“形势”作“形式”。虽只一字之差，然兹事体大，它歪曲了大革命时期毛泽东本人思想发展历程的本来面目。如果用“形式”，说明此时的毛泽东已经完全放弃以城市工人运动为中心的模式，完全转向了农村包围城市的道路；事实并非如此，此时的毛泽东只是说：中国环境下的共产主义革命，早晚有一天必须注重农民问题，这是必然的“形势”，也是一种“趋势”。我把这个观点写成了一篇题为《究竟是“形势”，还是“形式”？——对毛泽东著作一处引用的看法》的文章，寄给《党史教学与研究》，很快就发表了。

◇ 问：您对自己的著作满意吗？有没有什么遗憾？

◆ **王玉云**：我写书是小书，费了一些工夫，也有一些心得，觉得有一点儿成就感。但是还有些遗憾，主要一点，就是关于毛泽东工农联盟思想在当下的重要意义和价值着墨不够，一来囿于题旨，因为我的初衷就是整理资料，属于“在故纸堆里找东西”；二来如果真要对当下的工农联盟问题做出探讨，就得有大量的调查研究才行。这些都只有留待以后的努力了。

思在党校：党史研究者的理论气质

◇ 问：“党的先进性建设在广东”一直是您的研究课题。作为党校学者，研究党建问题还是有一定优势的，如何让我们这个优势学科保持领先位置？

◆ **王玉云**：党的建设理论与实践侧重关注现实问题，为党的执政实践进行经验总结和前瞻性的咨询参考。我那本关于先进性的小书就是集合大家的智慧，对改革开放以来广东省各级党组织建设的实践经验进行总结，以对未来的党建工作作点提示。省委党校的教学科研定位，内在地规定着我们对现实问题的关注。相对于普通高校，党校在研究党的建设问题上，具有得天独厚的优势。关注现实、发挥优势，党建学科就一定能“保先”。

◇ 问：党校的工作与实践让我们懂得思考问题，为党和政府的重大决策提供理论参考，我们想知道，思在党校对您来讲，是怎样的一种“思”？

◆ **王玉云**：党校的工作侧重研究和解决现实问题，容易让人误会为“跟风”。但是，正如上面所说，没有一定的理论思考，对于现实问题的解决就不能完全到位，至少不系统不全面，也就无法保证决策的科学性和政策的稳定性，那么我们就难以当好党和政府的参谋。其实，党校的教师，没有几个正儿八经地当过经济社会发展第一线的领导干部，但又要“教”来自第一线的领导干部，看来真是很奇怪。党校还是存在着，并且还要担当重任，必然有其内在的理由，其中重要的一条，就是我们要从理论上思考现实问题。一线干部的天职，不是专门从事理论思考。这样一来，我们的工作就有意义；当然，也肩负重要责任。

◇ 问：到了建党百年的时候，从个人的角度上，您将如何展望未来波澜壮阔的“建党伟业”时代的？

◆ **王玉云**：共产党从无到有，由小到大，到今天如日中天，其执政下的中国正在走向繁荣富强。真可谓“其作始也简，其将毕也必巨”。作为一个党校的党员教员，我忠诚并敬畏于自己的组织和职业。可以设想得到，到建党百年之际，党的建设会因为有其他学科的先进理念的引入而变得越来越丰富，党的建设实践也会随之而越来越科学化，党领导下的国家也会越来越强大。

◇ 问：您对自己的学术研究未来是怎么规划的？

◆ **王玉云**：我主要还是想在党建理论领域做些努力。我个人认为，既往的党建理论从话语体系到论证手段，都需要进行适度的改造。比如：党的建设里的

“建设”，翻译成英语时就难以找到一个合适的词语，开始用construction，这个词的含义太“形而下”，只具有“具体”含义。作为党的建设，实际上就是一个政治组织的治理、管治或者管理，因此后来翻译“建设”时选用governance与之对应，这个词就更为恰当。正因为如此，政治学和管理学上的一些基本理论、分析问题的框架和模式，都可为党建理论所借鉴。政党的治理涉及方方面面，包括成员的招募和规训、治理章法的构建、干部的选拔和约束、党员影响力的生成与扩散等等问题，抓住其中一个问题，就有一片可以作为的广阔天地。我将在以后选取一点作些深入的探讨，在话语体系、表述方式、观点描述等方面力求有些进步。

◇ 问：恩格斯说“历史就是我们的一切”，党的历史更需要每一个共产党人去敬畏、去珍惜、去创造。在建党百年的未来，作为一个党史党建的学者，您最大的想法是什么？

◆ **王玉云**：我想说，学习党史，是每一个共产党人的职责所在，它本身也是政党治理的一项重要内容。重温党史、成绩说够、失误说透，有利于树立共产党员对党的景仰之情，尤其有利于党员对党在现阶段及未来一个时期的行动方案的高度认同。不忘初心，常常提醒我们当初为什么出发、为谁出发、如何前行？我最大的感悟是——党之为党，而不是乌合之众，源于成员对组织的“铁杆情愫”，也即党员对党的事业的忠贞不渝。这就是我最大的想法，我想，理论上也应该如此吧。

致力于构建令人信服的党性理论

——对话《党性是什么》

陈培永

【学者简介】 陈培永，哲学博士，曾任中共广东省委党校哲学教研部副主任、教授、硕士生导师。马克思主义理论研究和建设工程课题首席专家，广东省特支计划“青年文化英才”，广东省委党校“青年岭南学者”，广州市重大行政决策咨询论证专家。共同主持国家社科基金重大项目1项，主持国家社科基金项目1项、省部级课题3项，出版专著《大众的语法——国外自治马克思主义的政治主体建构学》《党性是什么》以及《资本的秘密》《社会主义的哲思》《改革的逻辑》《女性的星空》等“经典悦读系列丛书”10本，在《哲学研究》《哲学动态》《马克思主义与现实》《学术月刊》等报刊发表学术论文80余篇，多篇被《学习活页文选》《人大复印报刊资料》转载，被《新华文摘》《中国社会科学文摘》《党政干部参考》摘编。

一、在熟悉的“大门”里追问

◇ 问：陈老师您好，欢迎您接受我们的采访，与读者一起分享您的新书《党性是什么》。也算是给新作开启导航模式吧。

◆ **陈培永**：亲爱的读者朋友们，你们好，很高兴以对话的方式与大家见面。由于工作原因，我2015年借调到中宣部理论局，算来已经一年没有在学校出场了，以这种方式重新出场，对我来说特别有意义。

◇ 问：您发在《北京日报》的《什么是“党性”》理论随笔，清新平实的风格很受读者欢迎。看了这本书，感觉好像是这个随笔增容的图书版。

◆ **陈培永**：这本书的源头就是那篇文章，当时我的想法很简单，就是讲清楚“党性”这个在中国政治生活中经常出现的词到底是什么意思。没曾想，该文被《北京日报》“理论周刊”刊出后，被《学习活页文选》全文转载；被《新华文摘》论点摘编；被新华网、人民网、光明网、中国共产党新闻网等众多网站转载；被“党建网微平台”“长安街知事”等知名微信公众号推送，一时之间成为我发表过的最有影响力的文章。但我知道，关于党性的问题并没有完全解决，其内涵还需要进一步挖掘，与之相关的概念还需要进一步厘清。于是我就想到将这篇文章扩展成一本书，以更加全面地、系统地探讨党性问题。要强调的是，这本书只是保留了论文的极小一部分，而且还修订了其中的某些观点，我还完全改变了文风和笔风，写得更有现实针对性。所以不能简单认为这本书只是增容版。

《党性是什么》

◇ 问：很荣幸第一时间拜读了新书，一口气轻松读完的。党性可是大理论，想象中也应该是压大马路的厚重，您却努力走街道胡同往小里写。为什么会有写“小书”的想法？

◆ **陈培永**：一直都认为，在今天这个浅阅读、快阅读的时代，能让人读下去的书，就已经是很好的书了。能让读者一口气轻松读完，已经是高度肯定这本书了。说真的，我很怕别人说这是一本“小书”，因为有人已经在给我贴标签了，说我写的书都是小书，这对我是好事也是坏事。好事是被别人贴上某个标签，说明你在这个领域成功了；坏处是好像我只能写小书，我的厚重的学术书以及众多的学术论文被掩盖了。我要说，这本书是字数不是很多的“大书”，因为我建构了一个完整系统的框架结构，探讨了党性以及与党性相关的几乎所有的概念，我把这些概念巧妙地进行了简单化，并让它们遵循整个叙事的逻辑在不同的章节出现，避免了纯粹理论探讨的索然无味。哲学手法有两个：一个是把复杂问题简单化；一个是把简单问题复杂化，我这次主要运用了第一种手法。这本“小书”，实际上还寄托着我很大的理论抱负。这一年来，我一直在思考的问题就是，做学问应该打通三个领域：一个是学术思想领域；一个是党政宣传领域；一个是社会大众领域，关于党性的这本书其实是我的尝试，学术、政治、大众都有了，我希望这次尝试能够成功。

◇ 问：在“两学一做”的背景下，这本书的出版可谓是恰逢其时。我们先从书面词义谈起，以“是什么”为主题，如此强烈追问的新意在哪里？

◆ **陈培永**：哲学终究是一种追问、一种沉思，它需要在“全民热议”中进行“深沉思考”；需要对众人皆知却又鲜有人解的问题进行透彻地回答。在这个时代做哲学，需要形式的跟风、实质的高雅，要谈大家都关心的话题，说出自己的高见，不能自作深沉、自我遐想，把自己封闭在抽象空间里，研究些大家都不关心的问题，说些不知所云的高深话语，这样的哲学不会有生命力。这本书的出版确实应该算是恰逢其时。党性是一个热词，但正所谓熟知非真知，真正说出到底什么是党性，还真没那么容易。以“是什么”为主题进行追问，是要建构一个既高大上又接地气的、令人信服的党性理论，清晰地回答党员干部的观念和现实困惑，是要还原真正的党性，把对党性的熟知变成真知。做学问，有时候就需要把老问题进行新说，需要在“旧瓶”里装入“新酒”。我们去看一门学问，不能只看到表面老、表面土，而看不到里面的新东西。如果读者认真去读这本书，我相信一定会看到新意，还有我的诚意。说到这里，要提到我的一位老师无意中的评价：原创多始于土气，而不是所谓洋气，这本书土中有真东西。我感动了好长时间，他看到了这本书中的新东西，看到了我的努力，给了我很大鼓舞。

◇ 问：经常听到这样的声音，已经是老党员了，入党誓言倒背如流，每天都在党的“大门”里进进出出，走来走去，路面上有多少块砖我都知道，太熟悉了，为什么还要不断追问“是什么”呢？

◆ **陈培永**：黑格尔有句名言，哲学就是哲学史，我理解为哲学总是探讨前人已经探讨过的问题，总是不断回答曾经被回答过的问题。为什么总是要重新开始，重新起航呢？是因为人的问题本身就那么多，前人早就提出了，但对问题的回答是多样的，而且是会不断变化的。党性的问题不是这样吗？同样讲党性，在不同的时期，会有不同的内涵，有不同的要求。不断追问“是什么”，是让我们不要忘记党性的本质及其内涵的演变，谨防不知其意地只强调党性的重要性，只喊党性的口号，实际上却早已沦为形式主义而不自知；不断追问“是什么”，归根结底是要我们不至于墨守成规、因循守旧，赋予党性以时代特质，让我们真正信服，在真知真解真悟中真行。

二、真诚面对各种思想困惑

◇ 问：有专家说，研究态度的真诚决定书的质量。书中序言讲到讲党性不刻意回避思想困惑，要直面回答现实问题，为什么会有这样的考虑，会提出这样的想法？

◆ **陈培永**：这个问题涉及到我整个写作的策划创意。我们都知道，党性很重要，但正是如此重要的东西更容易被过度拔高。在现实生活中，党性好像是高大上的代名词，讲党性好像就是要满脸严肃，就是要无视现实生活，不顾物质利益；就是要把人从人间带到天国，让人不食人间烟火。如果党性理论不接地气，不顾党员干部的现实生活状况和思想观念困惑，只会硬生生地把党性变成一个没有现实感、没有具体所指、只会出现在讲话和文件中的抽象概念。只有直面现实问题，正视思想困惑，党性理论才是可信的，党性才是真实的。这样的考虑和想法，保证了本书的质量，让这本书显现出它独有的特征和亮点。

◇ 问：您在讲哲学理论的党性时，指出我们不能过度敏感，要勇于探索，尊重不同意见，哪怕这种声音可能是错的，以前的对与错，也可能换位成今天的错与对。我们既要聆听正面的声音，也要捕捉反面的声音，鼓励打造具有创新精神的思想理论。我们应该怎样理解党性中的宽容精神呢？

◆ **陈培永**：这本书最初是从“哲学理论的党性”开始的，之所以这样做，有两个原因：一个是马克思主义经典作家最早在这个层面提到了党性；另一个是因为这个问题很有现实性，习近平总书记在宣传思想文化工作、文艺工作、新闻舆论工作等会议上都强调了坚持党性原则。但总有人认为，讲党性就是要压制自由的创作、自由的言说、自由的思想；就是要消除不同的声音和观点；就是只让说好话，不让人去批评。所以，我认为有必要强调：讲党性，不代表不讲事实，压制自由，它只是拒绝打着自由的旗号，发表不顾客观事实的“妄议”，进行没有建设性的“骂街”。真正的自由、事情的真相，是与讲党性不违背的，如果有所违背，要么就不是真正的自由、事情的真相，要么就不是我们所讲的真正的党性。讲党性本身应该有一种包容精神，应该鼓励发出更多样的声音，发表更自由活泼的言论，创作更具个性化的文艺作品，打造更具有创新精神的思想理论，甚至还有必要听听反面的声音，听听错误的意见，因为给“错”一个机会，说不定就是给“对”一个机会。

◇ 问：我们再来继续分享好声音吧，有一段写到党性与个性问题的，很生动，引用了毛泽东的口号：左看齐、右看齐、中间看齐，这样才能找到基准。现在是强调个性的时代，讲党性、讲纪律、讲看齐是否会与个性冲突？怎样看待纪律和规矩得到保证、个性活力得到张扬的社会？

◆ **陈培永**：确实存在一种观念：党性会束缚个性、抹杀个性。要激发个性，充分发挥创造性，就要少讲党性，别让党性侵犯了个体自由。我国历史上也曾经出现过于注重党性，压制党员个性、积极性的局面，这方面需要反思。必须要强调：讲党性，讲政治纪律、政治规矩，是为了使每个党员都有机会更好地发挥聪明才智，培养独立精神气质，彰显独特人格魅力，从而更好地发挥政党的整体力量。正如党性的对立面不是个性，而是任性一样，政治纪律、政治规矩的对立面也不是自由意志、独立思想、创新思维，而是没有畏惧之心、胆大妄为、想干什么就干什么的野蛮行径。现在需要预防的恰恰是：有些人表面上讲党性，实际上则只重个性、个人意志、个人利益，他们把破坏规矩、打破规则作为个性的表现，忘记了这样的个性不叫个性，而是叫随意性、任性。个性应该有两种：一种是创造性的、积极的个性；一种是破坏性的、消极的个性。创造性的个性无疑是对党性的充实和完善；消极的、破坏性的个性则只能是对党性的弱化和伤害。纪律和规矩得到保证，个性活力得到发挥，这才是政党所需要的最佳状态。

◇ 问：偶尔会听到“有党性没人性”的声音，一下就把党性的崇高虚化，像一片残片碎瓦，从人民中间推得远远的。书中专门设计党性与人性章节，为什么会加重哲学视域“人性解说”的分量？

◆ **陈培永**：我确实在党性和人性关系的问题上用了很大的笔墨。一种很流行的想法就是把党性与人性对立起来，把党性理解为没有人情味、只讲政治原则、空讲精神境界的代名词；把人性理解为人情、人的本能、欲望的东西。在部分党员干部的头脑中，还出现了可以称为“人性悲观失望症”的观念，即认为人都是自私的，都是贪婪的，这是人无法改变的本性。党性与人性的关系，绝对不是非此即彼的关系，两者有统一的一面，都是对人的美好价值属性、精神境界属性的追求。讲党性，绝对不是要反对人性，它要克服的是人的自然属性，升华人的社会属性，它是对人的本性中积极方面的张扬，对消极方面的摒弃。正确处理两者之间的关系，一方面不能无视党员干部合法的利益诉求。讲共产党员的物质利益、正当利益，咱们不输理。不能一谈加工资，一讲生活情趣，就认为是冒犯党性内核、违背党性原则；另一方面不能在人性的名义下降低作为党员的基本要求，或利用符合人性的借口来为自己开脱。党员干部需要克服自私自利，遏制贪婪和欲望，追求人性的崇高和党性的提升，发挥好模范带头作用，只有这样，我们的社会才会走向新的美好未来。

◇ 问：我对这句话特别有印象：中国的事情从来都不是靠喊口号就能解决的。党性要“去虚”，不无端喊口号，不空对空，实实在在讲问题。可是说起来容易做起来难，带个面具去上班，做善于表演的“两面人”，为什么会有这样的现象呢？

◆ **陈培永**：我们常感叹：知人知面不知心，有些人表面上一套背后里一套等等，这都说明了人之为人的复杂性。当有人掌握了公权力，以“公人”的身份出现，他就更容易变成“伪装者”，进行政治表演。这就是为什么需要监督，需要把权力关进制度的笼子里。在现实生活中，有些人患上严重的“人格分裂症”：台上和台下、人前和人后、白天和黑夜根本不是一个人，处于割裂状态，不得不忍受内心的煎熬。正是这些人不断演绎着“今天是好干部、明天是阶下囚”的反转故事。实际上，他们应该明白，一个真正成功的人，一定是言行一致、身心合一的人；是能够约束自己、控制自己，能够自我反思、自我纠正、自我调节，并因自身的综合素养而受到人们高度尊重的人。而这正是党员干部要增强党性修养的原因。党性修养的关键在于自觉，它不是一个轻松的过程，需要不断学习、不断思考、不断克制、不断升华。但光靠自觉，光靠教育、修养是不够的，任何教育都不可能仅仅通过教育达到目的，任何修养都不可能在社会的真空里得以实现。治党本身应该是两手抓，软硬兼施，柔中带刚，党性教育、党性修养应该配之以健全的、规范化的制度，配之以严格的政治规矩、政治纪律，采取强有力的举措对违反党性的行为进行坚决打压，以塑造风清气正的外在氛围，规范党员干部的言行，这样才能杜绝或者说最大程度预防“两面人”现象的出现。

三、再好的道理也要学会说服

◇ 问：书中开宗明义写道：党性一点都不虚！理想的丰满必须回应现实的骨感！不过度拔高、不滥用，要去掉僵化古板的虚化与高冷的距离，让党性扎根在暖着地气和人心的土壤里，如何让抽象理论贴近现实？

◆ **陈培永**：“党性一点都不虚”这句话有两种理解：其一，党性不是抽象的口号，不是空泛的没有具体所指的词汇；其二，党性有很强的能量，它一旦内化到身心中，外化到行动中，于党和国家是幸事，于党员个人亦是幸事。党性是个好东西，它是政党的精神，是党员的灵魂。没有党性，一个政党就会失去维系下去的精气神，只剩下毫无力量、一击而溃的空架子。但在讲党性的时候，我们有意无意地把它过度拔高了，把党性变成高大上的代名词，渐渐地让它与我们的日常生活脱离了。所以，我写这本书着重强调的是：党性必须是基于现实生活的超越，必须是立足物质利益的升华，讲党性，要有真实性、要有可信度，就不能无端喊口号、空讲大道理、刻板谈理论，它必须面对真实的生活境况，面对现实存在的问题本身，面对内心深处的困惑，做到以理服人、以情动人、以文化人。坚持这个基本原则，我相信自己可以让党性理论接地气，深入人心。是否做到了这一点，就要等待读者的评价了。

◇ 问：特别喜欢书中引用马克思的那句话“理论只要彻底，就能说服人”。您如何解读马克思这句话？

◆ **陈培永**：马克思的这句话是我做学问努力的方向，实际上也是我写作这本书的“指导思想”，我做出的尝试就是把党性理论讲彻底，讲深入人心。但说出来容易，做起来难，要把理论讲彻底，谈何容易？我们常说，理论是灰色的，生活之树常青，灰色的理论怎么能与常青的生活相媲美？关于党性的政治理论，怎么能解释通错综复杂的、鲜活的政治生活和政治实践？关键的问题是：政治理论如何彻底，如何使人信服呢？我从四个方面进行了努力：现实维度、问题导向、学术厚度、语言朴实。我希望做到的是：就事论事，不空讲大道理，直面当代中国正在发生的现实问题，直面党员干部真实的思想困惑，把厚重的理论用接地气的语言娓娓道来。这本书应该做到了，至少是我已经尽力了。

◇ 问：讲故事有讲故事的方法，说道理有说道理的技巧。解答困惑，做到以理服人、以情动人、以文化人，给党性赋予一种新词义，做个会讲理论故事的人，这种工作的价值在哪里？

◆ **陈培永**：鲁迅先生说过：“伟大也要有人懂。”我做这个工作，其实就是使伟大的党性理论让人懂、让人真心接受的过程。我从没怀疑过党性理论应该是高大上的理论，我一直困惑的是：如此高大上理论的价值为何只能停留在文件中，停留在讲话中；现实生活中的一些党员干部为什么对党性并不“感冒”，反而还从内心里忽视、否定甚至鄙夷它。党性理论要接地气，党性要内化到思想和行动中，是这个时代要着力解决的问题。我很高兴我的工作的价值就在于此，就在于让人真懂，我相信只有真懂，才能真信，才能真行动。

◇ 问：习近平总书记说：“要讲好中国故事。”这本书娓娓道来的文风像是党性叙述的中国故事，虽然道理总也讲不完，但对于叙述者，努力尽自己所能讲好属于中国自己的理论故事，难度大不大？

◆ **陈培永**：您这么高的评价，极大满足了我的“虚荣心”。写一本书不容易，我们经常把书看成自己的孩子，把写作的过程当成分娩的过程。但大家往往看到的是最终的成果，却容易忽视写作背后的艰辛。讲好理论故事，尤其是属于当代中国的理论故事，难度当然会更大。作为党性理论的叙述者，你要把深厚的理论吃透，把经典作家以及党和国家领导人的话搞明白；你还要尽可能地搞懂、看透当代中国正在发生的事情；你还要有那种专属于自己的、能被别人认同的思想观点；还要有那种亲切的、接地气的又不会让人觉得肤浅的话语，这些要求并不容易做到。写一本这样的书，我会觉得很有难度；但正是在写完之后，我会觉得更有成就感，我会忘掉写作时有多少次想放弃，有多少次狠狠地摔书，狠狠地敲打桌子。

◇ 问：最后一个问题，这本书采取与读者交流对话式写作，变成重要的阅读磁铁。书中有很多鲜活的文献引用，读起来很亲切。理论作品引入文化写作的笔风是很少见的，是否意味着您的政治类通俗读物将延续这种娓娓道来，大众容易接受的写作风格？

◆ **陈培永**：以后我肯定会延续这种风格，因为杀出一条路并不容易。这种您说的文化写作的笔风是一点一点磨出来的，具体说，就是从我做《经典悦读系列丛书》开始形成的。这套书的成功让我找到了做学问的成就感，也让我知道写作要时时刻刻面向读者、吸引读者，这样的作品才会有吸引力。写《党性是什么》的每一部分，我都会假设读者就在我的面前，甚至还假设一个吹毛求疵、极端偏执的读者。我会考虑读者可能会有什么样的疑惑，可能会提出什么样的观点，可能想听到哪些方面的解答。这种写作可以称为“与读者的交流式写作”，对哲学类、政治类通俗读物而言，这点是尤为必要的。这种风格，我不会轻易放弃，而会不断完善。做学问，既要往深里做，也要往浅里做，要知“深”“浅”，最好是能做到可“深”可“浅”，这样，才有可能成功。

◇ 问：非常难得陈老师在百忙之中抽时间与我们交流，解疑答惑，这同时也是一堂走进党性教育课室的理论“公开课”。书香社会，全民阅读，读好书，好读书，需要常常听到从课室里发出的声声入耳的阅读声和提问声。感谢陈老师，也感谢各位亲爱的读者朋友的关注与支持。

◆ **陈培永**：不客气，谢谢热爱阅读的人们，谢谢大家！

话题半世纪：搁浅于悲情河流里的历史与人

——对话《陈寅恪丛考》

张求会

【学者简介】张求会，中共广东省委党校社会和文化教研部教授。研究领域涉及中国近代文史、语言艺术、应用写作、媒体沟通能力培养等。出版个人专著《陈寅恪的家族史》《陈寅恪丛考》，合作编纂《陈宝箴集》。

梳理家族史的价值

◇ 问：张老师，在您的书和文章里，经常出现“义宁陈氏”这个词。另外也有不少学者常常将陈寅恪称作“义宁先生”。能不能先请您介绍一下这方面的情况？

◆ **张求会**：陈寅恪先生的祖上是从福建上杭迁移到江西义宁的客家人。义宁就是现在的修水县，修水县城至今还叫义宁镇。义宁陈家这个家族好几代都有名人出现，人们把他们统称为“义宁陈氏”。学术界把陈寅恪先生称为“义宁先生”，把他的学说称作“义宁之学”。

◇ 问：2000 年，您的著作《陈寅恪的家族史》问世后在学术界产生了一定的影响，为什么会从家族史入手研究陈寅恪？

◆ **张求会**：1994 年，我还在华南师范大学中文系读研究生，在导师管林先生的引导下，开始接触陈寅恪先生的父亲——陈三立老人的相关文献。我最初的想法是编撰一部“陈三立年谱”，在编写的过程中很自然地将关注的目光上溯到陈三立的祖先尤其是他的父亲陈宝箴，下延到他的儿孙辈。应该说，我对义宁陈氏这个家族的研究不是很均衡，一开始接触较多、比较熟悉的是陈三立。这本书叫“陈宝箴、陈三立合传”可能会更贴切，但出版社考虑到陈寅恪的名气更大，所以才取了“陈寅恪的家族史”这个名字。

我的一个基本观点是：全面了解陈寅恪，不能只看他的学术研究，必须追溯到他的祖父和父亲的政治生涯、文化事业、社会活动，才能深入理解他的独到见识以及他在人生重要关头的艰难选择。中国人特别强调家学、家风，这一点在陈寅恪身上表现得也比较突出。

《陈寅恪丛考》

◇ 问：陈寅恪是研究隋唐史的大家，他的作品一般很难读得懂，这是否让您产生敬畏感而转向家族史研究？

◆ **张求会**：我学的专业是中国近代文学，对近代史涉及得稍微多一些，但对于陈先生擅长的隋唐史可以说根本不懂。选择从家族史角度研究陈寅恪，首先是研究陈三立的必然延伸，其次也的确是知难而退——因为陈寅恪先生的专业著作我也看不太懂，哪里还能进行再研究呢？从1997年那篇文章（《陈寅恪佚文〈吾家与丰润之关系〉试考》）算起，我对陈寅恪的研究一直较多地集中于他的家世和生平，表现形式也是考订史实为主，这是我的长项，也是我的短项。历史研究特别需要沉潜，特别需要厚积薄发，就我自己而言，不大可能埋首于最纯粹的学术研究，因为我必须先做好党校老师这个本职工作，然后尽可能多地做一点研究。一个人的时间、精力毕竟有限，党校教师的培训工作影响到许多人，绝对不敢马虎；陈寅恪研究更多的是个人爱好，只能让步。当然，这也是在替自己没有取得更大成就作辩解。

◇ 问：与一般人家相比，义宁陈氏数代人之间是不是存在着一种超越亲情的特殊关系？这个家族有什么特殊的魅力？

◆ **张求会**：我在《陈寅恪的家族史》里说过这样一段话：

“纵观义宁陈氏承传古老文化的沧桑百年，戊戌维新在义宁陈氏的发展史上无疑占据了一个无可替代的重要位置。如果说陈宝箴是湖南维新运动的首创者和领导者，那么陈三立堪称这一运动的组织者和实施者；如果说陈寅恪是湖南维新运动的总结者和反思者，那么陈三立堪称这一运动从实践到回顾整个过程的连接者和引导者。祖孙三代之间早已不再是仅仅依靠着血脉之缘代代相传的简单关系，延续生命和家族的同时，更是文化传递和命运接力的痛苦历程。绵绵不绝的义门精髓历经千百年风吹雨打，一次次艰难而顽强地显现于义宁后世漂浮四方的坎坷命运之中。载浮载沉百余年，义宁陈氏一脉相承的正是至今仍令无数人怦然心动的家国旧情、兴亡遗恨。"

这段话，或许可以回答刚才的问题。义宁陈氏这个家族最大的价值和魅力，大概就是很好地演示了传统士大夫家族如何传承"家国情、兴亡恨"这一永恒的主题。

◇ 问：有权威专家评价您是"深研陈先生家世与传记的学人"，足以说明学界对您的认可。您是怎么看待这种评价的？

◆ **张求会**：研究陈寅恪的许多专家都是我景仰的学者，其中一些长辈学者的成就和贡献是多方位的，即便是陈寅恪研究这一领域，也堪称最重要的开创者和最权威的研究者。得到他们的肯定，的确令我深感荣幸。

我对自己的研究是这么看的：第一，我不懂隋唐史，短时间内无法介入陈先生最擅长的核心领域；第二，我对陈先生的家世和生平相对熟悉，对他的研究很自然集中在这一部分；第三，我写的研究陈寅恪的文章，考辨真伪、增补遗缺的文字占了大多数，可以称作"述而不论"，主要是为深入研究打基础；第四，如果说有一点优势，勉强可以说我对义宁陈氏关注的范围比较宽、跨度比较大，比如除了研究陈三立，我还和汪叔子先生合作整理了《陈宝箴集》，独立编辑了《同照阁诗集》（诗集的作者是陈寅恪的哥哥陈隆恪），这些同样是以提供可靠史料为主要目的的基础性研究。

文献来源考证的艰难

◇ 问：您对陈寅恪的研究是在图书馆里完成的吗？国内图书馆现存的文献够用吗？

◆ **张求会**：除了利用图书馆的文献，还包括实地调查以及在网上获得的文献。比如我写《陈寅恪佚文〈敦煌本太公家教书后〉考释》，所依赖的就是友人胡文辉君帮我在网上竞拍得到的一本小册子《敦煌小说选读》，这是陈先生当年在清华大学教书时印发给学生的讲义，里面居然收录了一篇他的文章，这篇文章在他以前的各类文集中从来没有见过，价值可想而知。

说到图书馆现存的文献够不够用，需要多说两句：第一，要看能不能把文献全部利用起来，因为不少文献不给你看，看了也不让用；第二，近现代的文献有个特点，有一个说法是“愈近愈繁”。也就是说，越是近现代的文献，就越难以穷尽，有时候新发现的文献简直令人目瞪口呆、心惊肉跳。比如蒋介石日记的公开有可能改写近现代史，这个例子大家比较熟悉。当然，陈先生是纯粹的学人，出现颠覆性结论的可能性不大，但局部或细节性问题还是会因为新材料的发现而改变过去的看法。就此而言，图书馆的文献肯定不够用。

◇ 问：文献的“愈近愈繁”现象，让您对史料的价值有着怎样的甄别态度？

◆ **张求会**：“证有易，证无难”，这应该成为文史研究者的一个常识。但事到临头，实践起来并不容易。举一个例子：陈寅恪的祖父陈宝箴到底是病死的，还是被慈禧赐死的，这个问题一直被争论到现在。去年上半年，还有一位北京的教授跑到江西南昌陈宝箴墓地的遗址，找到守墓人的后代，作了一番访谈。这种精神和做法永远值得尊重，但如果根据新的访谈而坚持“赐死”的说法，实在很难取信于人。我在《陈寅恪的家族史》曾说过：“围绕着陈宝箴的死因大唱反调的各类文章，其实都只是宗九奇《陈宝箴之死的真象》一文的翻版重铸。”宗先生得出“赐死”这一结论的最主要证据是戴远传《文录》手稿的一段文字，这么多年过去了，《文录》一直没有公示，这条证据也就成了孤证。我的朋友李开军博士在2011年第1期《文史哲》发表了一篇文章《陈宝箴“赐死”考谬》，值得一读。

我个人的体会是：搜集材料尽量做到“竭泽而渔”，使用材料要审慎遴选；下结论时不能武断，尽量酌留余地，多想一想其他的可能性。

◇ 问：1997年您去江西修水采访文献还比较容易，为什么两年后再去就变得艰难了？

◆ **张求会**：这个问题涉及大环境，也涉及微妙的人事关系。刚才说过，研究陈寅恪是一个持续升温的过程，越来越多的人关注陈寅恪，对于相关材料的珍视程度肯定也会逐步升温。有些材料，比如手抄本或者我刚刚提到的那本讲义，属于独一无二的稀缺资源，谁掌握了这种资源，谁就拥有首发权甚至垄断权。如此一来，难免就会产生竞争和排斥。现在虽然是网络时代，但对于“独门”材料的比拼，仍然存在。总的来说，我从“独门”材料中受益比较多，得到了许多朋友的帮忙，但也经历了一些无可奈何的事情。两次去修水采访文献，感受就很不一样。

◇ 问：当文献以“保护”之名被垄断时，人和文献之间就处于一种博弈的状态。您怎么看这种文献的垄断？

◆ **张求会**：站在研究者的角度来看，“独门”材料的魅力和价值实在太大了，据为己有、秘不示人的心理完全正常。一般来说，如果能够据此作出研究成果，而且顺利发表、公之于世了，文献在绕了一个弯之后公布了，也算是做了一件好事。怕就怕外行占有了这类文献，自己不做，也不愿意给别人用，活活糟蹋了珍贵的文献；另一种情形是高估了自己的实力，没有准确地或者高水平地开发文献的价值，公布的信息要么不完整，要么有硬伤，这也让人无可奈何。

◇ 问：对于研究者来说，在公共阅读空间被缩窄的背景下怎样反文献垄断？

◆ **张求会**：公共图书馆管理的失范，可以说是一个不小的遗憾。就算是国家图书馆、上海图书馆这些大馆，根据我个人的体会，也存在着文献的垄断。越是大图书馆，专业研究人员就越多，研究水准也越高，对于“独门”文献的垄断心理和做法，有可能就越突出。比如说：书目上明明有这本书，借阅时往往被告知还没有归还或者正在被编辑。有些书就只有那么一本，近水楼台先得月，图书馆的人做完了研究再流通，首发权就永远轮不到馆外的人了。此外，国家或各级政府对图书馆的投入肯定不够，图书馆要找外快来贴补，靠山吃山，靠书吃书，所以就出现了高昂的保护、复印、扫描等费用。

在这种大背景下，研究者公开反对肯定无效，除了忍气吞声地挨宰，我看得到的做法大概还有三种：或者放弃，或者找领导、托熟人通融，或者与图书馆合作研究。

◇ 问：在图书馆馆藏资料缺乏的情况下，网络的珍贵文献是否成为了“民间有文献”的重要途径？

◆ **张求会**：网络深刻地改变了我们的生活，包括对文献垄断的冲击。网上有不少热心肠、懂业务的人，他们在网上建立了一个个自由交换文献的平台，在一定程度上超越了功利性，而带有一定的普惠性和公益性。我和李开军的结识，就源于看到了他与众多网友关于陈三立研究的文字往来，那么多网友无私地提供信息，帮助他丰富材料，让我感动，也很受启发。后来，在正式见面之前，我就把自己编写的20多万字的“陈三立年谱”（手稿）寄给他。我的想法是：尽管我起步比他早，但他搜集材料的数量和范围远远超过了我，与其闲置无用，不如成人之美。现在，他的《陈三立年谱长编》已经超过了100万字，有望成为最齐全的史料长编。

此外，不少收藏者也改变了做法，愿意对研究者开放自己的藏品，通过研究成果的公布来抬升藏品的价值，实现双赢。这也是对网络时代的一种呼应和顺应。

行走在历史河流里的研究姿态

◇ 问：俞大维说："陈寅恪平生的志愿是想写成一部《中国通史》，在史中求史识，大作未能完成，是我们这个时代的悲剧。"您怎样看陈寅恪的遗憾？

◆ **张求会**：俞大维称得上是陈寅恪的知音。在陈寅恪去世后，很多人写了纪念文章，俞大维的文章直到现在仍然被公认是写得最好的一篇。现在有人把陈寅恪先生奉为国学大师，其实有没有"国学大师"还值得商榷，但可以肯定的是，陈寅恪先生最主要的贡献还是历史研究。撰写《中国通史》，是很多历史学家的志愿，陈先生也不例外。可惜他一生命运多舛，个人的不幸与时代的悲剧叠加在一起，最终使得他无法实现自己的志愿。这当然不仅仅是他个人的遗憾，也是整个国家和民族的遗憾。为什么这样说？因为，不管人们怎样猜测陈先生怎么写这本书，有两点应该可以肯定：一是陈先生必然会坚持"独立之精神，自由之思想"，写自己深思熟虑后的心得，其中必定有不少真知和创见；二是陈先生必然会坚持历史研究服务于现实需要这一取径，在史中求史识，用学术研究来寻求解决中国现实问题的答案。

◇ 问：有人说《柳如是别传》只是晚年陈寅恪寄托精神的作品，是"大材小用"，这种说法成立吗？

◆ **张求会**：持这种观点的人，一直都有。《柳如是别传》是陈寅恪先生一生最大也是最后的一部著作，是他穷尽十年功夫，在两眼失明、身体衰弱，不断遭受政治运动冲击的艰难境遇中，以惊天地、泣鬼神的绝大毅力完成的一部巨著。他在这本书的"缘起"里交代了创作的意图：除了温旧梦、寄遐思，也是为了自我检验所学之深浅，而更深的用意则在于通过为柳如是这样一个社会地位卑微的女子立传，藉以"表彰我民族独立之精神，自由之思想"。就此而言，这本书不能说是"大材小用"或者"无聊之举"。

有人设想，陈先生如果用这十年时间来完成《中国通史》，意义岂不是更大？谁都知道历史无法假设，但这种假设可以加深我们对陈先生的认识和了解。刚才也说过，陈先生研究历史从来没有忘记过对现实的关照，在他生命的最后二十年，整个社会发生了天翻地覆的巨变，那些他认为应该坚守的传统被彻底地破坏了。研究柳如是、表彰柳如是，无疑是具有很强的现实针对性的。此外，陈先生晚年的身体条件、研究条件，已经不大可能支撑他完成《中国通史》的撰作，即便是这部《柳如是别传》，在材料的搜集方面也是吃尽了苦头、费尽了心思。

1994年9月，中山大学历史系举行了“纪念陈寅恪教授学术研讨会”，主要议题就是“《柳如是别传》与国学研究传统”。会后结集出版了《〈柳如是别传〉与国学研究》，收录的论文从创作动机、主题思想、史实创见、研究方法等方面进行了探讨。感兴趣的读者可以找来看一看，或许可以找到自己的答案。

◇ 问：人在历史中微弱如尘，陈寅恪为什么在这十几年会成为一个公众话题？

◆ **张求会**：可能有两个原因：一个是媒体的推波助澜，或者说有选择的加工、普及、推广，传播界在其中起的作用太大了；一个是大多数人对陈寅恪感兴趣的并不是他的学说，而是知识分子应该承担的社会责任。当然也寄托了我们对当下普遍浮躁的学风、世风的看法，表现出对理想的向往和对未来的期盼。不少以学者自居的人，包括社会公认的一些一流学者，小到抄袭问题，大到人格问题，和陈先生相比是有天壤之别的。陈先生一生都坚持“中国文化本位论”，非常执着地追求自己认定的理想信念，到了不少人认为“很狂妄”的地步。他说要以中国文化为本位，绝对不能简单地亲美或亲苏，这对当前甚至将来还是有借鉴意义的。

◇ 问：客观看问题是我们在历史河流里行走的一种姿态，一条线索可能会推翻一个结论。作为国内研究陈寅恪家族史的专家，您最大的感慨是什么？

◆ **张求会**：我不是什么专家，最多只是一个爱管陈寅恪他们家“闲事”的人。因为，我写的都是关于他和他的祖辈、父辈的“小事”。历史研究有以小见大的传统，小事可以看出大问题、反映真情况。当然，写小事比较省心省力，不失为一个偷懒的办法。

研究陈寅恪家世这么多年，我的感慨有很多。比如，就像罗马不是一天建成的那样，一个伟人既不是天生的，也不是一蹴而就的。了解伟人要从他的家世、他的时代开始，古人讲家风、家学，讲交游、世交，这些都是知人论世的基础。再比如，伟人即便功成名就，也只是在某个领域、某个历史阶段作出了超越一般人的成就，而在其他方面或其他时段也会像普通人一样脆弱、无奈。又比如，历史场景的还原十分重要，只有进入历史人物所处的具体情境，才可能认识得更全面、更准确，这大概也是陈先生倡导的“了解之同情”的本意之一。

最后，我想以2010年写的一段文字作为这个问题的归纳和小结：

“陈寅恪1949年的去与留，在很长一段时间里一直是一个十分敏感的问题，后来又曾经引发许多猜测和争议。于今观之，要想破解这个谜团，首要的工作是将后人贴在陈寅恪身上的诸多标签一一撕下，而把陈寅恪还原到彼时彼刻特定情境下的真实身份——他是一个南下躲避战火的难民，是一个时刻需要扶持的盲人，是病妻的病夫，是弱女的弱父，是风雨飘摇中小家庭的唯一支柱，是早已败落的大家庭的主要保障。换言之，从常识、常情、常理的角度出发，可能较之其他角度更加容易获得真解。”

现代性、文化传统与现实关切：区域文化研究的一种视角

——对话《中国九章》书系

张承良

【学者简介】张承良，文学博士，中共广东省委党校社会与文化教研部教授，兼任广东青年社会科学工作者协会会长，广东南方软实力研究院副院长。主要研究方向为文化管理学、文化发展战略、文化软实力。长期承担党政领导干部培训的文化发展类课程。公开发表论文40余篇，主持多项各类地方文化类课题及规划，出版（主持及独著）著作10余部。主要著作有《向海而兴：一带一路视野中的广西发展战略》（广西人民出版社2015年，广西壮族自治区2015年度文化精品项目）、《广东香道》（花城出版社2015年，广东省扶持文化走出去资助项目）、《论鲁迅文学世界的个体思想呈现》（广东人民出版社2011年，广东优秀哲学社会科学著作出版基金第二届“岭南博士文库”资助项目）、《春天纪——改革开放30年的真实记录和鲜活映像》（合著，广东人民出版社2009年）；执行主编城市文化读本“中国九章”系列之《上海九章——中国奇迹的历史场景与未来宏图》（华东师范大学出版社2011年）、《广西九章——海洋语境中的文化整合与观念建构》（广西人民出版社2009年）、《东莞九章——现代化中的东莞现象与东莞想象》（花城出版社2008年）等。

一、文化研究：整合研究的指向与可能

◇ 问：张老师，您近几年的成果，多集中在区域文化方面，请问这与您平时承担的文化项目有关系吗？它是否成为您研究兴奋点转移的一个原因？

◆ **张承良**：“文化研究”作为一种研究思潮，在中国内地的大面积展开，大概是在2000年前后的事。相对于以往的各有规制的学科传统而言，文化研究为

我们提供了一种全新的观察问题的视角。让人兴奋的是，这样一种新的观察和研究视角，对于解释当下的社会文化变迁是有效的。30 多年的改革开放，中国社会发生了前所未有过的巨大变化。面对新的制度环境、新的价值观念、新的人际关系以及新的生活方式等，所有从现有理论框架来展开的解读尝试都表现出明显的力不从心。文化研究的出现，则相当程度地打破了这一僵局。打个比方，如果说传统的文学研究、社会学研究、传媒研究、政治学研究等是一扇扇各自独立的观察外在世界的窗口，那么，文化研究的方法则为我们打开了一扇门，你可以从这里走出去，以全方位的视角，去整体地感受和理解你的研究对象。近年来，我将文化研究的思路切入到自己承接和参与的一些具体文化项目中，将文化分析与经济、社会、行政管理等“打通”，确实收获了不少有益的启迪和感触。

《中国九章》书系，张承良著，华东师范大学出版社等，2011 年

◇ 问：将不同学科的研究疆域打破、贯通！这“文化研究”听上去感觉有点像终结者，一个分科学术研究的终结者。

◆ **张承良**：确切地说，这“文化研究”应该是一个开拓者，它拓展了我们以往各自为政、画地为牢的学科研究领地，为我们更为接近事情的真相提供了方法上的可能。因此，严格来说，文化研究首先并不是一种学科门类，而更多地体现为一种研究方法，或者说一种审视问题的视角。

◇ 问：您的意思是说，文化研究引导着我们从原来“画地为牢”的专业性思维中走出来，以更为全景化的视野，去尝试一种跨学科的整合式研究？

◆ **张承良**：是的，文化研究的这种跨学科性质，正如有人所形容的：一个“居无定所”的幽灵。文化研究所面对的社会现象，其本身就是一复合交叉、浑然融合的多维度、多层次的复杂有机体。当不同的学科从不同层次和不同维度切入，其表现出来的论题的灵活性以及方法的多样性，都使得文化研究看上去似乎有些“无所不能”。也正是在这一点上，文化研究作为一种研究方法，需要在学科化和专业化的方面形成一些稳定的价值取向，以此廓清自身的研究边界和方法论。

◇ 问：您认为文化研究基本的价值取向是怎样的？

◆ **张承良**：结合历史变迁和学术取向来看，文化研究的学术兴趣似乎更多地集中在跟意义的生产、流通和消费有关的方面。换句话说，文化研究往往关注现代社会中特定文化（社会）现象生成背后的权力关系，并倾向于从观念的生产、传播、消费这一链条上去寻找权力格局的真相。在价值取向上，文化研究多站在权力格局中相对来说弱势的一方，试图通过话语的阐述寻找权力平衡的可能途径（对亚文化的关注是典型的例子）。因此，价值、意义、权力、认同等都是文化研究不可或缺的关键词。这从文化研究在西方的发展历程可以看出：伯明翰学派对文化和权力关系的分析，西方马克思主义对传媒的意识形态功能的研究、女性主义对性别和种族的关注、八九十年代以来的认同政治，罗兰·巴特、皮埃尔·布尔迪厄、让·鲍德里亚，以及列维－斯特劳斯、德里达和福柯等人围绕文化身份认同问题的研究，如此等等。

◇ 问：来自西方的研究方法，曾经一再在中国化的过程中遭受“水土不服”的问题，那么，根源于西方现代性问题的文化研究又应当怎样跟中国的实践结合起来，解释当下中国种种社会现象背后的文化成因呢？

◆ **张承良**：在西方，文化研究的兴起，源自现代化过程中工业文明对于文化生态造成破坏而引发的反思。在此，有必要对“现代化”和“现代性”、“社会现代性”和“审美现代性”这两组概念做一个简单的区分。

首先是“现代化”与“现代性”。一般认为，二者是一对互为表里的关系，现代化是多指向工业社会物化层面的变迁过程的，它是现代性的表状和具象；而现代性则是现代化内在特质和历史进程的规定性。比如“全球化”的出现，正是由于现代性的内在规定性，最初散发于世界各处的现代化图景，渐次融入到全球化的总体趋势中，成为当今基于科技手段（如互联网和数字化）为主要载体的“全球一体化”的意义环节和组成部分。

其次是启蒙现代性与审美现代性。这一区分源自马泰·卡林内斯库，他在《现代性的五副面孔》中将现代性区分为启蒙现代性（世俗的现代性、资产阶级现代性）和美学（审美）现代性，认为前者是现代化自身的认同力量，以社会为主体，张扬理性，是科学技术进步、工业革命和资本主义发展带来的经济社会全面变化的产物；而后者是现代性的反思力量，以个体为本，其特征是用审美理性来平衡技术理性和工具理性。在西方，由于现代化过程所带来的过度工业化和全球化等问题，导致西方学者很早就从其内部（最初是以文学研究的形式）衍生出对现代化进行批判反思的维度。比如，利维斯（英国）就认为：文化的堕落是工业化的恶果，工业化造成文化上的标准化和平庸化。

二、现代性与中国城市化

◇ 问：近年来，您执行主编了“中国九章”系列的《东莞九章》《广西九章》《上海九章》等书，从梳理各地的文化传统做起，提炼出城市或者区域发展的“文化基因”，是不是可以看作是您对文化研究领域关注的一个延续和拓展呢？

◆ **张承良**：是的，真正的兴趣点还是在文化发展的价值分析。《中国九章》书系试图将现代性问题的思考，落实到当前中国城市化进程的语境中，以传统与现代、本土化与全球化等权力关系的分析框架，探讨城市或者说区域文化构建的可能。

◇ 问：您觉得现代性问题与当前中国的城市化进程是否有着某种深度的关联性？

◆ **张承良**：现代化、现代性与城市化密切相关。甚至可以说，现代化是依靠城市化的方式来推动的，城市化为现代化提供了基本的载体和平台。就现代性而言，我们一方面可以把它理解为是在现代化的认同力量影响下，社会制度和观念变革力量的集聚导致了“城市化”这样一个结果；另一方面，在城市化的过程中，出于对经济利益的追逐，往往导致诸如圈地运动、血汗工厂、贫民窟等践踏人权粗暴行为的出现。“效率至上”的工具理性主义，更以制度化的形式实施对于生命价值的漠视，造成人文空间、价值关怀被极度挤压的局面。这时，现代性作为现代化过程中的一种反思的力量，其意义就在于为现代化可能出现的“偏误”提供了一种纠偏的力量。

中国大规模城市化运动只是近30年的事情。据国家统计局的最新统计，至2011年末，中国共有657个设市城市，建制镇增加至19683个，中国城市化的比率已经达到51.3%的历史新高，城镇人口首次超过农村人口，达到6.9亿人。根据美国地理学家诺瑟姆的城市化进程“S型曲线”理论，在城市化的中期阶段，城市的吸引力与农村城市化的推力都在加大，城市化会以较快的速度加速发展。

就目前阶段而言，中国正处于城市化加速发展的阶段。在这一阶段，不可避免地会较为集中地出现上述西方发达国家城市化过程中曾经出现的种种问题。

◇ 问：西方现代化和城市化的经验，在多大程度上可以拿来为我们所用？

◆ **张承良**：一方面，城市化所代表的历史发展趋势，将为中国现代化的快速发展提供巨大的物质支持和组织形式，这是毋庸置疑的；但另一方面，中国城市化用30年时间走过了欧美发达国家城市化数百年的路，城市快速扩张所带来的各式问题集中爆发，城市化进程进入矛盾凸显期，“城市病”益发严重。大致归纳一下，至少可以罗列如下：城市建设的失调，如圈地运动、“铺大饼”式造城运动；城市形象的低俗化，如城市景观建设中“各种奇奇怪怪的建筑”，一味追求新、奇、怪等；城市环境的恶化，如空气污染、水污染、交通拥堵等；城市面貌的趋同，千城一面；城市管理中对生命价值的忽视乃至践踏，如公共服务缺失、野蛮拆迁；城市记忆消失，文化传统消亡；城市精神与人文关怀的失落，如拜金主义流行、人情冷漠、道德衰败等。如何前瞻性地预防这些问题的出现，减少它们对中国现代化所带来的危害，恰恰是我们亟需从西方现代化的理论和经验中学习的。

◇ 问：西方现代化的经验，将为包括中国在内的众多后发国家产生巨大的参照和示范作用，这是肯定的。问题在于，这种来自西方语境的现代性，是否就意味着人类社会唯一可能的方式或路径？西方社会可以启蒙现代性与审美现代性比翼齐飞，从而保证了西方社会在现代化进程中自我纠偏机制的有效性。那么，这种情况在中国当下的城市化进程中有多大的实现的可能？

◆ **张承良**：建立适合中国当下实际的现代性纠偏机制，是势在必行的紧迫任务。但确如您所指出的，来自西方的经验毕竟有一个适应性的问题。基于自身历史所形成的文化传统与现实境况，使得任何出于现代性的考量都涂抹上了浓重的中国底色。因此，如何结合自身传统和历史经验，对当下中国城市化进程中的问题进行准确描述，是我们的现代性观照需要重视的问题。比如，经过30多年的改革开放和市场化建设，启蒙现代性所必备的科技意识、工业意识和市场意识等应该说已经基本成为社会主流，但中国素来缺少个体意义上的理性精神、反思精神、公民精神传统，公共问题的解决多数都在政府等公权力的作用下才可能形成一些集聚性的力量。因此，中国城市化进程中诸多问题的解决，亟须一套有着社会力量参与并发挥主导作用的平衡机制来推动。

◇ 问：在您的想象中，这样一套平衡机制是怎样的一种情况？

◆ **张承良**：它首先是宏观层面上的学理性的辨析，需要在理论层面上讨论并廓清中国城市化进程的基本价值取向，将提升人们的生存质量和幸福指数作为价值关怀的本质所在；其次，在“600多个城市，近2万个建制镇”这一巨大的城市丛林中，每个城市都拥有寻找各自定位的能力，以高度的文化自觉来梳理、整合自身文化资源，组织卓有成效的文化传播，以彰显自身的文化个性和文化亲和力。第三，在具体的城市管理和城市运作层面，亟须在政府主导力量之外形成更为丰富的建设性力量：需要尽快培育具有理性精神、反思能力和行动能力的公民志愿组织，以在城市治理决策中形成与政府平衡和互补的力量。

三、城市的“成长”与传统的“发现”

◇ 问：其实，城市化也好，现代化也好，把它看作是一种过程的存在，这种想法很好。这让人不由自主地想到一个词：成长！现代化的感觉在很大程度上就是我们身处其中的城市的不断成长的过程。

◆ **张承良**：把抽象的问题具象化，这是理解事物的一个好办法！城市作为一个社会的综合性存在，它的成长首先是体量上的，比如，规模的扩大、人口的增长、产业的集聚、产值的增加等等；与此同时，城市的成长更是内涵和质量上的，比如，环境的改善、居民生活水平的提高、居民生活方式的优化、居民素质的提升、文化自觉的普及等等。在全球化城市间竞争和合作的背景下，单个的城市犹如个性和禀赋各异的万千个体，在全球、民族国家、区域城市的种种联系中界定着自己的角色和地位。

◇ 问：站在现代性的角度，您认为城市的“成长”需要重点关注哪些问题？

◆ **张承良**：在全球化的语境下，健康的城市“成长”，首先要解决的是自身“身份”的问题（与此紧密相关的是“认同”），即从横向来说，城市在全球分工体系（主要包括经济的和文化的）中所承担的角色和位置；就纵向而言，城市参与到全球分工体系中所凭借的自身特色和文化资本。在这一坐标系中，城市自身传统的当代“发现”，是其中处于核心地位的一个环节。

◇ 问：地域文化传统的当代“发现”，对城市的“成长”起到一定的推动作用，您怎么看这种作用？

◆ **张承良**：现代性作为一个连续性的变迁过程，实质上是在科技进步的条件下，现有的制度和观念为适应新的社会变化的需要而不断进行调整的过程。在这一过程中，新的现代不断在旧的传统上生长出来，而现代则在不断更新中融入到既有传统中，成为新的传统的一部分。由此，对传统进行“合目的”的“发现”、阐释和“再生”，就成为城市“成长”必不可少的环节。

◇ 问：能不能更具体地解释一下？

◆ **张承良**：换一句话说，并不是所有的作为存量的传统都需要被“发现”。城市文化的增量，应当与“城市的生长”有正相关性，有利于提升城市文化软实力。因此，对传统的“发现”，应当是合乎城市文化软实力建构的需要的。作为被“发现”的对象，传统主要包含如下几方面内容：其一，作为“文化识别”的独特传统。个性化的文化传统是城市身份识别的关键因素，诚如美国著名城市文化学家刘易斯·芒福德所指出的：“城市的含义，是一个个具有个性的城市个体——它像是一本形象指南，对您讲述其所在地区的现实生活和历史记录；城市又成为人类文明的象征和标志——人类文明正是由一座座富有个性的具体城市构成的。”在代际承传的链条上，城市作为人类能动性的容器，规定着人们的精神和思想的创造，城市的文化个性也在这承续中沉淀累积：城市的景观，城市的制度，生活于城市的人们的言谈举止、举手投足，以及潜藏于他们内心的心理、精神和思想，都以生动的生命故事和传奇，沉淀为这座城市丰富而独特的文化密码，成为个性化城市区别于他者的标签。其二，作为文化认同和身份认同的文化积淀。英国著名社会理论家安东尼·吉登斯说：“传统是认同的一种载体。无论这种认同是个人的还是集体的，认同就意味着意义。”所谓一方水土养一方人，其实，一方水土也孕育了一方独特的风土人情与文化景观，形成了一个地方的精神特质和心理积淀。所有这些，都成为特定地域人们文化认同和身份认同的基础，成为凝聚城市社会共识和行动合力的基本元素。其三，作为可供产业化开发的文化资源。在历史变迁中形成的田园风光、名城古木、历史古迹，以及传统工艺、地方特产、民间艺术、民族情调等，都成为城市文化产业和文化旅游的宝贵资源，在提升城市美誉度，吸引人流、物流、资金流，增强城市辐射力等方面，厥功至伟。

◇ 问：依您的看法，传统的“发现”，除了作为产业开发的文化资源，其主要的作用还是在人文价值向度。

◆ **张承良**：其实我们很难对作为资源开发和人文价值意义之间的文化传统做一个截然的分割。在当今科技高度发展的时代，文化与科技的融合日益加剧，技术的发展越发呈现出文化化的趋势。引用台湾学者金耀基在其《从传统到现代》中的话来说，“我们造一座桥，建一幢屋，开辟一条公路，无不与人、与社会文化有最直接的关系。”“中国现代之文化的新综合的挑战，可以说是‘技术中国化’的挑战，也即在大量运用技术的时候，应该尽量把中国人文价值、历史传统放到技术设计的中心地位。”

◇ 问：为当代的需要而去发现或者阐释传统，这会不会有实用主义之嫌？而且，这“发现”和“阐释”的边界在哪里？

◆ **张承良**：现代人为什么要去发现传统，并阐释传统？这是因为我们需要通过发现、利用、再造传统来为当代服务。但传统作为一种物化的存在，其本身却并没有依靠自身力量而发展变化的能力，它需要当代人通过特定的方式阐释、传播而得到“复活”。我非常喜欢美国社会学家爱德华·希尔斯说过的一句话：“传统依靠自身是不能自我再生或自我完善的。只有活着的、求知和有欲求的人类才能制订、重新制订和更改传统。传统之所以会发展，是因为那些获得并且继承了传统的人，希望创造出更真实、更完善，或更便利的东西。”（《论传统》）至于您所说的“边界”，其实，任何当代的阐释都是不可能百分之百地还原历史本身的，换句话说，任何当代的“发现”和阐释都是某种程度的“越界”。我想，只要我们以严谨的态度面向城市发展的未来，以生命的价值关怀为终极指向，在“启蒙现代性”和“审美现代性”的辩证中找到平衡的节点，那么，“越界”的忧虑是大可不必的。

四、岭南传统与广东关切

◇ 问：您的答案该不会是诸如使命感和忧患意识这样的宏大话语吧。不过，话说回来，在当前广东大力推动文化强省建设的背景下，我们耳熟能详的岭南文化传统，又将面临怎样的时代际遇和挑战？

◆ **张承良**：自改革开放以来，广东在30多年的时间里，已经在改革开放中以变革先锋的形象积聚起了新的文化传统。但在当前广东经济发展进入到工业化高级阶段初期的背景下，珠三角一体化、粤港澳经济一体化、泛珠三角区域合作升级等因素相继成为现实选项，这无疑对广东的文化“配套”提出了新的划时代的要求。岭南文化在经历了去港澳化，乃至去广西化、去海南化之后（结果是变成了广东文化），现在又轮回般来到了一个新的起点：以珠三角地区（包括港澳在内）为核心地带的岭南文化。如何面向周边地区释放更为强大的软实力，以形成足够的认同的力量，发挥珠三角区域作为龙头的引领和示范作用。这无疑是继改革开放初期岭南文化独领风骚之后，广东文化建设面临的更为艰难的挑战。

◇ 问：您认为我们今天应该怎样用更有创意的方式，来“发现”和阐释新的岭南文化传统？

◆ **张承良**：从存量来说，任何一种文化传统都是既定的（岭南文化自然也不例外），只不过这些存量文化以不同的形式被储存，它需要人们不计劳苦地去发掘、整理，如考古、田野调查、典籍整理等，这是传统“发现”和阐释的基础所在，是第一层面的工作。在此基础上，以现代性的价值观照和文化认同的建构为目的，将新的岭南文化区所涵盖的传统文化资源纳入文化整合的视野，通过传统的当代“发现”和阐释，实现文化的增量，这是第二层面的工作。接下来的第三层面，是传播的层面，具体到形式上，我认为除了以往常规的方式，如沙龙、论坛等外，将岭南传统文化资源通过将文化与科技、文化与经济结合的方式，以创新而有趣味的文化产品，达至现代性观照下的岭南文化传播和软实力建构的目的，是异常重要的一个维度。

◇ 问：能更清楚地解释一下文化与科技、文化与经济结合的所指吗？

◆ **张承良**：在全球化的背景下，文化消费依托新兴技术手段、新的传播方式如互联网、移动互联网、数字技术等，越来越跨越时空、语言的限制而日益成为人们日常生活的基本内容。新的岭南文化传统的“发现”和阐释，不应当忽视这一重大趋势。我们应当结合广东、中国现代化的现实状况和未来需要，加入到这一后工业化时代技术普及的大潮中，体验、发现并反思以传统融入现代的文化创新之路。

中辑

书香·阅读·品味

——读书活动征文选读

马克思创新思想中国化的最新发展

——读《习近平总书记系列重要讲话读本》

蔡 兵

创新驱动发展战略作为中共十八大提出的中国新时期重大发展战略，既是对马克思主义一以贯之的科技促进生产力发展理论继承与发展，又是在新时期条件下坚持走中国特色社会主义道路，实现中华民族的伟大复兴的重要举措。特别是十八届三中、四中、五中全会以来，全党全国正通过全面深化改革和依法治国的战略部署，努力实现经济、政治、文化、社会、生态“五位一体”的全面协调发展；努力应对经济发展的“新常态”；努力实现国家治理体系和治理能力的现代化。而要搞好这些工作，就必须消除目前各领域存在的一系列阻碍经济社会发展的重大矛盾和问题，其中一个关键的抓手就是通过提升自主创新能力，建设创新型国家，使我国的发展模式从要素投资驱动逐渐转换到创新驱动。为此，以习近平总书记为首的新一届党中央，高度重视有关实现创新驱动发展战略的各有关领域工作。特别是习近平总书记，围绕着如何搞好创新驱动发展战略的实施，发表了一系列重要讲话。认真学习和领会这些讲话精神，对中国共产党在新时期形成的马克思创新思想中国化最新成果的系统理解和把握，对中国正确把握实施创新驱动发展战略的方式方法都有重要的理论和现实意义。

一、实施创新驱动发展战略是实现中国梦的重要战略抓手

（一）实施创新驱动发展战略是实现“中国梦”的重要途径

20世纪末，党的十五大报告首次提“两个一百年”奋斗目标之后，党的十八大报告再次重申要在中国共产党成立一百年时全面建成小康社会，在新中国成立一百年时建成富强民主文明和谐的社会主义现代化国家。之后，以习近平总书

记为领导的中共新领导集体强调要在实现“两个一百年”奋斗目标中追逐“中国梦”。

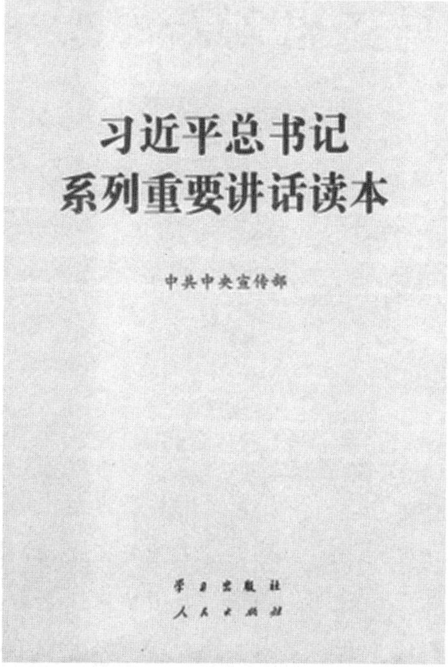

《习近平总书记系列重要讲话读本》，学习出版社，2016 年 4 月

但现实是，要完成这一战略任务，却面临着落后的传统发展模式的制约。正如习近平总书记指出的：“改革开放以来，我国经济社会发展取得了举世瞩目的成就，经济总量跃居世界第二，众多主要经济指标名列世界前列。同时，必须清醒地看到，我国经济规模很大、但依然大而不强，我国经济增速很快、但依然快而不优。主要依靠资源等要素投入推动经济增长和规模扩张的粗放型发展方式是不可持续的。现在，世界发达水平人口全部加起来是 10 亿人左右，而我国有 13 亿多人，全部进入现代化，那就意味着世界发达水平人口要翻一番多。不能想象我们能够以现有发达水平人口消耗资源的方式来生产生活，那全球现有资源都给我们也不够用！老路走不通，新路在哪里？就在科技创新上，就在加快从要素驱动、投资规模驱动发展为主向以创新驱动发展为主的转变上。”

的确，中国虽然近年来提出了科学发展，转变经济发展方式等战略和发展要求，但传统的落后发展模式一直还没有从根本上转变过来，发展靠大量投入土地、劳动力等生产要素，靠牺牲资源和环境的习惯作法和现象还大量存在着。与此同时，长期以来在增长上虽然实现了较高速度，但增长的质量和效益却相对低下，尤其是在一些经济较发达地区纷纷出现了所谓“土地、资源、人口、环境”四个难以为继的现象。因此，如果还按照过去传统模式和方法去实现“中国梦”，一方面中国自身的自然条件和环境已不允许，另一方面全球的自然条件和环境也难以承受。因此，实现“中国梦”的主要途径只能是实施创新驱动发展战略。

由此可见，中国必须高度重视并认真实施好创新驱动发展战略，这是由中国确立的实现中华民族伟大复兴这一战略目标，和目前推动经济发展的主要动力手段还相对落后这一矛盾决定的，而这一矛盾现象的存在又是中国经济社会发展处于新旧发展模式转换这一阶段性质的客观表现。以习近平总书记为首的党中央对实施创新驱动发展战略给予空前的重视，指出："今天，我们比历史上任何时期都更接近中华民族伟大复兴的目标，比历史上任何时期都更有信心、有能力实现这个目标。而要实现这个目标，我们就必须坚定不移贯彻科教兴国战略和创新驱动发展战略，坚定不移走科技强国之路。"

（二）中国实施创新驱动发展战略面临难得的重大机遇

同时，习近平总书记还指出：从全球范围看，科学技术越来越成为推动经济社会发展的主要力量，创新驱动是大势所趋。国际经济竞争甚至是综合国力竞争，说到底就是创新能力的竞争。谁能在创新上下先手棋，谁就能掌握主动。新一轮科技革命和产业变革正在孕育兴起，一些重要科学问题和关键核心技术已经呈现出革命性突破的先兆，带动了关键技术交叉融合、群体跃进，变革突破的能量正在不断积累。即将出现的新一轮科技革命和产业变革与我国加快转变经济发展方式形成历史性交汇，为我们实施创新驱动发展战略提供了难得的重大机遇。中国必须增强忧患意识，紧紧抓住和用好新一轮科技革命和产业变革的机遇，不能等待、不能观望、不能懈怠。也就是说，我们必须抓住和用好目前科技革命和产业革命的机遇，努力实施好创新驱动发展战略，只有这样才能在国际竞争中掌握主动。不争取这个主动，我们就不能引领创新，无论怎样发展，也还只能成为一个跟着发达国家后面追赶的二流国家，"中国梦"就无法实现。

二、中国已经具备实施创新驱动发展战略的理论基础和基本条件

（一）中国已经具备实施创新驱动发展战略的理论基础

马克思、恩格斯早在科学技术推动工业化的起步阶段，便指出其推动社会变革的巨大的作用，指出："生产力也包括科学"。以马克思、恩格斯这一基本论断为出发点，中国在社会主义建设的过程中高度重视科技和创新，并制定了一系列的依靠科技和创新推动经济社会发展的战略举措。如中国从新中国刚建立起，就高度重视科技、重视创新，欢迎在国外从事科技和教育的人才回国来参加社会

主义建设，以毛泽东为核心的党的第一代领导集体将科技视为改造社会和自然的伟大武器，提出了“向科学进军”的伟大口号，有力地推动了中国科技事业的发展。

以邓小平为核心的党的第二代领导集体进一步继承和发展了马克思、恩格斯以及以毛泽东为首的第一代领导集体的科技创新思想，并进一步指出“科学技术是第一生产力”，指出“四个现代化，关键是科学技术的现代化。没有现代科学技术，就不可能建设现代农业、现代工业、现代国防。没有科学技术的高速度发展，也就不可能有国民经济的高速度发展。”

以江泽民为核心的党的第三代领导集体在“科学技术是第一生产力”的理论基础上，又进一步提出实施科教兴国战略，将科技和教育确立为兴国的手段和基础。之后，又根据国内外科技和经济社会发展的规律和形势，高度强调创新对经济社会发展的驱动作用，指出“创新是一个民族进步的灵魂，是国家兴旺发达的不竭动力”，并提出要重视自主创新以及要努力建设国家创新体系的战略任务。

以胡锦涛为总书记的党中央围绕着如何搞好“自主创新”，进一步在理论和实践上进行创新，在十七大报告中明确指出“提高自主创新能力，建设创新型国家。这是国家发展战略的核心，是提高综合国力的关键。要坚持走中国特色自主创新道路，把增强自主创新能力贯彻到现代化建设各个方面”。之后，又进一步在党的十八大报告中强调要实施创新驱动发展战略，强调“科技创新是提高社会生产力和综合国力的战略支撑，必须摆在国家发展全局的核心位置。要坚持走中国特色自主创新道路，以全球化视野谋划和推动创新，提高原始创新、集成创新和引进消化吸收再创新能力，更加注重协同创新”。

习近平同志担任总书记以来，更加高度重视创新驱动发展战略的实施，强调“我国是一个发展中大国，正在大力推进经济发展方式转变和经济结构调整，必须把创新驱动发展战略实施好。”“实施创新驱动发展战略，就是要推动以科技创新为核心的全面创新，坚持需求导向和产业化方向，坚持企业在创新中的主体地位，发挥市场在资源配置中的决定性作用和社会主义制度优势，增强科技进步对经济增长的贡献度，形成新的增长动力源泉，推动经济持续健康发展。”可以说，以习近平总书记为首的党中央是在继承以往马克思创新思想中国化理论的基础上，特别是在继承邓小平、江泽民、胡锦涛关于科技和创新思想的基础上，进一步形成了实践性特征鲜明的关于马克思创新思想中国化的最新成果。

（二）中国已经具备实施创新驱动发展战略的基本条件

根据世界各国经济发展的经验，一个国家从经济起飞到进入经济发达，一般都会经历从要素驱动到投资驱动，再走向创新驱动的发展阶段，所以中国的经济发展从规律和大趋势来讲，也将最终从要素和投资驱动走向创新驱动。但一个国家要从要素和投资驱动转向创新驱动，还需要具备一定的基础条件，如果仅仅只有主观愿望而没有实现创新驱动的基本条件，也是无法将发展的动力从要素投资驱动转向创新驱动的。从中国人才队伍准备和已经取得一定数量重大科技创新成果这两个方面进行分析，应当说，中国已经具备实现创新驱动的基本条件。

在科技创新人才队伍的准备方面，习近平总书记指出："新中国成立以来，党中央高度重视科技事业，团结带领广大科技工作者和全国各族人民自力更生、艰苦奋斗，建立起全面独立的科研体系，形成了规模宏大的科学技术队伍，取得了一个又一个举世瞩目的科技成就。今天，'向科学进军'的伟大号召依然在我们的耳畔回响，'科学的春天'依然在祖国的天空上播撒阳光，科教兴国战略依然给我国科技事业发展提供着强大驱动。"而在成果的取得方面，习近平总书记也指出："'两弹一星'、多复变函数论、陆相成油理论、人工合成牛胰岛素等成就，高温超导、中微子物理、量子反常霍尔效应、纳米科技、干细胞研究、人类基因组测序等基础科学突破，超级杂交水稻、汉字激光照排、高性能计算机、三峡工程、载人航天、探月工程、移动通信、量子通讯、北斗导航、载人深潜、高速铁路、航空母舰等工程技术成果，为我国经济社会发展提供了坚强支撑，为国防安全作出了历史性贡献，也为我国作为一个有世界影响的大国奠定了重要基础。"

正是基于对这些实施创新驱动基本条件的把握，习近平总书记认为，一方面"经过多年努力，中国科技整体水平大幅提升，一些重要领域跻身世界先进行列，某些领域正由'跟跑者'向'并行者'、'领跑者'转变。中国进入了新型工业化，信息化，城镇化，农业现代化同步发展、并联发展、叠加发展的关键时期，给自主创新带来了广阔发展空间、提供了前所未有的强劲动力。"另一方面，"我们有改革开放30多年来积累的坚实物质基础，有持续创新形成的系列成果，实施创新驱动发展战略具备良好条件。"

三、实施好创新驱动发展战略必须解决好自身的几个核心问题

习近平总书记在阐述了必须实施创新驱动发展战略的时代大背景和完成创新驱动发展战略的有利条件后，又进一步指出，还需要看到“实施创新驱动发展战略是一个系统工程。科技成果只有同国家需要、人民要求、市场需求相结合，完成从科学研究、实验开发、推广应用的三级跳，才能真正实现创新价值、实现创新驱动发展。”这在个过程中，中国还要克服和解决许多现实问题，其中最为关键的问题有以下三个：

1．要树立强烈的创新自信。在明末清初以前，中华民族在科技创新方面曾经走在了世界的前列，以“四大发明”为代表的一批重大科技创新成果为全人类的发展曾经作出了巨大贡献。可以说，创新其实是中华民族最鲜明的民族禀赋，中国人应当敢于走前人没走过的路。当然，现代科技创新的竞争是世界性的竞争，这种科技创新的竞争既激烈又永无止境。因此，习近平总书记认为“科技竞争就像短道速滑，我们在加速，人家也在加速，最后要看谁速度更快、谁的速度更能持续。”“我国广大科技工作者要敢于担当、勇于超越、找准方向、扭住不放，牢固树立敢为天下先的志向和信心，敢于走别人没有走过的路。”

基于这种认识，习近平总书记强调：我们是一个大国，在科技创新上要有自己的东西。如果只是跟在别人后面模仿，那么就永远不可能缩小差距。我们有理由、有底气树立攀登世界科技高峰的自信。要引进和学习世界先进科技成果，更要牢固树立敢为天下先的志向和信心，走前人没有走过的路，敢于质疑现有理论，勇于开拓新的方向，不断在攻坚克难中追求卓越，勇于创造引领世界潮流的科技成果。

2．要加快科技体制改革步伐。目前，中国每年投入研究开发的经费已经超过万亿，所拥有的科技人员数量在全球各国中也已经名列前茅，可以说，我们过去长期存在的搞创新活动缺经费、缺人才的状况已经有了根本好转。但正如习近平总书记指出的“多年来，我国一直存在着科技成果向现实生产力转化不力、不顺、不畅的痼疾，其中一个重要症结就在于科技创新链条上存在着诸多体制机制关卡，创新和转化各个环节衔接不够紧密。就像接力赛一样，第一棒跑到了，下一棒没有人接，或者接了不知道往哪儿跑。要解决这个问题，就必须深化科技体制改革，破除一切制约科技创新的思想障碍和制度藩篱，处理好政府和市场的关

系，推动科技和经济社会发展深度融合，打通从科技强到产业强、经济强、国家强的通道，以改革释放创新活力，加快建立健全国家创新体系，让一切创新源泉充分涌流。”

那么如何才能破除一切束缚创新驱动发展的观念和体制机制障碍呢？习近平总书记指出：要让市场真正成为配置创新资源的力量，让企业真正成为技术创新的主体。要健全激励机制、完善政策环境，激发各科技创新主体的积极性和主动性，坚持科技面向经济社会发展的导向，围绕产业链部署创新链，围绕创新链完善资金链，消除科技创新中的“孤岛现象”，破除制约科技成果转移扩散的障碍，提升国家创新体系整体效能。要着力营造良好政策环境，加大政府科技投入力度，引导企业和社会增加研发投入，加强知识产权保护工作，完善推动企业技术创新的税收政策，加大资本市场对科技型企业的支持力度。同时，要着力扩大科技开放合作，充分利用全球创新资源，在更高起点上推进自主创新，并同国际科技界携手努力为应对全球共同挑战作出应有贡献。

3. 要进一步搞好人才队伍建设。从世界各创新强国的经验来看，创新的关键是人才。哪个国家拥有人才上的优势，哪个国家最后就会拥有实力上的优势。就中国人才队伍的现状来说，一方面如习近平总书记所说，“我国科技队伍规模是世界上最大的，这是我们必须引以为豪的。”另一方面也如习近平总书记指出的，“我们在科技队伍上也面对着严峻挑战，就是创新型科技人才结构性不足矛盾突出，世界级科技大师缺乏，领军人才、尖子人才不足，工程技术人才培养同生产和创新实践脱节。”因此，“我们要把人才资源开发放在科技创新最优先的位置，改革人才培养、引进、使用等机制，努力造就一批世界水平的科学家、科技领军人才、工程师和高水平创新团队，注重培养一线创新人才和青年科技人才。”

总之，中国要想在科技创新方面走在世界前列，就必须在创新实践中发现人才、在创新活动中培育人才、在创新事业中凝聚人才，必须大力培养造就规模宏大、结构合理、素质优良的创新型科技人才，要择天下英才而用之。

（作者单位：中共广东省委党校省情教研部）

坚定“三个自信”谱写中国特色社会主义新篇章

——读《习近平总书记系列重要讲话读本》

张 帆

党的十八大以来，习近平总书记站在历史的新起点新阶段发表了一系列重要讲话。讲话围绕坚持和发展中国特色社会主义、实现中华民族伟大复兴的中国梦；围绕推进经济、政治、文化、社会和生态文明等“五个建设”；围绕推进国防、外交、党建和祖国统一等提出了许多富有创见的新思想、新观点、新论断和新要求，深刻回答了新形势下党和国家发展的一系列重大理论和现实问题，进一步升华了我们党对中国特色社会主义发展规律和马克思主义执政党建设规律的认识，是我们党坚持和发展中国特色社会主义的最新理论成果，为我们在新的历史起点上实现新的奋斗目标提供了科学指南和基本遵循。讲话内涵丰富、思想深邃、博大精深。深入学习研究和贯彻落实习近平总书记系列重要讲话精神，是全党的重大政治任务，具有十分重要的现实意义和理论意义。本文仅就习近平总书记系列重要讲话精神中关于坚定“三个自信”、坚持和发展中国特色社会主义的思想谈一点认识和体会。

一、中国特色社会主义道路是历史和人民的选择，必须坚定不移地走下去

习近平总书记指出：“中国特色社会主义不是从天上掉下来的，是党和人民历尽千辛万苦、付出各种代价取得的根本成就。”中国特色社会主义是在党的十一届三中全会以后改革开放的过程中开创的，同时也是在我们党成立九十多年以来的革命和建设实践探索的基础上开创的，其思想、理论和实践源头甚至可以上溯到五百年的历史。2013 年 1 月，习近平总书记在中央委员会学习贯彻党的十八

大精神研讨班上的讲话中对社会主义五百年的历史进行了系统回顾和梳理，展现了中国特色社会主义的历史渊源和发展进程。社会主义五百年，经过了从空想到科学、从理论到实践、从一国实践到多国实践的发展过程。

《习近平总书记系列重要讲话读本》，中共中央宣传部编，学习出版社，2016 年 4 月

中国近代以来，中华民族积贫积弱、任人宰割、灾难深重。无数革命先辈为了民族的独立解放和国家的富强发展，不断寻找和探索救国救民的道路，尝试过各种主义和思潮。资本主义道路没有走通，改良主义道路也没有走通。“十月革命的一声炮响，给中国送来了马克思列宁主义”，从此，以毛泽东为代表的中国共产党人，以马克思列宁主义为指导，把马克思主义的普遍真理与中国的具体实际相结合，带领中国人民走出了漫漫长夜、建立了新中国、走上了通往社会主义的道路。

新中国成立后，以毛泽东同志为核心的党的第一代中央领导集体带领全党全国各族人民，创造性地进行了社会主义改造，建立起了社会主义的基本制度，对在中国国情条件下开展社会主义建设进行了可贵的探索，使我们党对怎样建设社会主义有了重要的认识。尽管探索道路艰辛坎坷，但我们党取得的积极成果是极其宝贵的，为改革开放新的历史时期开创中国特色社会主义提供了宝贵经验、理论准备和物质基础。党的十一届三中全会以后，以邓小平同志为核心的党的第二代中央领导集体，重新确立了解放思想、实事求是的思想路线，提出了进行改革开放的新战略，对什么是社会主义和怎样建设社会主义这个重大理论和现实问题进行了新的思考，获得了新的认识，用新的思想观点继承和发展了马克思主义，开拓了马克思主义新境界，把对社会主义的认识提高到新的科学水平，成功开创了中国特色社会主义。党的十三届四中全会以后，以江泽民同志为核心的党的第三代中央领导集体，在国内外形势十分复杂、世界社会主义出现曲折的严峻考验面前捍卫了中国特色社会主义，开创了全面改革开放新局面，成功地把中国特色社会主义推向21世纪。进入新世纪，以胡锦涛同志为总书记的党中央，强调坚持以人为本全面协调可持续发展的科学发展观，成功在新的历史起点上坚持和发展了中国特色社会主义。

党的十八大以来，以习近平同志为总书记的党中央，高举中国特色社会主义伟大旗帜，以邓小平理论、“三个代表”重要思想、科学发展观为指导，以中国梦凝聚力量，以抓改革激发活力，以改作风振奋人心、励精图治、攻坚克难，带领全党全国各族人民取得了新成就、形成了新风气，也必将会开创中国特色社会主义新的局面、续写中国特色社会主义新的篇章。

中国革命建设和改革开放的实践证明：中国特色社会主义这条路，走得对、走得好。“中国特色社会主义道路，是实现中国社会主义现代化的必由之路，是创造人民美好生活的必由之路。只有这条道路而没有别的道路，能够引领中国进步、实现人民福祉。”

中国特色社会主义是世界社会主义思想源流在中国的涌现，是科学社会主义理论在中国的成功实践，是一代又一代的中国共产党人历经千辛万苦付出各种代价的可贵探索，是我们党在推进革命建设改革进程中经过反复比较总结的历史选择。世界社会主义五百年的历史进程和中国共产党九十多年的奋斗历程告诉我们：中国特色社会主义是科学社会主义理论逻辑和中国社会发展历史逻辑的辩证统一，是历史的结论、人民的选择。我们要坚定不移地沿着这条道路走下去！

二、中国特色社会主义理论体系是中国社会主义建设特别是改革开放实践的历史总结，必须坚定不移地继续践行

党的十八大报告指出：“中国特色社会主义理论体系，就是包括邓小平理论、‘三个代表’重要思想以及科学发展观在内的科学理论体系”。这一理论体系，系统回答了在中国这样一个十几亿人口的发展中大国建设什么样的社会主义、怎样建设社会主义；建设什么样的党、怎样建设党；实现什么样的发展、怎样发展等一系列重大问题，凝结了几代中国共产党人带领人民不懈探索实践的智慧和心血，是马克思主义中国化最新成果，是对马克思列宁主义、毛泽东思想的坚持和发展、继承和创新。

邓小平理论是党的十一届三中全会以后，以邓小平同志为核心的党的第二代

中央领导集体在领导全党全国各族人民进行改革开放的伟大实践中创立的，是马克思列宁主义同当代中国实际相结合的产物，是对毛泽东思想的继承和发展。邓小平理论重新确立了解放思想、实事求是的思想路线，在新的实践基础上既继承前人又突破陈规，开拓了马克思主义的新境界；邓小平理论坚持科学社会主义理论和实践的基本成果，抓住“什么是社会主义，怎样建设社会主义”这个根本问题，深刻地揭示社会主义的本质，把对社会主义的认识提高到新的科学水平。“三个代表”重要思想系统地回答了在中国要建设一个什么样的党和怎样建党这一重大的理论和现实问题，是我们党的立党之本、执政之基和力量之源，是对马克思主义建党学说的新发展。科学发展观科学地回答了在中国要实现什么样的发展和怎样发展的重大理论实际问题，指明了我们进一步推动中国经济与社会发展的思路和战略，标志着中国共产党对于社会主义建设规律、社会发展规律、共产党执政规律的认识达到了新的高度，标志着马克思主义与新的中国国情相结合达到了新的高度和阶段。

中国特色社会主义理论体系是中国社会主义建设实践特别是改革开放伟大实践的历史总结，是被实践证明了的指导中国社会主义建设和国家经济社会发展的最为有效的理论指南，必须坚定不移地继续践行。在当代中国，坚持中国特色社会主义理论体系，就是真正坚持马克思主义。

三、中国特色社会主义制度是中国社会主义革命和建设实践探索的成果，必须继续坚持和不断发展完善

中国特色社会主义制度包括根本政治制度、基本政治制度、基本经济制度以及各方面体制机制等具体制度。人民代表大会是中国的根本政治制度，中国共产党领导的多党合作和政治协商制度、民族区域自治制度和基层群众自治制度是我国的基本政治制度，以公有制为主体，多种所有制经济共同发展是中国的基本经济制度，其他具体制度包括中国特色社会主义法律体系以及建立在基本政治经济制度上的其他政治制度、经济制度、文化制度和社会制度等。

中国特色社会主义制度是我们党和国家在长期革命建设和改革开放实践基础上，把实践中已见成效的方针政策及时提炼和固化而形成的，符合中国国情，顺应时代潮流，有利于保持党和国家活力、调动广大人民群众和社会各方面的积极性、主动性、创造性；有利于解放和发展社会生产力、推动经济社会全面发展；

有利于集中力量办大事、有效应对前进道路上的各种风险挑战；有利于维护民族团结、社会稳定、国家统一，是当代中国发展进步的根本制度保障，集中体现了中国特色社会主义的特点和优势，我们必须继续坚持和遵循。坚持中国特色社会主义制度，就是要坚持把根本政治制度、基本政治制度、基本经济制度和其他各方面机制体制有机结合起来；坚持把国家民主制度和基层民主制度结合起来；坚持把党的领导、人民当家做主、依法治国有机结合起来。

中国特色社会主义制度特色鲜明、富有效率，但也不是尽善尽美、成熟定型的，还需要不断完善。同时，实践也是在不断发展的，我们在实践中还会不断地碰到新情况，遇到新问题。因此，我们必须在坚持和遵循根本政治制度、基本政治制度和基本经济制度的基础上，注重发现新问题、总结新经验、作出新调整。坚持以实践基础上的理论创新推动制度创新，发展和完善现有制度，从实际出发，及时制定一些新的制度，构建系统完备、科学规范、运行有效的制度体系，使各方面制度更加成熟定型，为夺取中国特色社会主义新胜利提供更加有效的制度保障。

四、中国特色社会主义是由道路、理论体系、制度三位一体构成的，坚定道路自信、理论自信和制度自信就是坚定对中国特色社会主义的自信

中国共产党的几代领导集体把中国特色社会主义实践的成功经验上升为理论，又以理论指导新的实践，同时把实践中已见成效的方针政策上升为党和国家的制度，由此形成了中国特色社会主义道路、理论体系和制度。中国特色社会主义道路、理论体系和制度是紧密相联的：“中国特色社会主义道路是实现途径，中国特色社会主义理论体系是行动指南，中国特色社会主义制度是根本保障，三者统一于中国特色社会主义伟大实践。”相应的，道路自信、理论自信和制度自信这“三个自信”也是有机联系的整体，归结起来就是对中国特色社会主义的自信。

中国特色社会主义道路、理论体系、制度，是经过全党全国各族人民长期奋斗取得的，也是经过长期实践检验的。我们有理由对中国特色社会主义道路、理论、制度高度自信，这种自信“来源于实践、来源于人民、来源于真理”。改革

开放30多年的伟大实践开创了中国特色社会主义；新中国成立60多年的持续探索为中国特色社会主义的开创奠定了坚实的基础；近代以来170多年中华民族的发展历程为中国特色社会主义的开创提供了历史参照；中华民族5000多年悠久文明的传承是中国特色社会主义开创的丰厚底蕴。中国特色社会主义植根于中华文化沃土、反映中国人民意愿、适应中国和时代发展进步要求，具有深厚的历史渊源和广泛的现实基础。习近平总书记指出："当今世界，要说哪个政党、哪个国家、哪个民族能够自信的话，那中国共产党、中华人民共和国、中华民族是最有理由自信的。"

当前，中国正处在全面建成小康社会、实现党确定的"两个百年"奋斗目标的第一个百年奋斗目标的关键时期，面对国际复杂多变的严峻形势和国内经济下行的压力，我们要始终保持清醒坚定，保持强大前进定力，坚定"三个自信"，不为任何风险所惧，不为任何干扰所惑，不动摇、不懈怠、不折腾，紧密团结在以习近平同志为核心的党中央周围，高举中国特色社会主义的伟大旗帜，坚定不移地走中国特色社会主义道路，续写中国特色社会主义新的篇章，为全面建成小康社会、实现中华民族伟大复兴的中国梦而努力奋斗！

（作者单位：中共广东省委党校管理学教研部）

做严守政治纪律和政治规矩的明白人

——读《习近平谈治国理政》

顾翠芬

在《习近平谈治国理政》一书中，习近平总书记围绕治国理政发表了系列重要讲话，对中国的发展理念、发展道路、内外政策等各方面，提出了许多新思想、新观点、新论断，深刻回答了新的历史条件下党和国家发展的重大理论和现实问题，集中展示了新一届中央领导集体的治国理念和执政方略。通过认真研读这本书，本人对习近平总书记系列重要讲话精神有了深刻理解，特别是对政治纪律和政治规矩有了更深入的感悟。下面，就如何贯彻落实守纪律、讲规矩要求，做政治上的明白人，谈谈学习体会：

一、要坦坦荡荡做政治上的“明白人”

1. 绝对忠诚于党。中国共产党是靠共同理想和铁的纪律组织起来的马克思主义政党。对党忠诚，是共产党人的核心品质，是维护党的高度集中统一的刚性要求，也是一个党员政治合格的底线。党员要强化党员意识，牢记自己的第一身份是党员，第一职责是为党工作。要把党放在心中最高的位置，坚定理想信念和“四个自信”，拧紧“总开关”，增强政治定力，在各种利诱面前意志坚定，始终做到在党言党、在党忧党、在党为党，坚决与损害党的现象作斗争。

2. 严守政治纪律和政治规矩。伟人毛泽东讲过，铁的纪律和规矩“比孙行者的金箍棒还厉害！”这是中国共产党得以保持旺盛生命力的政治优势，也是落实全面从严治党的重要保证。这方面最为关键的是政治方向和政治立场，正确的政治方向，就是在思想上、政治上、行动上同以习近平同志为核心的党中央保持高度一致，绝不允许政治方向上出现偏差；正确的政治立场，就是以党和人民的利益为重，在原则问题上和大是大非面前保持清醒头脑，不做立场摇摆、阳奉阴违、口是心非的“两面人”，要表里如一做政治上的“明白人”。

二、要努力提升思想境界和涵养道德品行

1. 加强学习。古人说：“非学无以广才，非学无以明志，非学无以立德。”习近平总书记强调指出：“全党同志一定要善于学习，善于重新学习”“中国共产党人依靠学习走到今天，也必然要依靠学习走向未来”。要把“以学修身”当作人生大智慧，把学习当作提升思想境界的精神追求、一种健康的生活方式，做到好学乐学；要系统学习党的理论和党史知识，尤其是学习党章，加强党性修养，打牢理想信念的思想根基，始终以党章这个全党的总规矩规范自己的言行。

《习近平谈治国理政》，习近平著，外文出版社，2014 年 10 月

2. 加强职业道德和个人品行修养。大道至简，凡事不可任性！干事创业如此，为人处世也如此。立足岗位，应敬畏权力、敬畏人民、敬畏法纪、敬畏职位。当人有了敬畏之心，思想就会受约束，行为就会守规矩，否则，任性乱为，那是非常危险的！因此，要心存敬畏，把职业操守、道德修养、纪律养成渗透到日常工作和生活各个方面，自觉涵养为师之德，使严守政治纪律和政治规矩成为一种修养、一种习惯；要慎独慎微，求真务实，始终做到心中有党、心中有民、心中有责、心中有戒，时刻保持共产党人的崇高品质和浩然正气，以实际行动捍卫共产党人的精神家园。

三、要以践行“三严三实”作为自觉的价值追求

中共广东省委党校位置重要，是一个讲政治的职能部门，担负培养造就党和

人民事业所需干部的工作重任。每个教职员工，都要以严的纪律、实的作风，坚守岗位、尽职尽责，严守党的政治纪律和政治规矩，努力为学校的改革发展奉献一份力量。在我们教研部里，党支部注重加强理想信念教育，定期开展政治理论学习，认真组织讨论交流，着力提升每位老师的政治思想觉悟。比如，教研部党支部组织全体党员参观中共三大会址，开展体验式党性教育，我和大家共同感受到这次活动很有意义、收获较大。此外，我还参加了党员领导干部“‘三严三实’党性修养”学习班，到井冈山党性教育基地亲身体验革命传统教育，经受了党性锤炼，使我更加坚定了“四个自信”。在学习实践中，通过认真读原著、学原文、悟原理，我深刻理解“严”和“实”的丰富内涵和明确要求，从而把遵守纪律和严守规矩转化成一种自觉行动，争当严守政治纪律和政治规矩的表率。

党中央提出2020年全面建成小康社会的奋斗目标，广东省委作出2018年率先建成小康社会的决策部署。新时期有新目标，新任务有新舞台，新要求有新作为。坚持党校姓党的立校之本，进一步推动党校教学改革。要在教学工作中继续优化现有教学模块，将“网络强国战略”、“互联网＋”行动计划、“国家大数据战略”等融入教学模块中，拓展教学内容的深度与广度，努力提高教学效果。要以“严”和“实”的精神推动教学创新实践，使党校教育培训由传统向现代、由封闭向开放、由实体向网络、由趋同向特色创新发展。

（作者单位：中共广东省委党校信息技术教研部）

清廉一生平安　实干造福百姓

——读《习近平关于党风廉政建设和反腐败斗争论述摘编》

代　凯

腐败是社会的毒瘤。党的十八大以来，中央以壮士断腕的决心、刮骨疗毒的勇气和零容忍的态度，坚决彻底惩治腐败。与此同时，进一步推进和加强党的建设，坚持党要管党，坚持全面从严治党。习近平总书记站在党和国家工作全局的高度，围绕党风廉政建设和反腐败斗争，提出了一系列新的理念、思路和举措，为新形势下深入推进党风廉政建设和反腐败斗争提供了思想武器和行动指南，具有十分重要的政治意义、理论意义和实践指导意义。由中共中央纪律检查委员会、中共中央文献研究室编辑出版的《习近平关于党风廉政建设和反腐败斗争论述摘编》一书，从习近平总书记2012年11月15日至2014年10月23日的42篇讲话、文章和批示等重要文献中摘录了216段论述，系统详细地呈现了总书记关于党风廉政建设和反腐败斗争的思想理论内涵与路线方针举措。

正如习近平总书记所言："反对腐败、建设廉洁政治，保持党的肌体健康，始终是我们党一贯坚持的鲜明政治立场。党风廉政建设，是广大干部群众始终关注的重大政治问题"。作为一名共产党员和普通的中国公民，我对党风廉政建设和反腐败斗争问题也非常关注。近年来，在中央反腐的高压态势之下，一批党内的腐败分子相继落马。每当看到类似新闻报道，自己心里在为中央反腐工作点赞的同时，也多了些许隐忧。欣喜的是，党和政府已经深刻意识到了反腐败问题的重要性，打出了一系列漂亮的"组合拳"；忧虑的是，越来越多腐败官员的浮现已经影响到了党在人民群众心中的形象，影响了党执政的群众基础。从某种意义上来说，反腐与惩治腐败并不是最终的目的，而只是实现廉洁政治的一种手段。因此，如何在开展反腐败斗争的同时，使我们的广大党员干部做到流水不腐，户枢不蠹，是一个非常值得研究的问题。在本书中，总书记关于党风廉政建设和反腐败斗争的重要论述解答了我的迷惑：这就是通过全面从严治党、严肃党的纪律、筑牢制度笼子和坚定理想信念，使官员从“不敢腐”到“不能腐”“不想腐”，实现防微杜渐、防患于未然。

《习近平关于党风廉政建设和反腐败斗争论述摘编》

我2015年9月到党校工作，从11月开始就与第四期县处级领导干部进修二班的学员一起跟班学习。跟班期间，我阅读了《中国共产党章程》《中国共产党廉洁自律准则》和《中国共产党纪律处分条例》，参观了广东省反腐倡廉教育基地，聆听了省纪委副书记王衍诗“追求高线，守住底线”的讲座。通过上述学习，我更加清醒地认识到了中央反腐败的高压态势和惩治腐败的坚定决心，认识到了共产党员尤其是领导干部必须恪守廉洁自律的要求。虽然我不是领导干部，也没有一官半职，但我是一名共产党员。正反两方面的鲜活案例让我更加明白：作为一名共产党员，必须严守党纪国法，必须克己奉公；必须密切联系群众，必须全心全意为人民服务。我想起了坐地铁时经常看到的一则廉政广告。广告中，演员李雪健通过对自己20多年演艺生涯中所塑造人物角色的精神力量的深刻感悟，总结出了这样一句话：清廉一生平安，实干造福百姓。我想，这句话对我们的广大党员尤其是领导干部，可以说是最好的座右铭。

清廉，就是要一身正气、两袖清风。习近平总书记指出：“当官要当舞台上端端正正的官，当清官，不要当庸官贪官，被人戳脊梁骨。”应当说，任何人都有自己的欲望，领导干部有欲望也是无可厚非的，但问题的关键是如何以合法合理的途径达成自己的欲望。与普通人不同的是，领导干部手头上多多少少掌握了一些公共权力，这就为满足个人欲望提供了一道方便之门。如果处理不好公共权力与私人欲望之间的关系，很多情况下，领导干部就容易被社会的诱惑所攻破，公共权力就极有可能被滥用、被私用。总书记告诫广大领导干部：“鱼和熊掌不可兼得，当干部就不要想发财，想发财就不要当干部。”对于领导干部来说，绝不能有当官就是为了发财、当官就是满足个人私欲的错误认知。要严格按照《中国共产党廉洁自律准则》和《中国共产党党员纪律处分条例》的要求，遵守和维护党的纪律，吃苦在前，享受在后，克己奉公，多作贡献。必须深刻认识到公共权力的来源，严以修身、严以用权、严以律己，切实规范使用权力，耐得住寂寞、守得住清贫，绝不能让欲望冲昏了头脑，一失足成千古恨。

实干，就是要心系百姓、求真务实。习近平总书记说过："空谈误国，实干兴邦。"需要看到的是，在当前反腐败高压的态势下，虽然腐败的问题有所缓解，但某些地方和部门的官员仍然存在一定的形式主义、官僚主义、享乐主义和奢靡之风，少数官员脱离群众、脱离实际、急功近利、不负责任、为官不为，这些做法和行为已经严重影响了党和政府在人民心中的形象，损害了群众的利益，必须引起我们的高度警觉。领导干部清廉是开展工作的重要要求，然而仅仅清廉是不够的，更重要的是在清廉的基础上，求真务实、真抓实干，全心全意为人民服务。如果仅仅是搞一些虚的表面文章，甚至打着反腐的名义将很多官员必须作为的事情放手不管，就违背了中央反腐倡廉的题中之意。总书记指出："检验我们一切工作的成效，最终都要看人民是否真正得到了实惠，人民生活是否真正得到了改善，这是坚持立党为公、执政为民的本质要求，是党和人民事业不断发展的重要保证。"领导干部的本职工作就是坚持人民的主体地位，贯彻落实谋事要实、创业要实、做人要实的要求，认清问题，把握规律，将工作落实到实处，时刻把群众安危冷暖放在心上，维护好、实现好、发展好人民群众的根本利益。

"廉者，民之表也；贪者，民之贼也。"党风廉政建设和反腐败斗争是一项长期的、复杂的、艰巨的任务，反腐倡廉必须常抓不懈，拒腐防变必须警钟长鸣。在当前党风廉政建设和反腐败斗争的新形势下，广大党员特别是领导干部必须进一步加强党性修养，坚定理想信念，践行全心全意为人民服务的宗旨，追求高线，守住底线，在思想上政治上行动上同以习近平同志为核心的党中央保持高度一致。另一方面，必须进一步学习领会党的十八大和十八届三中、四中、五中、六中全会精神，贯彻落实"三严三实"的要求，坚持思想建党和制度治党相结合，以实际行动保持共产党员的先进性和纯洁性，始终把人民放在心中最高的位置，矢志不移为党和人民事业而奋斗。

（作者单位：中共广东省委党校行政学教研部）

剑指反腐，重在治本

——读皇甫中《把权力关进制度的笼子里：与领导干部谈权力监督与制约》

吴育珊

十八大以来，新一届中央领导集体选择了共识度最高、见效最快的反腐，为全面深化改革攻关破局。打击和严惩腐败必须坚持多维度合力：力度、速度、深度、广度和持久度。已有成果足以说明中央打击腐败的力度和速度、深度，但对于民间质疑的打击腐败的广度和持久度问题，刚刚结束的四中全会明确回应："加快推进反腐败国家立法，完善惩治和预防腐败体系，形成不敢腐、不能腐、不想腐的有效机制，坚决遏制和预防腐败现象。" 2015 年 8 月 29 日，十二届全国人大常委会第十六次会议审议通过的刑法修正案（九）对行贿、受贿"双拳出击"、划定"行业禁入"……更是显示出立法机关从法律层面完善反腐败的制度规定，加大对腐败犯罪的惩处力度，同时也从制度层面回应了社会各界的反腐关切。由皇甫中主编的《把权力关进制度的笼子里：与领导干部谈权力监督与制约》，集中了一线反腐专家、理论研究者和腐败问题观察者之大成，深入分析十八大后反腐最新动向，从不同角度探讨如何把权力关进制度的笼子里。

该书开篇的序言《把权力关进制度的笼子里》和导言《把权力关进制度笼子需好的权力结构》，针对改革走向深入，反腐进入攻坚阶段，构建"干部清正、政府清廉、政治清明"廉洁政治的重大历史任务面前，得出的结论是制度反腐可能是解决 30 年权力反腐遗留问题的最佳选择。科学合理的制度笼子应该是改革后的新的权力结构，形成制度的铁笼而非关猫的牛栏，才能真正形成"不敢腐"的惩戒机制、"不能腐"的防范机制、"不易腐"的保障机制。

第一篇滥权之殇：权力的异化。该篇分别从古今中外的案例：因腐败衰亡的罗马帝国、苏联 70 年腐败史、名扬全球的清帝国将腐败进行到底——从制度腐败化到腐败制度化以及当下处于中国官制体系末端的"村官"腐败问题，抚今追昔，反腐倡廉的意义不言而喻。今天，反腐困境到了不得不突破的关口，我们一定要警醒：腐败可以使昔日强大无比的帝国，成为一触即碎的风化物，而防范之道在于限权，在于治本。

第二篇用权之道：把权力关进笼子里。科学合理的制度笼子，应该是既关得住“老虎”，又飞不出“苍蝇”，这样才不会陷入制度虚设现象。因此关键在于：一是厘清权力的边界，遏制特权才能确保公平；二是对腐败现象零容忍，制约权力的根本在于厉行法治；三是法治可以扑灭腐败，关键在于反腐要治本。传统运动式的反腐和超越法治的政治手段反腐只能导致更多的腐败，要遏制人性的腐败，一整套可以导致清廉行为的制度是根本：有效的权力制约机制、广泛的言论监督机制以及司法审判权的独立行使机制等等，再辅之以其他各方面的政治社会文化条件。因为反腐败，重点和难点都在取信于民；廉洁政治，权力制约是治本之策。

《把权力关进制度的笼子里》

第三篇限权之鉴：权力监督与制约案例分析。廉政是如何炼成的？俄罗斯缘何难以遏制腐败？越南的反腐运动和制度变革、韩国的腐败文化与廉政建设说明反腐败工作任务艰巨，“腐败不除，国难不已”，必须制度“防癌”。而以新加坡为例的城邦国家反腐败模式和以美国为代表的丰富的大国反腐模式值得我们借鉴：启动反腐败专门立法，特别是确立财产申报制度；建立独立性、权限较大的反腐败调查机构；从制度上、机制上规范对公共权力制约，降低权力自由裁量的可能性。应该说，美国式的大国反腐模式中关于加强权力内部制衡和外部监督，加强权力运行透明化，促进公民社会发展，充分发挥新闻媒体和社会组织的独特作用等等，对于构建中国式反腐模式有重要的借鉴意义。

今天，反腐治本问题已然成为共识，如何形成不敢腐、不能腐、不想腐的有效机制？如何将“依法治国”精神在反腐领域进一步落实，如何用法治为改革、反腐保驾护航？《把权力关进制度的笼子里：与领导干部谈权力监督与制约》一书告诉我们，治国者必先受治于法，在法律上旗帜鲜明地确立反对腐败的立场，在机构和制度上构建反对腐败的具体举措，在社会公众中塑造反对腐败的文化，支持传媒舆论合法履行监督的职能……这些途径虽不能根除人心中的贪婪，却能有效地将权力关进笼子之中，使之不敢腐、不能腐、不易腐。

（作者单位：中共广东省委党校法学教研部）

坚定中国特色社会主义道路自信、理论自信和制度自信

——读《世界社会主义五百年》

古　斌

社会主义从来都是在开拓中前进的，实践证明：任何社会发展模式都不能故步自封，而必须在实践探索中不断发展完善。

《世界社会主义五百年》一书阐述了500年来，社会主义经历了由空想走向科学，由理论走向实践的发展过程。中国人民在中国共产党的领导下选择了马克思主义，选择了社会主义道路。中国共产党领导中国人民把马克思主义基本原理与中国实际和时代特征紧密结合起来，独立自主走自己的道路，经过千辛万苦，付出各种代价，开创和发展了中国特色社会主义，特别是改革开放三十多年以来，中国特色社会主义取得了举世瞩目的成就，向世人展现了社会主义的优越性，证明了科学社会主义理论的正确性。

中国特色社会主义，是科学社会主义理论逻辑和中国社会主义历史逻辑的辩证统一；是根植于中国大地、反映中国人民意愿、适应时代发展要求的社会主义；是党和人民90多年奋斗、创造、积累的根本成就；是全面建成小康社会、加快推进社会主义现代化、实现中华民族伟大复兴的必由之路。因此要倍加珍惜、始终坚持、不断发展中国特色社会主义，要始终坚定中国特色社会主义道路自信、理论自信、制度自信。

一、社会主义代替资本主义是历史的总趋势，要坚定中国特色社会主义道路自信、理论自信和制度自信

马克思、恩格斯在《共产党宣言》提出“资产阶级的灭亡和无产阶级的胜利是同样不可避免的”的“两个必然”科学论断和“无论哪一个社会形态，在

它所能容纳的全部生产力发挥出来以前，是决不会灭亡的；而新的更高的生产关系，在它的物质存在条件在旧社会的胎胞里成熟以前，是决不会出现的”的“两个决不会”的重要论断，深刻揭示了社会主义代替资本主义的历史必然性和长期性、艰巨性、复杂性，为我们正确认识人类社会发展规律和发展趋势提供了有力的思想武器。当前，我们既要认识资本主义灭亡和社会主义胜利的历史必然性，又要充分认识资本主义社会的自我调节能力和西方发达国家在经济、科技、军事方面长期占据优势的客观现实；既要深刻认识到尽管中国改革开放取得巨大成就，但中国长期处在社会主义初级阶段的基本国情、主要矛盾和国际地位没有变的客观现实。“不管风浪打，稳坐钓鱼台”，我们要增强战略定力，自觉按社会基本矛盾运动的规律行事。我们选择的中国特色社会主义道路是实现中国社会主义现代化的必由之路，是人民创造美好生活的必由之路，是国家富强、民族复兴的必由之路；我们选择的中国特色社会主义理论体系是马克思主义中国化的最新成果，是科学的理论、管用的理论；我们选择的中国特色社会主义制度是符合中国国情，集中体现了中国特色社会主义的特点和优势，是优越的制度、生命力旺盛的制度。在这一点上，干部、党员认识要十分清醒，行动要十分自觉。我们要坚定理想信念，真学、真信、真懂、真干中国特色的社会主义，成为“三个自信”坚定的捍卫者、实践者和引领者，始终高举中国特色社会主义伟大旗帜，坚定地沿着中国特色社会主义道路不畏艰苦、开拓奋进，为实现“两个百年”宏伟目标，实现中华民族伟大复兴的中国梦而努力奋斗。

《世界社会主义五百年》

二、必须加强中国特色社会主义道路自信、理论自信和制度自信的宣传教育，弘扬主旋律

中国特色社会主义仍处于初级阶段，处于长期发展阶段，再加上国内外各种敌对势力对中国社会主义事业建设的造谣污蔑、恶意中伤，客观上引起部分党员干部和群众的困惑和疑虑，或多或少影响部分党员干部和群众的信念和信心。越是在错综复杂的环境下，我们越要把握正确的舆论方向，弘扬主旋律，传播正能量，这样才能指明方向、消除杂音、鼓舞士气、凝聚人心。要通过各种舆论渠道，引导教育我们的党员干部和广大人民群众要全面客观地认识当代中国、看待外部世界，帮助他们划清是非界限，澄清模糊认识。向他们讲清楚每个国家和民族的历史传统、文化积淀、基本国情不同，其发展道路必然各有不同，有着自己的特色；讲清楚中国特色社会主义植根于中华文化沃土，反映中国人民意愿，适应中国和时代发展进步要求，有着深厚历史渊源和广泛现实基础。中华民族创造了源远流长的中华文化，中华民族也一定能够创造出中华文化新的辉煌。“鞋子合不合适脚知道”，独特的文化传统，独特的历史命运，独特的基本国情，注定了我们必然要走适合自己特点的发展道路；讲清楚中国特色社会主义不是从天上掉下来的，是党和人民历尽千辛万苦、付出巨大代价取得的根本成就。中国特色社会主义，既是我们必须不断推进的伟大事业，又是我们开辟未来的根本保证。信念决定状态，只要我们坚定道路自信、理论自信、制度自信，就能毫无畏惧面对一切困难和挑战，就能坚定不移开辟新天地、创造新奇迹。

三、协调推进“四个全面”，增强中国特色社会主义道路自信、理论自信和制度自信的感召力

社会主义从来都是在开拓中前进的。“四个全面”深刻反映时代发展趋势和中国特色社会主义建设规律。全面建成小康社会，体现了发展是时代主题、是解决中国所有问题的关键；全面深化改革，是社会进步的动力，也是时代潮流；全面依法治国，是国家治理体系和治理能力现代化的重要依托，也是实现社会公平正义的基本保证；全面从严治党，是执政党加强自身建设的基本规律，也是我们党保持先进性和纯洁性，成为中国特色社会主义事业坚强领导核心的根本所在。

“四个全面”顺应历史潮流、紧扣时代脉搏、回应人民期待。协调推进“四个全面”，必然实现中国特色社会主义、中华民族伟大复兴历史性的实践飞跃，它将不断丰富中国特色社会主义理论，不断完善中国特色社会主义制度，使中国特色社会主义道路越走越宽阔，使全国各族人民对中国特色社会主义充满自信心和自豪感，并为此而不懈努力奋斗。

（作者单位：中共广东省委党校干部教育学院）

发挥党校反腐倡廉教育主阵地作用，筑牢领导干部“不想腐”的思想根基

——读王跃文《大清相国》

孙诚博

来党校之前，我在纪检监察系统工作了三年，早就拜读过王岐山书记推荐的《大清相国》一书，如今再次翻阅此书，结合在党校工作的体会，谈一下自己的心得和感悟。

十八大以来，中央掀起了一场声势浩大的反腐风暴，打出了一系列反腐“组合拳”，反腐力度前所未有。习近平总书记指出，“要抓紧形成不敢腐、不能腐、不想腐的有效机制”，这是中央对一段时期以来反腐败工作的总体目标和要求。如果说形成“不敢腐”的震慑需要坚持有腐必惩和有贪必肃，营造“不能腐”的环境需要强化制度建设和监督管理，那么，如何才能筑牢“不想腐”的思想防线呢？我们从岐山书记推荐的《大清相国》一书中可见端倪。

一、“好干部”陈廷敬胜在“不想腐”

《大清相国》以清代名臣陈廷敬为主角，写他为官五十余年的历史，描述了他在官场上所作的人格、道德和行为的艰难选择，并巧妙刻画了顺治、康熙两朝的历史和官场。他入仕五十三年，历任康熙帝师，工、吏、户、刑四部尚书，至文渊阁大学士、《康熙字典》总修官等职，最后老死相位。

康熙时期是中国清朝历史上步入繁荣的转折和关键时期，究其复兴的原因，既得益于圣君康熙个人的素质和能力，也得益于康熙周围聚集了一批名臣。然而，虽名臣辈出，但都大起大落，不能善终：明珠罢相削权，索额图身死囹圄，徐乾学去官之后郁郁早逝，高士奇倍享尊荣却被斥退回藉。为何唯陈廷敬独善其身、留名青史？作者王跃文认为，这并不是说陈廷敬如何工于心计，或是如何狡

猾，他在图书封面中对主人公的评价回应了这一问题：“清官多酷，陈廷敬是清官，却宅心仁厚；好官多庸，陈廷敬是好官，却精明强干；能官多专，陈廷敬是能官，却从善如流；德官多懦，陈廷敬是德官，却不乏铁腕”。书中对传统意义上的“清官、好官、能官、德官”提出了更高层次的要求，即“宅心仁厚、精明能干、从善如流、不乏铁腕”的16字标准，这和习近平总书记在全国组织工作会议上提出的“信念坚定、为民服务、勤政务实、敢于担当、清正廉洁”20字好干部“五条标准”异曲同工。可见，古往今来，对领导干部为官从政的标准要求有很多相通之处。也无外乎康熙送给陈廷敬八个字的评价：宽大老成，几近完人！

《大清相国》

那么陈廷敬是如何做到“完人”的呢？所谓“完人”，在当时社会中应该指符合儒家“内圣外王”之道，首要的便是道德高尚，清正廉洁。孟子说：“君子之守，修其身而天下平。”从书中我们可以体悟得到，陈廷敬敢于重拳理顺钱法，铁腕整顿吏治，公正处理案件，成就其一代名臣，凭借的正是其入仕以来始终坚守道德原则、廉洁自律、洁身自好。他的清正廉洁既不是因为当时高压反腐而“不敢腐”，也不是因为当时制度完善而“不能腐”，而确是因为自身的“不想腐”。

二、“不想腐”的原因及启示

试析陈廷敬“不想腐”的原因，归纳起来大致有两个方面：一是物质层面。陈廷敬家中世代经商，为山西大富之家长子，物质生活富足，在京城为官后又一直居住在岳父家，衣食无忧，也无买房负担，对金钱可以说无欲求；二是精神层面。陈廷敬年轻时几乎独中三元，中年后担任帝师，为康熙启蒙学业，晚年又任《康熙字典》总修官，可谓当朝儒学大师，深受儒家克己修身思想影响，洁身自好，不被贪腐所腐蚀。如此，回应文章开头的问题，陈廷敬作为封建社会士大夫的优秀代表，他的“不想腐”可以带给我们构建党员领导干部“不想腐”的有效机制哪些启示呢?

根据马克思主义哲学基本观点，精神层面的原因可归为内因；物质层面的原因可归为外因，内因起主导作用。从现实角度来看，物质层面的满足相对容易实现，而精神层面的养成并非一蹴而就。封建时代以儒家思想为主导，封建士大夫以“修身、齐家、治国、平天下”为目标追求。中国共产党以马克思主义、毛泽东思想、邓小平理论、“三个代表”重要思想和科学发展观作为自己的行动指南，以实现共产主义为奋斗目标，具有无可比拟的先进性。如果说陈廷敬的“不想腐”源于儒家对理想人格的追求，那么，党员领导干部更应以牢固树立理想信念和加强党性修养来筑牢“不想腐”的思想根基。

因此，构建“不想腐”的有效机制必须着重从培养领导干部高尚的精神追求入手。就当前我国社会情况而言，一方面需要合理的增加领导干部收入，使其物质生活达到社会中上水平；而更为关键的是要加强教育引导，培养高尚的道德情操和廉洁自律意识。

三、党校应成为教育干部“不想腐”的主阵地

教育是反腐倡廉的第一道关口，是拒腐防变的第一道屏障，党校作为我党培训轮训领导干部的主渠道、主阵地，必须自觉肩负起反腐倡廉教育培训的重要任务，把党校建成传授党风廉政建设知识的主阵地、反腐倡廉教育的主阵地、反腐败理论研究的主阵地、对领导干部进行党性锻炼的主阵地。要进一步加强领导干部党性修养和理想信念教育，不仅使党员干部在这里“充电”、“加油”，而且还使他们“健体强身”，从而筑牢“不想腐”的思想防线。

1. 加强理论武装，增强学员反腐倡廉的自觉性和坚定性。党员干部崇高的信仰和坚定的信念是建立在对马克思主义基本理论和中国特色社会主义理论体系深刻理解和掌握基础上的，加强干部理想信念和道德品行教育，需要把马克思主义理论武装放在首位。一是要加大马克思主义理论在主体班教学安排中的分量。特别是要加强马克思主义经典著作的教学，加深学员对马克思主义基本原理的理解，有对马克思主义的坚定信仰。二是要深入开展马列主义、毛泽东思想、邓小平理论、“三个代表”重要思想、科学发展观的教育。尤其要把习近平总书记系

列重要讲话精神作为理论武装的重要着力点，使学员深刻认识中国特色社会主义制度的优越性，是实现中国梦的根本保障，不断增强道路自信、理论自信、制度自信。三是要深入开展社会主义核心价值观教育。引导学员追求高尚情操，维护公平正义，忠实履行职责，坚守道德底线，远离低级趣味，培养良好的生活作风和健康的生活情趣，始终保持道德品行的纯洁性。

2. 创新教学方式，提升反腐倡廉教育的针对性和实效性。要加大教学方式方法的设计和创新，注重把传统方法与现代手段、思想灌输和启发式教育、理论教育和形象化教育、课堂内教育和课堂外教育结合起来，增强反腐倡廉教育的吸引力、说服力和渗透力。一方面要综合教学方法，丰富教学形式。要把反腐倡廉教育寓于日常的教学和管理之中，既要综合运用入学教育、主题教育、专题教育、研讨交流等方法，让学员深刻认识到腐败可致亡党亡国的重要危害，引导学员廓清思想迷雾，增强政治定力，又要通过观看廉政教育片、参观反腐教育基地和监狱、重温入党誓词等为主题的实践活动方式，把原本相对抽象的党性教育变得生动可感，促进理论与实践的有机结合，使学员思想得到洗礼。另一方面要坚持因人施教，分类分层次开展教育。党员干部在思想认识和行为实践上存在不同的层次，因此，要根据干部职级、工作岗位、业务特点的不同和思想状况的差异，开展不同内容、不同形式的教育和实践，以增强教育的针对性。对厅级领导干部，要重点开展权力观、地位观、利益观教育，促使他们正确对待和行使手中的权力；对处级干部，要重点开展党章、党纪政纪条规和法律法规教育，增强纪律意识和法制观念；对新任职上岗干部，要开展反腐倡廉基本知识教育，引导其做到正确对待个人利益。

3. 加强学员管理，促进学员党性修养的提高和优良作风的养成。党校是锤炼党性的熔炉，党性教育是党校的必修课，是党校培训的鲜明特色和最大优势，是党校姓党的集中体现。加强学员管理必须以党性教育为根本，把提高党性修养和培育优良作风作为工作的出发点和归宿点。一是要坚持从严治校，端正校风学风。党校校风学风是党风的缩影，必须严明校规校纪，加强学员管理，否则，不仅严重影响培训效果，更会严重损害领导干部和党的形象。要进一步严明学习培训纪律和廉洁自律规定，引导来校学习的领导干部以普通学员身份自觉遵守党纪和校规校纪，对违反廉洁自律和作风建设相关制度规定的，要向学员所在单位通报情况，确保干部作风在党校培训中回炉锻炼；二是要严格党内生活，抓细党性分析。要在党校不同的主体班次建立学员党支部，严格党内生活，有针对性的开展组织活动。要认真组织开展党性分析活动，积极引导学员从思想实际和成长经历出发，撰写党性分析报告，特别是要认真剖析自身在党性方面存在的不足，促进学员进一步增强党性观念和宗旨意识，达到敞开思想、触及灵魂、自我反省、自纠己过的目的，提高思想道德素质和拒腐防变的能力。

4. 深化理论研究，营造风清气正的良好社会氛围。把反腐倡廉教学与研究有机结合起来，是提高反腐倡廉教育成效的基础工作。一方面，要积极推进反腐倡廉理论研究。党校教师要积极参加反腐倡廉理论的研讨活动，在研究课题开发工作中，要着重加强从源头上预防和治理腐败工作体制机制及党风廉政建设课题研究，力促反腐倡廉建设方面的研究成果运用到教学中去，提高和充实教学内容，不断增强主体班次上反腐倡廉教育的说服力和感染力。另一方面，要促进反腐倡廉理论宣传。党校要充分发挥思想引领作用，努力争当反腐倡廉理论宣传的"排头兵"，尤其要积极宣传反腐倡廉最新理论成果。要对反腐败斗争的形势进行科学判断，坚决驳斥"反腐败越反越腐"的悲观论调，进一步唱响主旋律、发出好声音、凝聚正能量、营造好氛围，使广大干部群众进一步增强对党和国家反腐败的信心。

（作者单位：中共广东省委党校办公室）

感悟过去　开创未来

——读《复兴之路》

龚梦妮

用历史感悟过去，让历史照亮征程。读罢《复兴之路》掩卷沉思，内心澎湃久久不能平息。42 万字的《复兴之路》，用丰富翔实的史料、生动深沉的笔调、深刻而富有意蕴的解读，再现了中国自 1840 年鸦片战争至今 170 多年的历史，镌刻了中华民族步履维艰、曲折前进的奋斗历程，为我们展开了一幅波澜壮阔的历史画卷。

正如习近平总书记在参观《复兴之路》展览时精辟概括的三句话“雄关漫道真如铁”“人间正道是沧桑”“长风破浪会有时”所说，回顾以往，在郑和下西洋与大航海时期、中日洋务运动时期、第三次科技革命时期等数个历史节点，中国曾有过许多的机会奋起直追，然而“天朝上国”“闭关锁国”的盲目自大让中国人丧失了一次又一次的机会。到了 18 世纪末，纵观全球，北面的俄国、南面的英国都已经对中国形成战略潜在威胁；在太平洋东岸，新生的美国开始增强实力，即将成为世界不可忽视的一员。这些国家的发展与变迁，带来了巨大的生产力，深刻地改变了人类文明的进程，然而，中国仍沉浸在康乾盛世之中，全然不知此时已是封建社会的落日余晖，更不知世界形势已经天翻地覆，中国正成为欧洲各国在全球范围内开展贸易、争夺利益的锁定目标。“落后就要挨打”，人生最关键的就那么几步，这几步将决定着一个人一生的命运。国家和民族也是如此，人走错关键的几步，要受到命运的惩罚；国家和民族走错了路，甚至只要延误一步都要受到历史的惩罚。

在漫长而屈辱的岁月里，坚韧顽强的中华民族抗争从未停歇，从鸦片战争到抗日战争，从戊戌变法到五四运动，一代代中华儿女前仆后继、勇往直前地谱写了一曲曲悲怆而伟大的英雄赞歌。为祖国而战！为民族而战！为自由而战！每每读到，我总是情不自禁热泪盈眶。历史告诉我们：人民才是天下机运的掌握者，得民心者得天下，失民心者失天下。1949 年 10 月 1 日，中华人民共和国成立了！这标志着鸦片战争以来中国人民争取民族独立、人民解放这一历史任务的基本完成，百余年沧桑岁月留下的伤痕，中华民族所承受的全部屈辱与愤懑，在这一刻都化成了欢笑与泪水，我们用最嘹亮的国歌宣告了中华民族振聋发聩、永不屈服的誓言。有人说，在中华民族伟大复兴的征途上，推翻封建帝制的孙中山，为中国打开了思想进步的闸门；建立起新中国的毛泽东，带领中国人民站了起来；而挽救了社会主义的邓小平，为中国找到了一条使国家强盛、人民富裕的道路。伴随着改革开放的脚步，三十多年来，中国发生了翻天覆地的变化。今日的中国经济快速发展，人民生活水平显著提高。神舟直达苍穹，蛟龙深潜万丈。奥运健儿频传捷报，中国科学家摘得诺贝尔奖。这些成就来之不易，我们更坚定了沿着正确的道路不断向梦想前行的信心。

看历史长河，载兴衰荣辱，奔流东去；听时代号角，吹奏复兴强音，响彻云霄。习近平总书记提出的“中国梦”，深深点燃了我们每一个中国人内心的梦想。因为这个梦想凝聚和寄托了几代中国人的夙愿，代表了中华民族的整体利益，是每一位中华儿女的共同期盼。没有国强，何来的家富；没有国泰，何来的民安，国家昌盛是人民富裕的根本。实现中华民族的伟大复兴，就是中华民族近代最伟大的中国梦。

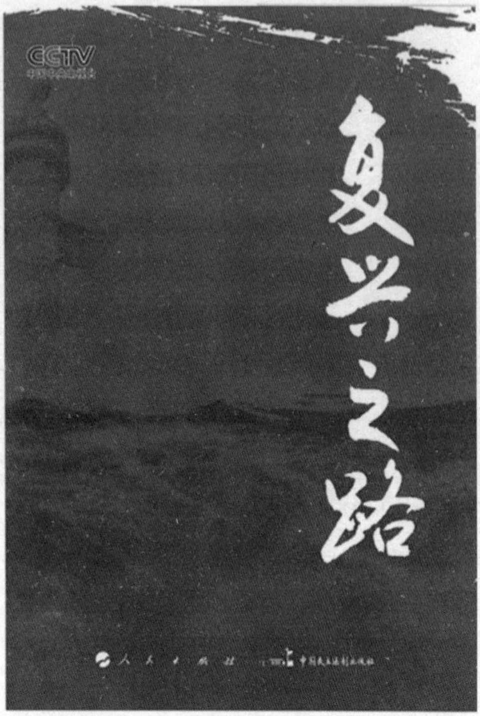

《复兴之路》

作为国家的一分子，我们应该如何追梦？实现中国梦，就是要加强修养、磨练意志、陶冶情操，全面提高自身素质；就是要顺应时代潮流，明确自身肩负的社会责任和历史使命，把个人理想与国家命运紧紧相连；就是要在工作岗位上兢兢业业、求实创新，在服务祖国、服务人民的实践中更好地实现个人的价值，为建设我们伟大的祖国贡献出属于自己的一份力量!

正如习近平总书记所言“空谈误国，实干兴邦”，实现五千年文明养育的中华民族伟大复兴是一项光荣而艰巨的事业，这需要每一位中国人向着共同的目标齐头并进。一代代的中国共产党人当仁不让，担负起这一历史使命，只要我们团结一致，拼搏不懈，中华民族伟大复兴的“中国梦”就一定能够实现。

（作者单位：中共广东省委党校直属机关党办）

新公共管理视域下的企业家政府理论
——读戴维·奥斯本、特德·盖布勒《改革政府》

王玉明

《改革政府——企业家精神如何改革着政府部门》一书自1992年出版就畅销美国及世界各地，成为“新公共管理理论”的核心代表作。时任美国总统的克林顿要求“美国每一位当选官员应该阅读本书”。本书的作者戴维·奥斯本和特德·盖布勒是克林顿政府的高级顾问。戴维·奥斯本长期担任共和党和民主党主要政府领导人和候选人的顾问，其主要著作还有《民主的实验室》。特德·盖布勒曾任加利福尼亚州维塞利亚市和俄亥俄州达利亚市的城市经理。企业家政府理论是戴维·奥斯本和特德·盖布勒在《改革政府》一书中提出的旨在运用企业家精神重塑政府的政府管理理论。

一、企业家政府理论的提出

美国自推行凯恩斯主义以来，政府职能不断扩张，政府机构和人员日益增多，政府费用不断增长，20世纪70年代出现的经济“滞胀”，人们以抗税等行动来表示对“大政府”的怀疑与否定。公众在对“大政府”表示怀疑的同时，对民主行政提出了更高的要求，公民要求直接参与公共服务的提供过程，要求解决对官僚的控制问题。经济的不景气一方面使政府的财政收入减少，另一方面使政府的社会保障开支大幅度上升，政府财政陷入危机之中，面对巨大的财政压力已无其他方法选择。只有反思和改革政府自身，才能解决这些问题。

以韦伯的官僚制思想为基础的行政体制，日益受到人们的批评。在美国，官僚主义几乎无处不在，官僚机构缺乏活力，太多繁杂的规章制度作茧自缚，使政府工作人员失去解决问题的主动性和实际操作的灵活性。僵化的官僚组织难以满足公众越来越多样化的需求，无法回答和解决政府日益严重的问题，加上庞大的政府规模，导致了管理中的失调和效率低下，以及公众对政府的普遍不满，公共行政的使命和运行方式的合法性受到怀疑和挑战。

70 年代以来，以美国为代表的西方国家率先进入信息时代和后工业社会。以信息、知识为基础的新文明和全球一体化趋势，给西方公共行政带来了巨大压力，公共部门原有的管理模式显得过时。于是从 70 年代末开始，掀起了一场新的政府改革的运动。美国则是这场改革运动的典型国家，各级政府在改革浪潮的冲击下，对以前的行政体制和政府管理方式进行了各种变革和创新。这些改革实践及其经验为企业家政府理论提供了现实依据。

《改革政府》

另外，70 年代以来西方新管理主义的兴起，为企业家政府理论提供了理论前提。新管理主义以现代经济学和企业管理理论为基础，如从公共选择理论和交易成本理论中获得政府应以市场或顾客为导向，提高服务效率和质量的依据；从成本 - 效益分析中获得对政府绩效目标进行测量评估的依据等。私营部门为了在日趋激烈的竞争中求得生存和发展，进行了一系列的创新，这些革新成就不仅是公共部门改革的一个重要动力，而且对公共部门改革起了示范和借鉴作用。企业家政府理论在这种背景下应运而生。

二、企业家政府理论的内涵

奥斯本和盖布勒在《改革政府》中围绕“政府如何运作”这个主题，以美国政府为分析对象，采用描述性研究的方法，提出了改革政府的十条原则，从而构筑了“企业家政府”的基本框架。

（一）起催化作用的政府：掌舵而不是划桨

奥斯本与盖布勒认为：政府的作用应该是掌舵而不是划桨。政府应集中精力做好决策工作，而不是具体服务性的工作。他们引用管理学家德鲁克的名言，治理不是实干，“亲自实干的做法也意味着干蠢事”。显然，政府在公共服务中扮演的角色是掌舵者，实现公共服务职能的作用方式是掌舵者购买划桨者。他们认为，政策制定者可以确定一个全面的战略，并且使用许多不同的划桨壮丁来执行战略。政府还可以把掌舵的角色委托给适合的公共部门或私人部门中的机构，如地方委员会、各种咨询服务顾问等。这时政府起催化剂的作用，即组织掌舵者与划桨者的买卖，促使其最佳配置与提供最好服务。为此创建“掌舵型组织”。由它制定政策，给公、私执行机构提供资金，并评估它们的业绩。

为达到掌舵而不是划桨这一目的，他们提出依靠第三部门的办法。以政府之所长筹措各种资源，通过民主程序设定社会需要的优先目标；与此同时，又利用私人部门之所长，组织商品和劳务的生产。他们强调第三部门已经成为提供公共服务的优先机制，是处理社会问题的最有效的组织。同时，他们也界定了政府、企业与第三部门各自最适合的领域与任务：政府在政策管理、规章制度、保障平等、防止歧视或剥削、保障服务的连续性和稳定性，以保持全社会的凝聚力等更胜一筹；企业界则在完成经济任务、创新、推广成功的经验、适应迅速变化的环境更胜一筹；第三部门则在完成微利、需要有同情心和顾客或当事人广泛信任的任务，以及牵涉到道德准则的事务方面更胜一筹。掌舵与划桨分开，私有化不是唯一的解决办法。政府可以把个别的掌舵职能私有化，但不能把治理的全过程私有化。否则，会失去做出集体共同决策的机制和为市场制定规章条文的途径，就会丧失社会公平。

（二）社区拥有的政府：授权而不是服务

奥斯本和盖布勒所指的授权是政府将社会服务与管理的权限通过参与或民主的方式下放给社会的基本单元：社区、家庭、志愿者组织等，让他们自我服务、自我管理，激发他们的积极性。社区对其成员的责任心超过了服务系统对其服务对象的责任心，社区比政府更了解自己的问题，能更有效地解决这些问题。社区更灵活更有创造性，比官僚机构的花费更少，更有效地实施行为规范标准。其实，自20世纪60年代以来，为争取自主权的社区运动不断增多，政府必须对此做出反应，把控制权和管理权（幼儿教育、职业培训、医疗保健、治安管理、公营住房管理等）交给社区，当家庭、居民点、学校、志愿者组织和企业公司健全时，整个社区也会健康发展，而政府最基本的作用是引导这些社会机构和组织的健康发展。健康而有活力的社会单元构成健康而有活力的国家。政府不应事必躬亲，要善于授权，鼓励公众参与管理，通过参与式民主给公民授权。政府授权给社区，并不是简单地放弃由专业人员和官僚们提供的服务，当政府把所有权和控制权交给社区时，它们的责任并不因此而结束。

（三）竞争性的政府：把竞争机制注入公共服务

奥斯本和盖布勒强烈呼吁将竞争机制引入政府内部。政府应将竞争观念、竞争机制引入公共服务的供给过程，取代原来的垄断。他们指出：政府内部有远见的企业家式的领导者，不应仅仅把竞争看作是政府迫不得已的一种选择，而应把竞争看作是振兴公共机构的一种手段。他们认为“问题不在于公营还是私营，而在于竞争还是垄断”，竞争最明显的好处是提高效率；竞争迫使公营的（或私营的）垄断组织对顾客的需要做出反应；竞争奖励革新；而垄断扼杀革新；竞争提高公营组织雇员的自尊心和士气。美国在地方政府的实践证明，在同样的竞争环境下，公共机构与私人企业服务水平相差不多，有时甚至更好。竞争有三种类型：公对公、公对私、私对私。其中公对私的竞争具有争议性，但实际上公私部门都互相侵入了传统上由对方统治的领域，这种竞争已成了现实的必然选择。在提供公共服务上，政府可通过“减轻负担”“采购”“签订合同”实现私营企业彼此竞争。对那些不是为公众服务而是为其他政府机构服务的机构也要创造竞争机制，把这些机构的服务和管理职能分开。同时强调要对竞争仔细地加以组织和管理。

（四）有使命感的政府：改革照章办事的组织

在公共部门工作，最有效的办法是建立一整套的规章制度，并据此行事。不过规章制度能防止发生坏事，也同样会妨碍出现好事。他们认为：企业家式的政府是具有使命感的政府，而不是完全照章办事的政府。它们摆脱旧式的规章手册的束缚，并取消明细分类项目。它们规定自己的使命，然后制定能让自己的雇员放手去实现使命的预算制度和规章。有使命感的组织在办事效率、效果、革新精神、灵活性、士气等方面要优于照章办事的组织。要塑造有使命感的政府，首先要清除多年积累的规章的陋习重负，这就要采取特别措施。如许多州政府开始实施的日落法、审查委员会、零基预算法等均是行之有效的办法。其次还要改革预算制度，改变把资金分割成明细分类项目的做法，建立有使命感的预算制度，即支出控制式的预算制度，让政府组织拥有更多的预算支配权，它能激励每个雇员节约资金，可多腾出一些人力财力对新的想法进行试验，要简化预算程序，使立法机关集中精力于重要的问题。再次，要改变照章办事的人事制度。传统的人事制度着眼于控制，缺乏灵活性，分类复杂，晋升很少与绩效有关，很难辞退和解雇，讲究资历。而现代人事制度的特征就是工作分类，市场薪金，按绩效支付报酬，按绩效提升或解雇等。

要塑造有使命感的政府，最重要的是确定自己的使命，并围绕这一使命组织起来。具体办法是：通过组织内讨论和辩论来明确组织的使命；把大组织分割成小组织，让任何一个组织只承担一项使命，并给予很大自主权；根据使命而不是分管范围进行组织；围绕使命建立组织文化，阐明组织的价值标准，塑造所需要的行为；还要建立允许失败的机制。

（五）讲究效果的政府：按效果而不是投入拨款

奥斯本和盖布勒认为：传统的官僚主义政府注重的是投入，而不是结果，并且在很多情况下结果越坏，得到的投入反而越多。具有企业家精神的政府需要改变这种补偿和奖励办法，把投入和效果联系起来，按效果拨款。要建立讲究效果的政府，他们认为需要进行业绩测量，它是一种巨大的力量：测量能推动工作；若不测定效果，就不能辨别成功还是失败；看不到成功，就不能给予奖励；不能奖励成功，就有可能在奖励失败；看不到成功，就不能从中学习；看不到失败，就不能纠正失误；展示成果，就能赢得公众的支持。进行业绩测量是一件艰巨的工作，不能因为难而不做。他们认为，最富有企业家精神的组织在业绩评估方面，必须坚持以下三条原则：按业绩付酬；按业绩进行管理；按效果作预算。

他们提出了测算业绩的方法和艺术，总结了美国许多城市政府组织测算系统的基本经验教训，如区别测算程序和测算结果，区别测算效率和测算效果，区别计划结果和广泛的政策结果。此外，还总结许多测评专家的业绩测评经验：同时做定量分析和定性分析；防止用投机取巧的方法搞出来的数字；事先想到有强大的阻力；让服务提供者和雇员都参与提出正确的测算方法；每年要检查和修改；测算方法不要太多，也不要太少；提防不适当的刺激方法；让一个政治上独立的机构负责测算职能；注重充分利用测算成绩的数据。

（六）受顾客驱使的政府：满足顾客而不是官僚政治的需要

奥斯本和盖布勒认为：社会已经进入这样一个新时代，社会分化为各种亚文化群，各有自己的价值观和生活方式，然而，传统的公共机构仍在提供一种规格来适应一切的服务。只有“顾客驱动的政府”才能提供多样化的社会需求并促使政府服务质量的提高。在政府中公民选票的约束不能像市场机制那样迅速敏感和自动地对大量信息起作用，政府运行在很大程度上受内在的自身利益的组织目标驱动。驱动政府在符合社会需要的方式和服务质量的标准下行事，因为这使竞争进一步发展，不是管理人员选择服务提供者，而是政府让公民选择服务提供者。企业尽管以盈利为目的，但存在受顾客驱使的机制，民主政府是为公民服务的，在大多数组织中却弄不清谁是它们的顾客，所以顾客驱动是一个校正政府运行的有力机制。

他们提出建立受顾客驱使的政府的基本途径：让政府工作人员“靠拢顾客”，直接面对顾客，通过顾客调查、重点群体调查和各种各样的其他方法，仔细听取顾客的意见；实行“全面质量法”，全面质量管理使传统组织系统颠倒过来：即顾客是最重要的人；那些直接为顾客服务的人位居其次；顾客驱动是“把顾客放在驾驶员座位上，顾客自己掌握资源的自主权，确定路线和目的地”，结果将产生真正受顾客驱使的制度，顾客驱使的制度能使政府对他们的顾客负责任，促使更多的革新，满足多种选择，减少浪费，创造更多的公平机会，具有方便，透明化、整体化的特征。

（七）有事业心的政府：有收益而不是浪费

奥斯本和盖布勒指出：由于财政上的原因，政府必须设法获取收益。而由于政府体制的原因，政府部门往往会拒绝收费。他们强烈呼吁把从事“上帝的工作”的政府管理人员转变为企业家，像企业家那样思考政府管理，培养政府雇员的“收入意识”。为此，他们总结了以下几条办法：一是以收费来筹款，随着对增税的抵制，用户收费更能为一般人所接受。这种办法在三种条件下起作用：服务主要是“私人物品”；那些不付代价的人不能享受其好处；以及能够有效地收费。二是以花钱来省钱，为回报而投资，企业家政府对它花的钱当作一笔投资那样看待，应估计回报如何。三是使管理人员转变为企业家，这样做有以下途径：

让管理部门和人员能分享储蓄和收益所得，使政府部门不会因节约和创收而减少预算；可用节余和积累作为“创新资本”，具有自主支配权；可设立用于投资的“企业基金”，鼓励政府雇员像花钱那样赚钱；鉴别服务的实际成本。政府管理人如果不知道他们的实际成本，就不能像投资者那样考虑或寻求利润。

为了界定政府部门从事企业化活动的性质，他们引用了佛罗里达州把公益服务分类的方法：不产生收益的普通政府职能；产生收益的公营企业职能。对于公营企业职能又分为三种：旨在创造利润的活动；构成收支两抵但不产生利润的活动；能够部分地但不是全部地维持自己的活动。他们引用了大量事例说明州和地方政府在与私营企业的交易与竞争性经营活动中获益情况。

（八）预见的政府：预防而不是治疗

奥斯本和盖布勒指出：被动反映而不是主动行动的“未来盲”的政治制度，以及利益集团强大的压力的政治环境，使得政治领导人形成短期行为，政府部门也没有投资于未来的动机。官僚政府对公共问题的思维定势是建立在专业人员和官僚提供服务上面，一直等到问题变成危机才去花大量的钱处理。政府应该重预防而非花大量钱“治疗”。他们列举了现在许多政府部门已把预防作为政府的中心议题，并创建了自己面向未来的一系列制度：改变预算制度；把预算制度与长期计划制度紧密结合在一起，对财政问题做长期预测；强调跨部门预算；使各个部门有投资于未来的动机；建立意外事故或“未雨绸缪基金”，把预算的3%—5%的收入留作基金；建立为长远打算的会计制度。改政府的“现金会计制度”为企业式的“权责发生制会计”。因为旧制度只管账面上的平衡，对未来的负债不作支出。同时，建立政府会计标准委员会；建立跨地区政府组织。如解决地区问题的联合机构或专门机构（交通机构、供水机构、规划机构等），因为今天的经济单元不以地理的行政边界为限。另外，建立政府与公民相结合的议政决策程序化的组织和制度。建立定期重复的战略规划程序，进而与未来达成一致意见。

（九）分权的政府：从等级制到参与和协作

奥斯本和盖布勒强调：由于信息技术时代与知识经济的社会发展趋势，政府组织需要做出相应的调整。政府组织是典型的等级分明的集权机构，这些机构将自己划分为许多层次和版块，跨单位和层次间的交流极其困难，当面临新的跨机构的任务时，不能迅速合理地让适合的人去完成；企业界则采取分权的办法，通过减少层次、授权和分散决策权的办法有效解决问题。社会学家哈里森的研究指出，企业化的机构是导向型的，当任务变化时，它们的结构和程序也随之发生变化，是一种能持续变化的组织结构，其最大的长处是善于同复杂多变的环境打交道。他们指出，权力分散的机构比集权的机构更有效率、灵活性、创新精神和责任感。

他们对政府组织的改革提出以下措施：一是分散公共机构的权力。通过参与式管理以及建立代表委员会使之参与决策，加强组织内部的协作，加强公共机构内部的劳资合作；二是简化机构等次。对中层管理人员采用提前退休或空额不补缺的方式，减少中间层次；三是分散联邦制度的权力。将一些公共服务的责任交给州和地方政府，由联邦政府制定政策框架。

（十）以市场为导向的政府：通过市场力量进行变革

奥斯本和盖布勒认为：从政府的历史演变来看，今天的政府比历史上任何时期的政府都要强大，尽管如此，今天的政府无力提供全部的社会服务。在政府与市场的关系上强调两者的双向调节，引进市场机制，改善政府及公共服务，利用政府组织市场，规范市场。政府计划方式与市场方式相比较，计划创造政治地盘与服务的分裂；计划难以形成规模效益和创造有效供给；计划主要靠行政手段不利于使用奖励手段。反之，市场方式引入，可弥补这些缺陷。他们主张，政府以市场为依据的管理政策是奖励而不是命令。改造政府的关键是改变推动公共机构工作的奖励办法。另一个简单的说法是，改造政府的关键是改变公营部门内部运行的市场，在公营部门内部重组市场，政府以市场为导向，不能忽视社区的作用，注意市场和社区的平衡。当企业化的政府脱离行政性的官僚机构时，它既需要市场也需要社区，为了使市场机构更有效和更有用，需要社区的关切。

他们对政府利用市场提出了规范措施和前提。如果不具备这些要求公共服务仍应停留在一种行政性的机制方面。这些要求是：供应，能否保证有足够竞争的供应商；需求，顾客是否有足够的购买需求；接近，供需方是否能够接近或有中介、经纪人沟通接近；信息，使供求双方沟通的充足信息；规则，有政府制定的规则；执法，对欺诈行为的惩罚。

以上是奥斯本和盖布勒提出的改革政府的十项原则。他们认为，这十项原则并非凭空臆想，而是美国各级政府改革的总结。美国政府在治道方面的变革，标志着企业化的政府正在兴起，世界上一些发达国家都不约而同开始了这一变革。

三、企业家政府理论简评

企业家政府理论是对政府管理范式的创新。对政府职能和作用的重新定位，反映当代社会与政府关系的发展趋势；政府管理市场观念的确立，打破了政府管理传统的思维模式，在政府与市场及公民的关系上，将市场机制引入公共服务领域，有利于提高服务的效益和质量；提倡公民参与行政，有利于政府行为的公平、公开和民主化；提倡以顾客为导向，有利于塑造一个贴近现实、贴近人民的责任政府；注重政府工作的实效，有利于加强对公务员的管理，增强政府能力和活力；把私营部门的管理方法引入公共部门，对改进工作方法、提高政府工作效率有很大的促进作用。

企业化政府理论一方面抛弃了传统官僚制的种种弊端，另一方面又深化和发展了当代西方行政改革理论。首先，它指出改造政府的中心任务应该是确定政府如何工作而不是做什么工作，所以，整个理论的重点放在企业家政府的运作上；其次，它认为“私有化”不是改革政府的唯一出路，“小政府”也不是政府改革的唯一目的，行政改革不应以政府大小、公营私营为评价标准，而用企业家精神塑造政府是第三种选择，也是最佳选择。强调建立企业家政府并不是把政府建成一个企业，他们指出，不能把公营部门与私营部门混为一谈，两者在性质、目标、结构等各方面迥然不同。这些都是对新公共行政理论的完善和发展。

尽管该理论没有形成完整的理论体系，但由于符合美国社会的需要和当代行政改革的趋势，该理论成了克林顿政府行政改革的指导理论，它为美国僵化的政治行政传统注入了新的活力。它提出的政策建议可操作性强，引用的大量实例具有参照性。1993 年副总统戈尔的报告就是以该理论为蓝本；克林顿政府按照企业化政府理论进行的行政改革传来了一些鼓舞人心的消息，在今后五年内预计可节约政府开支 1300 亿美元，并减少税收 1520 亿美元。

企业家政府理论以美国社会为分析背景，反映了西方传统官僚体制的危机和政府管理范式转型的必然趋势；尽管是美国等西方国家特定经济、政治、社会条件的产物，但反映了当代国际社会公共行政改革的一般特征，对当代世界范围内的政府改革具有指导意义，对我国当前行政改革也有着重要启示。

当然，其理论缺陷是明显的，招致了许多批评。一些美国学者和官员认为，该理论只提出了简单的原则性概念，理论力度不够，“只描述，不解释”“只有政策建议，没有理论分析”。美国怀俄明大学哈伯尔和格林两位教授指出：该理论引用法国经济学家萨伊对企业家的定义，简单地推广到公共组织，这是对美国政治制度和治理模式的极大偏离。关于掌舵与划桨的概念不过是政治与行政二分法的翻版。只重结果不重过程将产生不择手段的消极影响。在政府中采用私营企业的管理模式，但不能违背机会均等和公众监督的原则。放松规制和简化繁文缛节是对的，但不能抛弃基本的规范和法定程序。

（作者单位：中共广东省委党校行政学教研部）

放慢速度，有舍更有得

——读池田信夫《失去的二十年》

李红叶

20世纪90年代，日本泡沫经济崩溃后，“失去的十年”一度成为经济学界讨论的热词，不知不觉中，“失去的十年”悄悄演变为“失去的二十年”。池田信夫在《失去的二十年》一书中，对日本的“失去”现象及其原因进行了深刻地阐述与分析。2010年以来，中国经济告别了三十多年的高速增长，进入中高速增长阶段。经济增长速度的下滑，引发人们对日本“失去的二十年”的联想以及对中国未来发展的揣测：日本“失去的二十年”是否会降临中国？中国是否正在重蹈日本的覆辙？

一、中国为什么被认为要“失去”？

2013年5月，美国银行家萨特雅吉特·达斯在《华尔街日报》上发表专栏文章称：“中日两国有着一样的发展模式，与过去的日本一样，中国的增长模式面临巨大挑战；外界普遍对中国的成就越来越感到惊讶，但如果中国无法完成必要的经济转型，其惊人成功最终归于猛然失败是完全可能的。”诚然，从经济增长速度下滑这一现象来看，当下的中国与《失去的二十年》一书中描绘的90年代的日本若有相似。房价畸高，国内货币升值压力大，经常项目盈余不断扩大等等。在经济增长模式上，中日两国也存在较多相似之处，例如，固定资产投资（主要是房地产投资）、外贸出口对GDP贡献率逐年提升，国内储蓄率的居高不下而消费需求低迷等等。在这一系列的惊人相似下，人们似乎没有理由不相信：在同样的背景下，中国也将步入“失去”，坠入“中等收入陷阱”的深渊。

二、中国有什么可以远离“失去”？

然而，对照池田信夫对日本“失去”原因的分析，我们也要看到在惊人相似的背景后中日之间经济发展的实质差异。首先，中国经济增长速度的调整并不是由泡沫经济的破灭带来的，并且经济增长速度仍比较稳定地处于中高速。2012年、2013年及2014年上半年GDP增速分别为7.7%、7.7%、7.4%。第二，在经济结构调整的关键时期，不同于日本政府对经济的盲目刺激，中国政府力图从经济增长的根本上寻找出路，及时并积极地推进经济结构的调整。2012年以来第二、第三产业占比出现逆向变化，2013年分别为43.9%、46.1%，第三产业占比首次超过第二产业，经济结构调整初见成效。第三，中国城镇化正处于高速发展时期，国内消费市场仍十分广阔，消费拉动经济增长的潜力巨大。2012年以来，消费对GDP的贡献率逐步超过投资。2013年，中国城市化水平约为53.7%，远低于当前发达经济体80%以上的城市化率，也远低于90年代的日本。最后，与日本国土的均衡开发相比，中国地域辽阔，区域发展（城乡之间、地区之间）相对不均衡，国土开发及发展空间大。随着交通网络的不断完善，地区增长能够更好地发挥辐射带动作用，区域经济发展格局得以逐步优化，有利于中国整体经济实力的提升。由此可以看出，中日经济存在诸多本质区别，不能仅由表面现象的相似就将中国经济增长速度的下滑与日本泡沫经济破灭后的发展时期相提并论。

《失去的二十年》

三、让“失去”变成“收获”

在《失去的二十年》面世后，“失去”一词也引发了人们的思索与讨论。有人认为：长期经济增长本身是有极限的，日本经济的降温是经济发展到一定阶段的自然现象，并不存在所谓的“失去”，甚至在这二十年中，日本在人才技术储备、失业率等方面其实是大获成功。在日本这段“失去的二十年”历史中，这一点是值得我们借鉴的。中国在这方面具有更大的潜力：经过改革调整、制度创新，将今天“失去”的速度转化为明天更高质量的“收获”的可行性更强。

当然，我们要认识到中国仍然是一个发展中国家，经济平稳增长仍是当前的重要任务，“发展是硬道理”这一战略思想仍然不应改变，危机意识不应放松。在经济发展的潜在危机上，要注意防范房地产市场、金融系统存在的风险，灵活引导保持经济平稳增长，保证就业和社会稳定。同时，要抓住经济“调速换挡”的战略时机，提高经济发展的质量，更好地使全体人民享受经济增长的福利。一是，完善社会保障制度。解决居民消费的后顾之忧，既提高人民的生活水平，又改善国内消费需求低迷的现状。二是，要真正实现政府职能转变。减少“看得见的手”对微观经济的干预，建立更加自由、更具活力的市场环境，鼓励民间投资和中小企业的发展。三是，重视宜居环境建设。加大对环境保护、污染治理的投资，营造良好的生活环境。

三十多年来，中国这趟列车一直高速前行，如今的减速只为明天的更高更远。如能把握此次经济结构调整的机会，灵活调整宏观经济政策，稳步推动改革，为未来经济增长打好基础。那么，虽然“失去”了些许速度，但最终收获的将是全体人民更高质量的幸福。

（作者单位：中共广东省委党校图书馆）

从经济增长到五大发展理念

——读斯蒂格利茨《对我们生活的误测：为什么GDP增长不等于社会进步》

赵　超

党的十八届五中全会上对发展提出了全新的理念，指出实现“十三五”时期发展目标，破解发展难题，厚植发展优势，必须牢固树立创新、协调、绿色、开放、共享的发展理念。对发展的思考一直是我们党执政的一个重点，作为党校的一名教员，我一直也在思考这个问题。一本名叫《对我们生活的误测：为什么GDP增长不等于社会进步》的书，对我的启发很多，今天就利用这个机会，和大家一起分享读书学习心得，交流思想，实现“幸福”同享。该书是两位诺贝尔经济学奖获得者约瑟夫·E·斯蒂格利茨和阿马蒂亚·森与法国著名经济学家让·保罗·菲图西领衔的国际团队研究成果，法国总统尼古拉·萨科齐作序。书中全面分析了GDP作为衡量社会幸福程度的标准的局限性，介绍了一系列大胆的新概念，从可持续的经济福利量到储蓄和财富的评估以及“绿色GDP”，为综合衡量国家经济增长与社会进步提供了建议。

首先这本书让我们更为深入地理解GDP的真实内涵。该书指出：用金钱衡量经济表现和生活水平的做法已经在我们的社会中发挥非常重要的作用。书中第59页这样说道：的确如此，GDP是一个重要指标、是一把尺子、是一面镜子，衡量着一个国家或地区的经济生活表现。在中国，GDP一直被视作经济第一指标。无论是国家战略目标的确定，还是财政金融政策的制定都跟GDP密不可分。GDP曾为中国经济发展成功导航。改革开放以来，中国高度关注GDP、追逐GDP、崇拜GDP，经济发展莫不以之为准绳，奉之如圭臬。为此，我们以经济建设为中心，以GDP衡量经济发展，极大地解放了生产力，调动了生产积极性，掀起了一股波澜壮阔的经济发展热潮。全国GDP总量不断翻番，高歌猛进。但是GDP的增长并不等于社会的进步。一个社会的进步不仅是GDP的增长，还有人民的幸福感、环境的质量等等。随着社会的快速发展，我们可以明显看到这个社会的经济是在飞速的增长的，GDP 是在上升的。中国对于传统的 GDP 增长方式提出了新的疑问与新的要求，随着中国社会经济的不断发展，原有的只注重追求经济发展增长速度的增长方式弊端越来越明显，主要表现在经济发展与生态环境恶化、产业结构不平衡等方面，在此背景下，加快中国社会经济发展的转型升级已经形成共识。深入理解《对我们生活的误测：为什么 GDP 增长不等于社会进步》这本书，可以认为加快经济发展方式的转型升级是当前经济社会的一个重点。十八届五中全会审议的“十三五”规划建议中指出要“坚持创新发展、协调发展、绿色发展、开放发展、共享发展，是关系我国发展全局的一场深刻变革。全党同志要充分认识这场变革的重大现实意义和深远历史意义，统一思想，协调行动，深化改革，开拓前进，推动我国发展迈上新台阶。”这回应了书中的描述。

《对我们生活的误测》

其次，这本书提醒决策者既要注意 GDP 作用，也要注意 GDP 的局限。当前我们几乎所有人对于 GDP 的作用都产生了一个疑惑，那就是 GDP 到底适不适合用来作为衡量国家发展、社会进步的标准，又或者说尽管我们已经对其本身无法避免的限制有所意识，但是现实在于，我们依旧依赖着这个不靠谱儿的指标，来引导我们对于经济发展的认识。《对我们生活的误测：为什么 GDP 增长不等于社会进步》这本书，在总结了之前相关研究的基础上，着重讲解了 GDP 为什么不再适合作为一个首要的国家经济、社会进步的衡量指标，同时由斯蒂格利茨为首的研究会提出在假设摒弃了 GDP 为主的衡量体系之后，我们应该如何建立一个更加全面的，更加注重人民幸福、权利、发展的经济衡量体系的方向，这是非常有借鉴意义的。尤其是对于我们的国家——中国来说。现在我们经常以我们的 GDP 世界第二沾沾自喜，但是我们必须同时意识到更多的细节，也就是大量的财富集中于少数富人的手中，即使我们的 GDP 愈加高涨，同时如果剪除通货膨胀，国内物价房价等的令绝大部分人难以承受的上涨来说，其实大多数老百姓手中的钱财的实际价值，并没有按照着我们的 GDP 的上涨速度上升着，反而是我们的生活困窘感大幅度上升，教育、房价、医疗、物价等等，都是绝大部分中国老百姓心中的一根刺。同时斯蒂格利茨指出一个非常关键的问题，那就是我们的经济衡量体统的存在，到底是为了什么？如果我们将反馈系统和根本目标弄混乱，甚至颠倒，这将是具有非常大的破坏意义，而目前的观察来说，我们国家陷入一种 GDP 至上的盲目思潮之中，以 GDP 为政绩衡量尺度的潜在评价方法更是令许多官员做出非常多的短视的政策决定，这直接导致破坏环境、影响居民生活、重要资源的浪费等等，最重要的是，政府所做一切，应该是以可持续发展以及人民幸福作为唯一目的，但是我们似乎看到，GDP 的攀比，成为了一种畸形的潮流和政策导向，而更多的民生问题没有得到重视以及及时的解决，这是非常不理智而且短视的作为。另外一方面，GDP 作为最重要的经济衡量指标的不适当之处在于它仅仅是单一的年度经济指标，并且它不是全面的，它并没有能够囊括所有的一国经济的流动、收入支出，尤其是隐性的经济市场方面，GDP 根本无能为力，所以它连国家经济指标都不能很好地担任，更何况将其作为一个国家社会发展的一种体现？在十八届五中全会之中，GDP 仍然是一个非常显目的关键词，我想在目前的发展阶段是有必要的；但是十八届五中全会已经确立了很多新的、具体的目标，更全面地改善民生的愿望，那么我想有一个很重要的事情要解决的是：我们怎么创立一种新的、适当的评价衡量体系，以保证十八届五中全会的目标和愿望的达成？无论如何，GDP 都是不能够担任这个任务的，它只会继续引导我们走更多年的弯路，这是必须警戒的。因此，在提出保持经济中高速增长的目标之外，就业比较充分，就业、教育、文化、社保、医疗、住房等公共服务体系更加健全，基本公共服务均等化水平稳步提高；教育现代化取得重要进展，劳动年龄人口受教育年限明显增加；收入差距缩小，中等收入人口比重上升；中国现行标准下农村贫困人口实现脱贫，贫困县全部摘帽，解决区域性整体贫困；生产方式和生活方式绿色、低碳水平上升；能源资源开发利用效率大幅提高，能源和水资源消耗、建设用地、碳排放总量得到有效控制，主要污染物排放总量大幅减少；主体功能区布国家治理体系和治理能力现代化取得重大进展，各领域基础性制度体系基本形成；人民民主更加健全，法治政府基本建成，司法公信力明显提高；人权得到切实保障，产权得到有效保护；开放型经济新体制基本形成；中国特色现代军事体系更加完善；党的建设制度化水平显著提高等等目标显得更为重要。

再次，这本书描绘了GDP以外，我们真实的发展目的。《对我们生活的误测：为什么GDP增长不等于社会进步》一书，从统计学的角度告诉人们如何在GDP之外，新建一个衡量社会发展的标准系统，目标是建设一个幸福的社会。书中提出了幸福是多维的：这些维度包括物质生活质量、健康、教育、环境、社会关系等在内的诸多因素，所有这些维度决定了人们的幸福。人的幸福与经济发展的关系有两方面：一方面，经济发展是基础。人民群众幸福指数的提升归根结底还是要靠经济发展，只有经济发展了，我们国家才能给民众带来实实在在的利益，才能解决好人民群众最关心、最直接、最现实的利益问题，比如收入问题、住房问题、医疗保障问题、教育问题、养老问题等等。另一方面，经济发展并不是解决问题的“万能匙”。群众的需求与幸福不是靠一个GDP的增长数字就能包含和覆盖的。中国传统意义上的GDP指标已经不能衡量经济发展的程度，更不能反映国民生活的幸福水平，现在衡量一个国家的经济发展水平需要多方面的指标，这些指标的范围要扩大到社会的各个层面，以国民最基本的生活需求为基本。本书全面阐述了国民的幸福指数与国家经济发展之间的存在的问题，并从理论上提出了一些解决方法和依据，从中可以看出作者阿马蒂亚·森的工作和研究在其中起了很重要的作用，很明显他更善于研究国民的生活水平、国民的收入和资源如何再分配等问题。因此，要意识到协调是持续健康发展的内在要求。必须牢牢把握中国特色社会主义事业总体布局，正确处理发展中的重大关系，重点促进城乡区域协调发展，促进经济社会协调发展，促进新型工业化、信息化、城镇化、农业现代化同步发展，在增强国家硬实力的同时注重提升国家软实力，不断增强发展整体性。

最后，这本书还把可持续与发展紧密联系在一起，回应了我们的绿色发展。可持续发展的概念我们并不陌生，事实上，可持续发展已经成为世界各国经济发展的共识，得到了越来越多国家的响应，各国在经济发展中也相应地把环境成本考虑进去。衡量一个工程项目的上马实施的标准，往往是它对附近的生态环境带来不良影响的程度，而工程项目的经济收益并不是唯一。多年以来，中国“重量不重质”的经济发展方式给我们的生态环境带来了很大的影响，污染随处可见，空气质量、水质量等等都在不断地下降。生态环境污染是经济发展方式的不可承受之重，我们宁愿牺牲几个百分点的GDP增长速度，也不要满目疮痍的家园，况且，生态环境污染是一个不可逆的过程，至少在短期内，污染不可能消失殆尽，“先发展后治理”更是不可取，我们一直以来都低估了生态环境污染所造成的损失，这些损失没有明确的计量，但可以肯定的是远非经济发展带来的收益可比拟的。最近闹得很凶的 PM2.5 污染和空气污染，便是我们之前过分追求 GDP 增长的数量、忽视生态效益所种下的因，现在，我们尝到了这“苦果”。因此，要意识到绿色发展是永续发展的必要条件和人民对美好生活追求的重要体现。必须坚持节约资源和保护环境的基本国策；坚持可持续发展；坚定走生产发展、生活富裕、生态良好的文明发展道路；加快建设资源节约型、环境友好型社会，形成人与自然和谐发展现代化建设新格局；推进美丽中国建设，为全球生态安全作出新贡献。

（作者单位：中共广东省委党校省情教研部）

对金融全球化的再思考
——读苏珊·斯特兰奇《疯狂的金钱》

李宇博

20 世纪 80 年代，拉美主权债务危机爆发，国际政治经济学家苏珊·斯特兰奇教授在目睹了整个过程之后，1986 年发出大胆的预言：2000 年全球将爆发一场更为残酷的金融危机。没想到，随着全球化脚步的加快，这个预言在 1997 年就提前出现了：亚洲金融风暴席卷了正值快速发展中的亚洲地区，这让世人第一次对斯特兰奇以及国际政治经济学这门学科瞩目。

国际政治经济学（International Political Economy，简称 IPE）是一门新兴的学科，属于国际关系学的一个分支学科，它主要研究国际体系中经济因素与政治因素之间相互影响与制约的关系，也可以说是世界市场与民族国家之间的关系。这门学科以古典政治经济学、现代经济学、国际政治和国际关系理论为思想基础和理论支撑，其产生和发展顺应了 20 世纪中后期以来全球化及国际政治经济关系深刻变化的具体要求。作为国际政治经济学的创始人之一，斯特兰奇教授在 40 多年学术生涯中，交叉使用历史学、经济学、政治学和社会学等复合型理论工具来分析国际经济问题。她所著的《国家与市场——国际政治经济学导论》《竞争的国家、竞争的公司》《赌场资本主义》和《疯狂的金钱——当市场超过了政府的控制》是中西方大学国际政治经济学的必读书目。

在 1998 年亚洲金融风暴的喧嚣还未落地之时，斯特兰奇就完成了《疯狂的金钱——当市场超过了政府的控制》这部著作，在本书出版不久，她就遗憾地辞世，享年 76 岁。而如今，由美国次贷危机引起的全球经济衰退的尘埃已落定，世界各国已度过最艰难的时候，正在缓慢康复中。但正所谓居安思危，骑马思坠。资本主义制度结构性的缺陷导致危机的周期性，让人时刻不得轻视资本全球化所带来的潜在危险，因此重温斯特兰奇这本书对我们如何看待和思考金融全球化和应对危机具有很重要的现实意义。

斯特兰奇认为：国际政治学科从20世纪50年代开始，长期受行为主义影响，片面地认为只要掌握足够多的数据信息，建立数学预测模型，就可以准确把握国际关系的未来。这种思维导向使之后的30多年里，大量学者把时间精力放在数据和建模中，却忽视了历史逻辑和现实关怀。“包括经济史在内的所有历史是知识分子傲慢自大的必要解药”。在她看来，不断扩展和深化的金融全球化是国际政治经济学面临的首要问题，也是其他社会科学必须关注的重要问题，因为金融已经成为影响人们生活的关键性力量。她认为，在某种意义上，未来不是信息时代而是金融时代。

在本书中，斯特兰奇以其一贯的清晰思路、明确观点和严谨论证风格，为读者生动讲述了围绕金钱资本权力增强引发的一系列政治经济变化的故事。她说，二战后资本重新在全球流动并日益强大，具体体现为金融的不断创新，但遗憾的是“商学院、经济理论家以及政治学家们”都仿佛忽视了这个现象，造成政府和公众在认识和行动上都远落后于金融创新的速度。

《疯狂的金钱》

从这个论点出发，斯特兰奇对国际舞台上不同的力量集团作了一些事实判断。首先，美国霸权主导了二战后资本流动的恢复。美国为了遏制苏联阵营的发展壮大，在西欧实行“马歇尔计划”，在东亚、东南亚以及其他大陆具有地缘战略意义的国家和地区加强了军事援助，并借助金融创新，为其大量资本找到了新的投资市场，还在规避政府管制上采取了更加灵活的手法。从一定程度上说，二战后全球化资本的流动发展本身就是美国金融创新的国际化扩展，美国成了整个过程的首要推动者和最大受益者。

其次，以国际货币基金组织（IMF）为代表的国际机构，伙同倡导新自由主义的西方国家在这个过程中起了推波助澜的作用。斯特兰奇写道：“90年代肯定目睹了这样一个总体性趋势：各国采纳了国际货币基金组织倡导的正统理论，并且遵循着他提供的政策措施。自由主义经济学在世界范围对政治主张以及职业观点的牢牢控制肯定是80年代向90年代转变的重要标志之一。”

再次，发展中国家也不是铁板一块的，他们在自由化时序、制度结构和取向、国内具体状况等方面，存在较多差异。由于这些差异的存在，发展中国家形成了一些特殊的“漏斗地带”——可以集中吸引资金的所谓新兴市场，包括东亚、东南亚以及部分拉美国家。这些“漏斗地带”在一定时期内是资本在空间扩张的最后边缘，并且在这些地区投资获利最大。但随着金融创新不断深入，80年代以来全球资本的配置结构发生重大变化，除了对实体经济的传统直接投资外，越来越多的是各种以投机为目的投资行为。大量资本投机的结果是在“漏斗地带”接连爆发的金融危机，包括1994年的墨西哥危机、1997年的东亚和东南亚金融危机。

在上述对力量集团的分析基础上，斯特兰奇总结道，现今全球化经济遇到的一个根本性矛盾，是“日益统一的经济与建立在领土分立基础上的政治管理”。这种分裂产生的张力直接导致了经济与政治关系的不协调和不对称，进而使资本投机有了更多的机会。金融创新借助全球流动的世界市场，跳出了以国家为边界的扩张束缚，也摆脱了实体经济的空间障碍，形成了虚拟经济超越实体经济的局面，但同时也大大超出了国家和国际组织的管理能力。

在危机随着资本同时全球化的时代，如何进行防范和维持全球金融秩序的稳定，成了亟待解决的课题。斯特兰奇认为这需要两个基本主体：最后贷款人与管理者，前者负责维护公众、企业等对金融体系的最终信心；后者惩罚和防止干扰金融秩序和破坏公共利益的行为。纵观当今国际金融体系中，同时具备这两种功能的主体还没有产生，事实上也难以产生。因此，路径选择有以下两种：一是各国通过协调相互行动，在防范金融风险上采取共同措施；二是加强现有国际金融管制措施，强化包括IMF、国际清算银行等国际组织的能力，使它们发挥最后贷款人和管理者的角色。不管是哪种方式，都将面临许多困难和挑战，因此也更需要整个国际社会的共同努力。

最后，斯特兰奇呼吁，学者“在思考可行性选择时，学者与新闻记者相比有更多的时间，与官员相比有更大的自由”，因此更应该承担起更多的责任和工作，对金融危机进行理性全面的思考与分析。

在经济危机周期性问题上，斯特兰奇与马恩列的判断有一定的契合度，只不过在马恩列时代，全球化还只在胚胎中，经济危机只周期性地存在于资本主义国家。但到了斯特兰奇所处的时代，经济危机一旦爆发，就是牵一发动全身地波及到整个国际金融体系，给多国人民带来灾难和痛苦。可见，资本金融的全球化运转必然是双刃剑，它可以使一个国家或地区迅速起飞发展，也可以使一个国家在几日之内成为“破产国家”。在中国积极融入、甚至日后参与主导全球化进程的情况下，希望斯特兰奇的系列丛书能给大家带来一定的警示与思考。

（作者单位：中共广东省委党校中共党史和党的建设教研部）

狂热民意的背后

——读勒庞《乌合之众——大众心理研究》

温　松

“躲猫猫”“打酱油”“70码”“人肉搜索”……这类事件如今已成为热门甚至是流行词汇。在这些词汇的背后，积蓄着巨大的公众情绪的力量。公众情绪古已有之，只要有群体存在，就会有这样的情绪力量在民间不停流淌。这里的“群体”一词不只是指聚集在一起的个人，而是心理学上的定义——即在某些既定条件下，并且也只有在这些条件下的一群人。这样积聚成群的人们，自觉的个性消失了，感情与思想转向一个不同的方向，形成了群体心理。对于公众——这个庞大的群体，则形成了集体式的公众情绪。近十几年间，国内的公众情绪力量悄然兴起，并且难以遏制地呈喷涌趋势发展，成为社会中一股不可忽视的力量。

2001至2003年间，是中国发展阶段的一个特殊时刻：申奥申博成功、加入世界贸易组织彻底打开国门、两代领导人之间的权力交接、突然到来的SARS危机……这些并存的因素，都使得中国社会得到暂时性的气氛松动。而互联网业在经过2001年的洗礼和蛰伏之后重入成长轨道并且呈狂飙突进态势发展，这为信息的传播和言论提供了宽广的平台。人们似乎发现了一种强大的公众情绪凝聚的可能性，及其所表现出的强大力量，可以对抗无处不在的政治权力。

公众情绪力量的最初最集大成者的体现可以说是2003年的孙志刚事件——这个广州大学生莫名其妙地在收容所中葬送性命。许志永律师凭借着公众情绪的支持和媒体的力量，为孙志刚事件上书全国人大，《城市流浪乞讨人员收容遣送办法》被废除了，孙志刚事件也成为了中国法治历史的里程碑。这是媒体和公众力量挑战长期行政法规的典范。今年的“躲猫猫”事件、“70码”事件、“邓玉娇”事件等等，正是由于公众的持续关注与公众情绪的反应强烈，对相关部门造成一定压力，使得相关机构从最初的遮遮掩掩到最后不得不正面回应，这对事件的调查有着正面影响。公众情绪正以自己的方式展现着力量。

但是，在公共诉求胜利的表面下，我们也不应盲目乐观。我们所要注意的问题是：任何力量的过度放大，都会模糊背后的真实。2008 年 5 月 12 日，汶川地震震惊世界，危难时刻中国社会各界掀起赈灾热潮。身处国外的深圳万科股份有限公司董事长王石得知汶川地震的事情之后，在地震当日即做出万科捐款 220 万元的决定。而此举被认为是“抠门”，引来网络上一片骂声。5 月 15 日王石在博客中为自己辩护，反而是被看作越辩越黑，加之媒体的断章取义的报道，遭来公众的谩骂谴责，万科遭遇了企业内的 8 级地震。最后王石不得不向公众道歉，“捐款门”事件才告一段落。

《乌合之众——大众心理研究》

就笔者看来，如果一定要说王石真的做错什么了的话，那就是：在公众情绪处于高度敏感时，当感性成为公众情感主流时，企业家这些理性逻辑的信徒刺痛了公众敏感脆弱的心。他对自我财富的捍卫，在公众眼中显得是那么可恶。勒庞曾经说过：“有时，在某种狂暴的感情——譬如因为国家大事——的影响下，成千上万孤立的个人也会获得一个心理群体的特征。在这种情况下，一个偶然事件就足以使他们闻风而动聚集在一起，从而立刻获得群体行为特有的属性”。当公众情绪遭遇商业理性，王石触犯了众怒，可以说彻底栽了个跟头。公众——这个庞大的群体对这一事件普遍的恶评和讨伐，掩盖了中国社会的制度性缺陷，将危机引向了一个相反的方向。这样的声音的出现，是一个值得深思的社会现象……

根据勒庞在《乌合之众》中的观点，群体推理的特点，是把彼此不同，只在表面上相似的事情搅在一起，并且立刻把具体的事情普遍化。此外在一个群体中的个人，不过是众多沙粒中的一颗，可以被风吹到无论什么地方个人不能主宰自己的反应行为的能力。“心理群体是一个由异质成分组成的暂时现象，当他们结合在一起时，就像因为结合成一种新的存在而构成一个生命体的细胞一样，会表现出一些特点，它们与单个细胞所具有的特点大不相同。”而造成组织化群体这一特征的原因，勒庞在群体心理学著作《乌合之众》中将之归结为三点：

首先，群体的普遍性格特征受无意识支配。“人们在智力上差异巨大，但却有着非常相似的本能和情感。”在无意识的深层结构中，包含着世代相传的无数共同特征，它们构成了一个种族先天的禀性。笔者认为，中国人的公众情绪中经常混杂着自卑与自大。这种现状的产生与中国在过去150年所遭受的屈辱相关；与十年动乱有关；与1989年之后中国所陷入的外交孤立状态有关；也与改革开放30年的狂飙发展所导致的人们物质生活与精神生活发展不平衡，思想发展中出现大量断层有关……这些都对种族的无意识构成产生了巨大影响。在捐款门事件中，还暴露出了中国社会地壳底层的一股愤怒的力量。这股力量包括了“社会不公”“贫富悬殊”“基础秩序薄弱”“生存压力巨大”“草根群体挑战精英群体”……这些元素组合构成了公众的无意识结构，最终在公众情绪膨胀之时彻底喷涌而出。

其次，由传染现象导致。这对公众情绪的形成起着决定作用，同时还决定着它所接受的倾向。传染虽然是一种容易确定其是否存在的现象，却很难解释清楚。在群体中，每种感情和行动都有传染性。这种特点在互联网中表现得异常明显。网络上的声音无外乎分为两大类：一类是激进的情绪极端主义者；而另一类则是冷静的理性主义者。情绪极端者的言论往往能吸引到更多的眼球，因而他们的言论受到越来越多的鼓励和追捧，他们的声音也日益响亮，声势日益浩大。而那些理性的声音则淹没在了其中。而那些中立者则受到了情绪的传染，情绪极端者的队伍越发庞大。互联网上最“鼓励”那种情绪极端主义者的非黑即白的争吵，在抽象的、激烈的情绪传染中，基本的真相被掩盖了。例如2008年5月前后热议的“抵制家乐福”事件，正是公众情绪所演化成的极端的民族主义情绪通过网站论坛、短信、邮件、博客等媒介，在公众中不断地传染开去所导致的。对家乐福的抵制活动是由于当时反法情绪高涨。在此笔者不禁要问：在名为爱国的旗帜之下，真正损伤的是谁的利益？这种缺乏理智情结和客观依据的情感，唯一的功效只是使群体在自激、自渎中不断地泛滥膨胀，对于社会的进步可谓有百害而无一利。

第三，是群体易于接受暗示的表现，这也正是上面所说的传染所造成的结果。2007年5月，一篇题为《广州香蕉染“蕉癌”濒临灭绝》文章，报道了广州种植的香蕉感染巴拿马病的严重情况，并在后续报道中称这种“香蕉癌症”将给广州、甚至全国的香蕉种植带来“灭顶之灾”。没想到，这一关于香蕉树常见病的消息，经网站论坛、短信、邮件、博客等各种渠道以讹传讹，最后竟变成了“吃香蕉致癌”这样的恐怖传言。消息、传言、谣言铺天盖地的结果就是：香蕉滞销，蕉农只能眼睁睁地看着香蕉烂在树上。这个事件中骇人的传播力量，是群体接受过暗示之后所创造的。群体通常总是处于一种期待注意的状态中，因此很容易受人暗示。当某个人开始对真相的第一次歪曲，传染性暗示的过程就开始了。“海南蕉”事件正是这一理论的典型案例。在暗示和互相传染的推动下，一个个体编造的所谓“事实”——“把歪曲性的想象力所引起的幻觉和真实事件混为一谈”，立刻就被多数人接受。而这种忽略智力因素之作用于感情的宣扬会造成难以想象的恶劣影响。据相关政府部门不完全统计，自 2007 年 3 月 13 日某媒体消息见报后的 43 天里，广东、海南的蕉农因谣言而造成的损失至少达 7 亿元之巨。

由此可见，在群体中个人的责任感会消失，并且会导致欲望的宣泄。仅从数量上考虑，形成群体的个人会感觉到一种势不可挡的力量，这使他敢于发泄出自己本能的欲望，而在独自一人时，他必须对这些欲望加以限制。群体是个无名氏，因此也不必承担责任。这样一来，总是约束着个人的责任感便彻底消失了。生活的高度原子化，经常只能在集体的行动中才能找到意义，因此我们的勇气总是通过群体来表达的。在群体中个体摆脱了自己卑微的想法，感觉到了一种残忍、短暂但又强大的力量，人们平日遏制的欲望在群体中大量宣泄。这也就是为什么我们眼中的网络中的民意，总是充斥着傻气和杀气。似乎打字的键盘只与肾上腺激素紧密相连，网络中的言论与头脑无关。

这种公众情绪的高涨与泛滥，并非是“中国特色”，任何一个社会在转型时期，都会面临这样的过程。随着中国的不断纳入世界，经济实力的提升，中国人的身份敏感性没有减弱反而增强了，这与中国人由历史原因所导致的过分自卑有着密切联系。对于民意狂热的现状，我们应做冷静理性的认识，不应消极悲观，更不应盲目乐观。这可以说是一个社会从富足走向文明的必由之路。但是我们需要警惕的是：不要让一种模糊的情绪（换而言之即一种情绪幻觉）成为一种真正的信仰。如果这种夸张和单纯的情绪成为一种真正能够主宰群体的力量，它对社会的伤害将难以估量。

最后，我们可以惊奇地发现，从某种程度上来说历史是可以复制的，历史已经让我们看到了 1890 年—1920 年间，美国如何在两代人的努力下，变成了一个相对幸福、公正的社会；抑或是 1976 年—2006 年间，西班牙如何从佛朗哥年代的压抑、封闭，变成了开放、自由、富有创造力新国家。我们有理由相信中国社会现在的处境只是个过渡阶段。虽然前面的道路布满荆棘，但我们终能走过去。最后我想说的是：我很庆幸生活在这个充满激情和变化的年代，能够见证这样一段不可复制的历史，但我由衷地希望它快点过去。

（作者单位：中共广东省委党校校刊编辑部）

一个社会主义人的反思

——读伊万·塞勒尼《新古典社会学的想象力》

黄建宏

《新古典社会学的想象力》一书收录了著名社会学家塞勒尼（Iván Szelényi）从20世纪60年代到21世纪头10年写就的文章。全书共分为三编：第一编通过经验数据勾勒社会主义国家社会不平等的程度及根源；第二编侧重于理论反思，透过社会主义国家匈牙利的“个案研究”反思不平等阶级结构的普遍意义；第三编对社会体制的性质进行概念提升并探索后共产主义资本主义的多样性。尽管这些编章涉及的主题有所不同，但所关切的本质问题却是高度一致，即“社会主义国家的社会不平等”。为此，本文重点介绍塞勒尼对社会主义国家不平等研究的相关观点。

一、对他人质疑？

20世纪五六十年代的东欧社会主义国家普遍流行这样一种观点：社会不平等应归咎于再生的市场力量。因此，那些主张在社会主义国家推行市场化改革的经济学家和社会学家被指责成是在“出卖社会主义最为宝贵的成就”，引进自我调节的市场经济体制是在试图恢复“资本主义”，这只会破坏社会主义国家商品和服务的平等获取机制，从而加剧社会不平等。这种观点默认：只要市场在东欧社会主义国家出现，那么资本主义市场所发挥的经济社会法则将同样适用。然塞勒尼从经验和理论两个层次对此提出质疑。基于20世纪六七十年代社会主义国家匈牙利的个案经验研究，发现：社会主义国家对稀缺商品和服务进行行政式指令配置，所惠及的是那些有权有势的人，而由经济改革所带来的对特定商品价格的市场调控，都是符合工人阶级利益的。这说明社会主义国家所引进的市场并没有像资本主义国家那样扮演不平等角色。塞勒尼认为：用一种经济社会的运行规律去预测另外一种经济社会的运行规律，无论是在理论上还是在方法上都是不可取的。

其实，塞勒尼想要揭示的是产生社会主义不平等的根源不是市场而是再分配。以住房为例，塞勒尼发现社会主义国家的住房分配模式与资本主义国家截然不同，资本主义国家的住房主要掌握在私人开发商手中，居民主要从私人开发商手中购房，住房分配的多寡主要取决于家庭收入的高低，收入不平等可以解释住房差别。但社会主义国家的住房则主要掌握在国家手中，并以租的形式再分配给职工。这种再分配模式所导致的后果是：那些可以从国家手中分配到住房的家庭享受高福利，这些家庭往往是行政职业地位较高或收入水平偏高的成功人士；相应地，那些职业地位较低群体，由于得不到公房，只能居住在破旧的私有房中。

《新古典社会学的想象力》

如何解决社会主义国家因再分配所带来的不平等？塞勒尼在研究中提出的新见解是引进市场。因为那些不能从国家再分配中获利的弱势群体完全可以从市场交易中获益，市场并不是天生的会给社会主义国家带来不平等。

二、自己受质疑？

塞勒尼认为社会主义国家引进市场机制反而有利于穷人，即市场所扮演的角色是公平而非不平等。但这种观点很快受到质疑。劳基达斯（Jozsef Hegedus）基于对20世纪80年代匈牙利住房分配的经验研究，发现市场机制并没有减弱而是强化了社会不平等。其认为塞勒尼所探讨的早期市场是一种“被迫走向”的私人市场，市场交易者只是那些不能接近国家行政指令式住房分配的弱势群体，他们完全可以从“类市场的交易中”获利。但20世纪80年代的匈牙利在住房市场方面已发生很大变化，从早期只有弱势群体“被迫走向市场”发展到了精英群体“主动走向市场”，市场成了各类群体争夺利益的主战场。在这种情况下，从市场中获利的已经不再是弱势群体而是再分配精英，他们因住房市场具有福利性而同时享有官僚特权和市场特权，弱势群体从市场中获利的空间越来越少。

对于上述截然不同的经验，塞勒尼也在理论上作了进一步回应：再分配与市场何者是制造社会不平等的根源，确实要考虑市场引进的阶段性特征。市场与再分配并非谁天生就会制造平等或不平等，当市场机制处于支配地位时，市场就会成为社会不平等的根源；而处于次要地位的再分配则会降低市场所产生的不平等，即第一经济具有不平等效应，而第二经济则具有平等化效应。根据这种理论观点，20 世纪 60 年代匈牙利的资源配置规则是“再分配第一、市场第二”，市场具有平等化效应；而 80 年代则是“市场第一、再分配第二”，市场具有不平等化效应。

三、有哪些启示？

启示一：塞勒尼对早期东欧社会主义国家匈牙利的不平等研究可以很好地解释中国计划经济时代的城市资源分配。计划经济时期，中国绝大多数私有资产经社会主义改造后转变成国有，直接生产者所生产出来的经济剩余只能提交给国家而后由国家委托单位进行统一再分配，但这种再分配模式本身也在制造不平等：一个是单位间不平等。单位从国家手中获得的资源量取决于单位性质、行政级别以及单位规模；一个是单位内不平等。单位内部按行政级别和工龄分配资源。很显然，职工单位行政级别或本人行政职务较低者并没有资源获得优势。

启示二：塞勒尼关于再分配、市场与社会不平等的关系也同样可以解释转型期中国社会不平等。中国市场化改革的早期阶段，市场也同样在扮演“平等化效应”，这是因为改革首先从社会边缘开始，弱势群体可以优先借助市场途径获益，社会朝向“共同富裕”方向发展。但随改革不断深入，市场机制开始发挥“不平等化效应”，成为社会两极分化的元凶。

启示三：市场、再分配对社会不平等的作用力的方向是相反还是同一的？塞勒尼认为：社会不平等的根源是市场还是再分配，要看哪种分配机制占支配地位，支配地位者制造不平等，次要地位者则降低不平等。这种观点认为市场、再分配与社会不平等的作用力的方向是相反的。事实上，市场与再分配对社会不平等的作用力的方向可能存在同一性，即市场和再分配都在制造不平等，不平等往往是再分配与市场共同叠加的结果，并不是一方产生不平等而另一方在降低不平等。

（作者单位：中共广东省委党校科学社会主义教研部）

从两种解读看历史思潮嬗变

——读韩非、王弼诠释《老子》

刘鸿祥

对于《老子》思想的诠释，历代各家皆有不同，除了韩非、王弼之外，河上公、李隆基、苏轼等都从不同的视域对《老子》及其思想进行过诠释，在某一或某些方面发展和改造了老子的思想，从不同时期对《老子》的解读，可以看到古人的传承与智慧。

大凡一个具有较强生命力、影响深远的文明，皆有其丰厚的历史文化资源。无论东方还是西方的古代文明，都是以经典文本作为源流对后世产生影响。印度的《吠陀本集》及阐释吠陀的《奥义书》、波斯的《阿维斯陀》、古希腊的《荷马史诗》、希伯来的《圣经》及柏拉图、亚里士多德等哲人各自完成的经典著作都成为后人思想智慧的源头活水。

《老子》作为中国传统文化和价值的开源流处，一直备受人们关注，也在历史时空转换中承受着人们“为我所用”般的诠释。中国历代思想家们在构建自己的思想体系时，通常带着社会现实中的种种问题回到古代经典之中，进行着“返本开新”的思想文化工作。他们将经典文本的思想意蕴与所处的时代境遇联系起来，从而使得不同的历史时期对相同的经典文本有了不同的阐发。这一现象在对《老子》文本的诠释中表现得非常明显，对《老子》进行解读的历史就是一部中国文化思想的发展史。笔者难以对《老子》文本的整个历史诠释的嬗变做一个细致的梳理与分析，只能从思想史上几个较有代表性的人物的思想进行述说，以达到管中窥豹的作用。

一、韩非从法家立场上对《老子》的解读

韩非子对《老子》的解读，集中于《解老》《喻老》两篇。在韩非对《老

子》的法家解释中，“无为”与“无不为”是理解其解释的关键点。

在《老子》中，贯穿着一个基本的价值理念，那就是无为而任自然。无为，是虽有所为却不拂逆事物之天性，即有所不为；自然，也即自然而然。实际上主要是指的要否弃、超出现实社会种种物事、种种人际关系及规范，通过否弃、超出来摆脱困迫，达到“邻国相望，鸡犬之声相闻，民至老死不相往来”（《老子·八十章》）的理想状态。

但在韩非子那里，这样一种自然无为、恬淡寡欲的境界已然无存，而代之以讲求现世事功、突出机心谋算的佐君辅治策略，权、术、势的痕迹随处可见。他从“无为”这一概念中生发出一系列带有浓厚法家色彩的主张，在韩非子的著作里，这个“无为”只具有老子“无为”的形式，已经偏离了老子原本赋予的精神。它带有强烈的事功色彩，变成了“无不为”的伪装。

《老子》，中华书局出版社，2014年7月

《老子·三十八章》：“上德不德，是以有德；下德不失德，是以无德。上德无为而无以为；下德无为而有以为。”《解老》开篇解释此章时，韩非引文作“上德无为而无不为”，而后来流传下来的版本也多同于此，因而据此，很多人误以为《老子》“专门研究君子南面之术”。而到帛书《老子》甲、乙本出土以后，却发现老子只讲“无为”或“无为而无以为”，并不讲“无为而无不为”，一字之差，意思全然不同。在老子那里，“无为而无以为”和“无为而有以为”是为了说明“上德”和“下德”之间的区别。“上德”者顺其自然，并不以德为德，也不为德而德，但他实际上是有德的。否则就成了“下德”——以德为德、为德而德。然后才有下文“故失道而后德，失德而后仁，失仁而后义，失义而后礼”的论断。而韩非所在时代，弑君夺权并非鲜有之事，因此君臣之间有着非常微妙的张力。人君若要不败亡，就必须讲求治术。所以韩非引“上德”为“无为而无不为”，恰好为他“君主无为而臣有

为”的术治观打下了理论基础。表面上无所为，实际是人君治术的外现，使群臣难以揣测君王之所想，从而君不易为臣所挟。简而言之，这个“无为”与“无不为”，成为韩非立论的基础。

《老子·五十八章》：“祸兮福之所倚，福兮祸之所伏。”祸蕴藏着福，福又可以转化为祸，祸福之间相互转化。由于矛盾纵横交错，整个世界的变化没有定数，所以宽松的政治反而能国泰民安，圣人做事也总是留有余地。这里老子从辩证法的角度，通过阐述矛盾转化、物极必反的道理来讲述无为之治，从而使民众守道归朴。

而韩非的解释是：“人有祸，则心畏恐；心畏恐，则行端直；行端直，则思虑熟；思虑熟，则得事理。行端直，则无祸害；无祸害，则尽天年。得事理，则必成功。尽天年，则全而寿。必成功，则富与贵。全寿富贵之谓福。而福本于有祸，故曰：‘祸兮福之所倚’。以成其功也。”（《韩非子·解老》）他从人的趋利避害心理出发，解释“福”以及“福”的由来本之于“祸”。这种趋利避害心理是韩非学说力主并行赏罚、严刑峻法（无不为）的一个根据。接着他又说：“人有福，则富贵至；富贵至，则衣食美；衣食美，则骄心生；骄心生，则行邪僻而动弃理。行邪僻，则身夭死；动弃理，则无成功。夫内有死夭之难而外无成功之名者，大祸也。而祸本生于有福。故曰：‘福兮祸之所伏’。”（《韩非子·解老》）在他看来，人若一心沉湎于“福”所带来的享受，则容易心骄行僻，不但伤身且不能成就事功，这就是“祸”（反之，则谓“福”）。如果按这个规律办事，就“大能成天子之势尊，而小易得卿相将军之赏禄”；否则就是“祸”——“内有死夭之难而外无成功之名”了。福、祸又与“势”联系在一起，带有显而易见的功利色彩。

“有国之母”出自《老子·五十九章》：“治人事天，莫若啬。夫唯啬，是谓早服。早服谓之重积德。重积德则无不克，无不克则莫知其极。莫知其极，可以有国。有国之母，可以长久。是谓深根、固蒂、长生、久视之道。”“母”，是“本、根本”之意。“有国之母”在这里意为“有了（保住）国家的根本（就能得以长久）”。在此，老子并没有把“有国之母”与所谓的“术”联系起来。

但韩非解释为：“所谓‘有国之母’：母者，道也；道也者，生于所以有国之术；所以有国之术，故谓之‘有国之母’。”（《韩非子·解老》）在韩非这里，“道”已经不是老子庄子那种超乎物外、法自然的“道”了，而是就与治理国家的“术”紧密相连，“术”由于在统治过程中的重要性而成为了“道”，它具有根本性的地位与意义，所以称之为“有国之母”。对术的如此强调，恰是韩非法家立场的体现。

这样的例子在韩非子的著作中还有很多，他对《老子》的法家解释可以说是独创一面，影响深远；但他脱离了老子的本初思想，使得原本追求“无为而无以为”的老子成了“无为而无不为”的权谋家，使得不少人至今仍认为《老子》是讲究权术、阴谋诡计的汇编，这种诠释是背离老子真意的。因而，司马迁在《史记·老子韩非列传》中鞭辟入里的指出韩非“喜刑名法术之学，而其归本于黄老”。

二、王弼的《老子注》与《老子》文本

在《老子》中，“道”是核心的思想概念，而在王弼的《老子注》中，其核心概念则是“无”，他是通过注释《老子》的形式来建立“以无为本”的思想体系的。他并没有只局限在《老子》的文本框架里，而是在对老子思想有所继承的基础上，对老子的思想进行了创造性的诠释。让我们从具体的文本案例来看下王弼是如何对老子的思想进行改造的。

《老子·四十章》“天下万物生于有，有生于无”。王弼在注解时说：“天下之物，皆以有为生。有之所始，以无为本。将欲全有，必反于无也。”在老子那里，无生有，有生天下万物，表达的是历时性的宇宙生成思想。“有”是产生万物的大全性的“有”，而不是个体的“有”；“生”是指产生的“生”。在王弼的注解里，“有”则落实为具体的“有”，或者说个体的“有”；“生”则是指个体物的存在，而不是产生的“生”。“天下之物，皆以有为生”，说的是天下万物，都是以具体“有”的形式而存在。具体的物是有生有亡的，具体的物从其出现开始，则是以“无”作为其存在的内在根据。并且“将欲全有，必反于无也”。由此可知，王弼在注解老子的哲学思想的时候，利用了古汉语蕴涵多义的特征，作了创造性转换的诠释。王弼对老子本源论思想的本体论改造，最明显表现在注解《老子·四十二章》“道生一，一生二，二生三，三生万物”：“万物万形，其归一也。何由致一？由于无也。由无乃一，一可谓无？已谓之一，岂得无言乎？有言有一，非二如何？有一有二，遂生乎三。从无之有，数尽乎斯，过此以往，非道之流。”“万物万形，其归一也。何由致一？由于无也”，由老子的“道生一”之生成问题，变成万物万形何以有统一性的问题。与此同时，王弼将老子描

述的万物的生成过程变成概念的逻辑推理过程：“有言有一，非二如何？有一有二，遂生乎三。”

《老子·六章》说：“谷神不死，是谓玄牝，玄牝之门，是谓天地根。绵绵若存，用之不勤。”“玄牝之门”、“天地根”，是说明“道”为产生天地万物的始源，“谷神不死”、“用之不勤”，是说道是永存的，它的作用是无穷无尽的。王弼在注解中说：“谷神，谷中央无（谷）[者]也。无形无影，无逆无违，处卑不动，守静不衰，（谷）[物]以之成而不见其形，此至物也。处卑（而）[守静]不可得[而]名，故谓[之玄牝]。门，玄牝之所由也。本其所由，与[太]极同体，故谓之‘天地之根’也。欲言存邪，则不见其形；欲言亡邪，万物以之生。故‘绵绵若存’也。无物不成（用）而不劳也，故曰用而不勤也。”在老子那里是“天地根”的“玄牝之门”变成了“门，玄牝之所由也。”“[物]以之成而不见其形”、“万物以之生”都是说明道所起的根本性作用。

《老子·十四章》中说：“视之不见名曰夷，听之不闻名曰希，搏之不得名曰微。此三者不可致诘，故混而为一。其上不皦，其下不昧，绳绳不可名，复归于无物，是谓无状之状，无物之象。”这部分明显是对“道”的实存性的描述，并未涉及道的本源、本体问题。而在王弼的注解中，则成为表达“无”为万物本体的思想：“无状无象，无声无响，故能无所不通，无所不往。不得而知，更以我耳、目、体不知为名，故不可致诘，混而为一也。欲言无邪，而物由以成。欲言有邪，而不见其形。故曰：‘无状之状，无物之象也。’”“无所不通，无所不往”，“欲言无邪，而物由以成。欲言有邪，而不见其形”，是对“道”即“无”的本体性的描写。

《老子·五章》云：“天地不仁，以万物为刍狗。”刍狗是用草扎成的狗，祭祀时使用，用后则扔掉。老子之意，是表明天地对于万物无所偏私。在王弼的注解中则变成为天地任自然，使万物自相治理，万物各适其用之意了：“天地任自然，无为无造，万物自相治理，故不仁也。——天地不为兽生刍，而兽食刍；不为人生狗，而人食狗。无为于万物而万物各适其用，则莫不赡矣。”王弼之所以进行这样的改造，是因为在他的思想中，“无”具有与“自然”等同的地位。

王弼之所以对老子思想进行这样的解读，是与他所处的社会历史背景有深刻联系的。魏晋时期正值董仲舒所创立的以“天人感应”神学目的论为思想基础，以名教之治为核心，以今文经学为外在形式的儒学思想体系的弊端越来越暴露出来，烦琐的注经、荒诞无稽的谶纬迷信、名教之治的虚伪，日益被人们所唾弃。

随着名教的衰落，经学危机、社会危机的加深，同时也出现了信仰危机，社会各种思潮兴起。一方面，人们对汉初推行黄老道家思想，实行“休养生息”的统治政策导致国泰民安的繁荣景象记忆犹新；另一方面，道家提倡自然无为的思想正适合于已经厌烦荒谬、烦琐的经学，及虚伪名教之治的人们的需要。同时，道家所提倡的谦让不争，是乱世时期人们保持自己身家性命的重要法宝。王弼的“以无为本”思想正是顺应这一历史潮流而产生的。

对于《老子》思想的诠释，历代各家皆有不同，除了韩非、王弼对《老子》进行过注疏之外，河上公、李隆基、苏轼等都从不同的视域对《老子》及其思想进行过诠释，在某一或某些方面发展和改造了老子的思想，如河上公注重养生、王弼偏向谈玄、李隆基则力图将老子思想政治化。

除了《老子》之外，其他很多传统经典文本也都有各种各样的解读阐释。之所以如此，我认为有三方面的原因：首先，中国的古文具有模糊性，可以做多重涵义的理解，加之不同版本的流传，使其本意更难琢磨；其次，传统经典本身思想的丰富性，可谓是一字千金、微言大义，经典本身基本涵括了政治、经济、社会、人的发展等多个方面，可以进行多维度多层次的发掘；再次，在于后人对传统文本的“为我所用”般的取舍，后人往往都是从自身所处的时代背景去审视传统经典文本的，都是带着自身所处时代当下的问题去历史的“故纸堆”中寻找答案的，这就在很大程度上使得传统文本中满足其要求的部分得到强调，与其无关的则被忽略甚至摒弃。

正是这三方面的原因让中国文化这棵大树根深叶茂，不断萌发新枝、吐故纳新，文化思想得到传承，古国文明得到发展。《老子》等经典文本代表了古人智慧的最高峰，千百年的流传，正体现了其蓬勃的生命力。重读这些经典，回想古人的所思所虑，从历史的风云变化中去审视自身、观察他人、透视社会，时时会有拨开乌云见日出的感受，这正是苏轼所说的“不识庐山真面目，只缘身在此山中”，这正是思辨的魅力所在。

（作者单位：中共广东省委党校办公室）

在时间沉淀的启迪中思考

——读威尔·杜兰特《历史的教训》

马廉颇

《历史的教训》一书，是由美国学者威尔·杜兰特和阿里尔·杜兰特合著的一本篇幅不大的书，但此书不可以等闲视之，它是作者此前一系列著作的衍生之作，也是作者长期读史、治史经验不断积累与萃取之作。

书中内容与其说是一本历史经验之谈，不如说是对人类史的哲学思考。作者始终思考的核心问题是：历史是什么？它能够为我们提供什么有益的经验教训？尽管作者提醒我们"历史嘲笑一切试图强迫将其纳入理论、范式和逻辑规范的举动；历史是对我们概括化的大反动，它打破了全部的规则；历史是个怪胎。"但是，本书作者还是用多视角、多棱镜式的透视观察，以高度精炼和概括的语言，展现了人类历史活动无限丰富的不同侧面，大大开拓了人们的历史视野，提供了历史活动中已经显现的某些经验和教训。譬如：

从地理环境对历史影响来看，历史受地质条件的制约，地理好比历史所在的子宫，哺育着历史，规范着历史。水是生物和城镇的生命之源，并为运输和贸易提供廉价便利的航道。河流、湖泊、绿洲、海洋，吸引着移民定居于沿岸，埃及、美索不达米亚、印度、中国、欧洲各国等无不是围绕着河水、绿洲建立起绵延的文明，并同时受到水旱灾害的巨大影响。由于技术的发展，从航海到飞机的发展改变了文明的格局，在商贸和战争领域中争夺制海权让位于争夺制空权，地理因素的影响变小了，是人类，而非地球，创造了文明。虽然一代又一代人不断建立和拓展了人类对地球的控制能力，但人类还是注定会变成土壤中的化石。

从生物学角度看，历史只是生物学的一个片段：人类的生命是陆地和海洋生命沧桑变化的一部分。地球生活着众多生灵，它们在飞翔、跳跃、潜行、蠕动、打洞……活跃十足，人类是危险而可怕的少数，人类的所有记录和成就将会谦卑地复归于万千生灵的历史和视野。生物学法则同样影响着历史，我们受进化过程的支配；也受生物界弱肉强食、适者生存法则的考验。生物学给历史的第一个教训是：生命即是竞争。当食物丰盛时，竞争是和平的；当粮食紧缺时，竞争则充满了暴力。战争是竞争的终极形式，是一个国家觅食的方式之一。文明人通过法律的正当程序相互合作，合作也是一种竞争的工具或手段。生物学给历史的第二个教训是：生命即是选择。在为食物、配偶、权力等竞争中，有些生物成功了，有些生物失败了。并非像美国《独立宣言》、法国大革命时的《人权宣言》所讲的人人生而自由平等，恰恰相反，不平等不仅是自然的和先天的，而且随着文明的复杂化而增长。“自然”对我们想象中的自由与平等的结合付之一笑。因为自由和平等是永恒的不共戴天的仇人，一方取胜，另一方即会死亡。当人们获得自由时，他们之间天然的不平等几乎会呈几何方式增长；若要防止不平等的增长，就不得不牺牲掉自由。生命必须繁衍，繁衍过快则使食物变得短缺，大自然用饥荒、瘟疫和战争这三个办法使其恢复平衡。19世纪农业的发展及避孕技术的进步，明显驳斥了马尔萨斯的观点。从美、英、法、德近代的历史来看，食物供给可以与人口增长同步进行，而且不断提高的生活水准也延缓了结婚年龄，降低了家庭规模，在生育方面，生理上的健康可能比智力上的优越更有价值。

《历史的教训》

从经济学眼光来解读历史，卡尔·马克思是最杰出的代表。马克思认为：经济因素在历史发展中起到决定性作用，政治体制、宗教机构、文化创新，都植根于经济现实之中，所谓经济基础决定上层建筑。经济的解释能阐明很多历史现象，比如十字军东征、罗马与波斯的战争，都是西方企图获得前往东方世界的贸易通道，十字军东征的失败，导致了美洲的地理大发现。法国大革命的到来，是因为中产阶级上升到经济的领导地位，为了自己的企业与贸易，他们需要立法的自由，渴望得到社会的认可和政治权力。但马克思并没有声称，个人总是受经济利益的驱使，有些时候，非经济性的诱因所起的作用也很大，如群众运动中的狂热情绪，宗教狂热、民族情绪等等，出现了希特勒和日本神风敢死队。在很多历史事件中，政治权力、军事力量而不是经济力量起了决定性作用。如蒙古人征服西亚，莫卧尔王朝征服印度，在这些事件中，穷人被证明比富人更强，军事上的胜利换来了政治上的统治地位，并带来了经济上的控制权。历史经验表明："劳心者治人，劳力者治于人，但治钱者治一切。"银行家和金融资本家爬升到经济金字塔的最顶端，他们控制贷款、利润和企业，进行风险最大而收益又最大的活动。由于每个人的实际能力都不同，财富集中是自然的和不可避免的。越是民主自由的社会，财富集中的速度越快。众多穷人数量上的力量与少数富人能力上的力量势均力敌，此时不稳定的平衡便会造成危险局势。历史对此有不同的应对方式：或者通过立法，用和平手段重新分配财富；或者通过革命，用暴力手段强行分配贫困。公元前 594 年雅典的梭伦改革，通过贬值货币，从而减轻所有债务人的负担；创立累进所得税，使富人比穷人多付出 12 倍的税钱；在更多民意基础上改组了法庭。富人抗议说，梭伦的措施就是赤裸裸的非法没收；激进分子则抱怨梭伦没有重新分配土地。但人们几乎一致认为：梭伦改革将雅典从革命中拯救出来。反观罗马，由于贵族对贫民的不妥协，在提比略·格拉古时代前后（约公元前 2 世纪至公元前 1 世纪）引发了长达百年之久的贫民与贵族之间的战争，直到屋大维重新确立统治，各阶级间才维持了 210 年的"罗马和平"时期。整个经济史就像社会有机体缓慢的心脏跳动，财富的集中和强制再分配，就是它巨大的收缩与扩张运动。

社会主义反对资本主义的斗争，是财富集中与财富分散历史乐章的一部分。资本家履行了创造性的历史职能，他们把自由主义的自由信条付诸实施，为商人辩护，主张听任货物自由流通，免除通行税和法令规章的限制，比起产业由政客管理，人员由政府官员配备，以及无视供求规律的做法，发挥商人和资本家的作用能使社会大众得到更多的实惠。竞争迫使资本家不遗余力地奋斗，并促进产品不断精益求精。作者认为，在人类历史中，社会主义并非在资本主义时期才作为其对立物出现的，而是很早就在历史记录中存在并且有着上千年悠久的历史传统。实际上，历史上对产业垄断、价格操纵、交易欺诈和不义之财的弊端充满着抗议和反对声音。大约公元前 2100 年的苏美尔，经济由政府组织经营，管理着庞大的国有经济；在埃及的托勒密王朝（公元前 343 年—公元前 30 年）时期，国家拥有土地，并管理着农业，商业也由国家管理和控制，银行业是政府的垄断行业，但其运营可以委托给私人商号；罗马在戴克里先皇帝（Diocletian，284 年—305 年在位）统治下，也出现了社会主义的插曲。他在公元 301 年颁布《平价法案》，该法案谴责囤积居奇，反对通过垄断哄抬物价，对所有重要商品和服务设定最高价格和最高工资，粮食免费分配或低价卖给穷人。历史上已知的持续时间最长久的社会主义政权，是由印加人于13世纪在今天被称为秘鲁的地方创建的。其君主作为地球上太阳神的代表，有权组织并指导农工商业。通过普查，一切物资与个人及收入都被登记在册，每个人都是政府的雇员，人们似乎也愉快地接受了这个现状。这一制度一直维持到1533年秘鲁被西班牙殖民者皮萨罗征服为止。

如果把黑格尔的正题、反题、合题的公式运用于历史，工业革命是正题；社会主义对抗资本主义是反题，那么下一个状态就应是资本主义和社会主义有的合题。这种协调现象，西方世界已经很明显地在进行。西方政府在经济上的作用在逐年上升，私营部门的比例在不断下降。资本主义保留了私有财产制度、自由企业制度和竞争激励机制。对资本主义的恐惧，迫使社会主义不断扩大自由；而对社会主义的恐惧，则迫使资本主义不断增加平等，东西方这对双胞胎可能很快会团聚。作者这种观点是新颖、大胆的，其对社会主义与资本主义合体趋势的认识也应该是符合历史发展的趋势的。

书中论述的一个重要话题就是政治与历史的关系问题。柏拉图把政治的历史归纳为君主政治、贵族政治、民主政治和独裁政治相继出现并循环往复的过程。这个“柏拉图的轮子”，在罗马历史中找到了例证。古代社会的民主，被奴隶制、贿赂和战争所玷污，其实根本配不上“民主”这个名称所应有的美丽光环。民主虽然是个好东西，它曾使雅典和罗马成为历史上最具创新力的城市，但在历史上也经常变成因阶级暴力引发的混乱，甚至造成文化颓废、道德堕落，这在柏拉图的《理想国》中有生动的描述和反映：

“民主派对自制加以轻蔑，认为这是一种怯懦……傲慢，被他们称为有教养；无政府状态，被他们称为自由；浪费，被他们称为慷慨；厚颜无耻，被他们称为有胆有识……民众对权威已经很不耐烦了，只要稍加约束就会大发雷霆……他们对成文的和不成文的法律感到不能忍受，长期地漫无法纪……任何事物极端地扩大，都会导致相反的结果……民主慢慢地变成独裁，最恶劣的僭主制和奴隶制是在绝对自由政体下产生的”。（柏拉图《理想国》，第560—564页）

“在所有政府形式中民主是最困难的一种，因为它需要最大限度地普及聪明才智”。美国的民主政治得益于其深厚的自治根基，也受益于英国留下的法治传统，新教徒开拓的宗教和精神自由，得益于其个人主义能量的释放等等及其他上百种因素，这是一个历史上从来没有出现过的民主政治，然而这些在美国历史上独有的条件，在世界各地并不具有普适性。虽然人们不能做到生而平等，但是如果教育机会平等能够真正建立，人们有选择各自生活方式的权利，民主政治将会是真实和公平的。

在全书结尾章节，作者提出疑问：历史真有进步吗？若以国家、道德和宗教兴亡的全貌为背景，“进步”观念本身就是可疑的。在历史过程中，人类的本性并没有发生实质性的改变，历史本身之所以大体上重复着，是因为人类天性的改变像地质改变那样缓慢悠然。我们日新月异的科技成就，都不得不被看成是用新方法完成旧目标——取得财货，追求异性（或者同性），在竞争中取胜，发动战争。最令人沮丧的发现之一是，当代社会科学技术高度发达，但科学技术是把双刃剑，它随时愿为我们疗伤，也随时愿为我们杀人；它能为我们建设，破坏起来也更厉害。培根的名言：“知识就是力量”，在当代显得多么不合时宜！我们今天一再努力扩大我们的手段，而不去改善我们的目标；相比而言，中世纪和文艺复兴时期的人们重在强调神话和艺术，而不是科学和力量，其做法显然要更为明智。

书中观点精彩纷呈，且常有格言、警句，或自创，或引用，幽默风趣，妙语如珠，机智而发人深省。如“战争助长了暴力，松弛了道德。”“只要有贫穷，就会有神灵”“文明使人类的灵魂世代相传”“历史是一位无出其右的幽默大师”“知识越多，悲伤越多，大智慧里藏着大痛苦”（转引笛卡尔《传道书》第一章）；“我们始终不过是穿着裤子的猴子”……这些画龙点睛式的格言、警句，使本书增加了不少乐趣和可读性。

本书视野广阔，大题短论，也难免在论述中出现一些错误和有待商榷的观点，所谓智者千虑，必有所误。如作者断言“绝大部分历史是猜测，其余的部分则是偏见”（P2）此在解释远古历史时情况可能如此，对于近现代历史则不能如此断言。在东方，尤其是在中国，这种断言更难站得住脚，因为中国是一个特别重视历史记录的国家，史学著作汗牛充栋，自古以来就非常发达，以史为鉴，注重总结历史经验、重视实践理性是中华民族的一个显著特点。再如作者关于多数人统治不符合规律的说法，也不符合民有民治民享的民主制特征。类似观点远不是终极结论，读者尽可以见仁见智。

“什么是人性？什么是人类行为的本质？人类的前途究竟会如何？”“在历史的成长和衰亡过程中，是否有任何规律可循？”“文明成长的源泉是什么？消亡的原因又是什么?”“历史会替革命辩护吗?”书中提出了大量探寻历史需要回答的问题。孟德斯鸠尝言，一本好书需要留下读者的思考空间，重要的也许不在于结论的正确，而在于提出发人深省的问题。

唐代杰出史学批评家刘知几认为：史家必须兼有“史才”（治史的才具、技巧)、“史学”（治史的学问和史料功底)、“史识”（洞察历史的眼光、见识和品德）三长，尤以史识最为重要。前两项是可以通过刻苦学习而获得的，后一项则是要有思想境界和人生阅历才可具有。仅有史才与史学，即便拥有精湛的治史技艺，若史识不足，则只能成为史学匠人，而无法成为历史学大家。本书作者可谓才、学、识三者兼备，尤长于史识，颇具历史学大家风范。

本书以提纲挈领的线条，勾勒出历史与人类生活复杂多重的关系，体现了对人类历史的宏观总体思考。书中到处闪耀着历史学家睿智的思想光芒，作者以宏阔深邃的历史视野，对世界各国历史、地理、人文风情的熟稔和信手拈来，长于纵横比较的老练技巧，优美典雅而简练深刻的文风，都令人读之欣悦，豁然开悟——的确是一本启人心智、发人深省的好书，不可不一睹为快，不可不细细品味。

（作者单位：中共广东省委党校法学教研部）

纵横捭阖　力挽狂澜

——读温斯顿·丘吉尔《第二次世界大战回忆录》

李艳中

“我们决不投降，决不屈服，我们将战斗到底！我们将在法国战斗，我们将在海洋上战斗，我们将充满信心在空中战斗！我们将不惜任何代价保卫本土，在海滩上作战，在敌人登陆地点作战，在田野和街头作战，在山区作战！我们任何时候都不会投降，即使我们这个岛屿或这个岛屿的大部分被敌人占领。”

——温斯顿·丘吉尔

2015年是全世界反法西斯战争胜利70周年，世界各地举行了各种纪念活动。我也趁机读了一些二战史书。记得学生时代曾在书香世家的一位同学那里“邂逅”《第二次世界大战回忆录》（商务印书馆1974版），印象深刻，今又重拾。在二战的同盟国巨头当中，罗斯福逝世于战期没来得及回忆，斯大林不是那种愿以回忆录公开化的人，蒋介石日记非完全公之于世；而轴心国，希特勒畏罪自杀，东条英机被处绞刑，墨索里尼有回忆但还未完成就暴尸街头。如此说来，丘吉尔回忆录独树一帜，更显珍贵。适逢70周年之际，第一手的二战史料使读者重温历史，纵观法西斯如何兴衰，思索战争为何策源以及战火蔓延、战争灾难，特别是全球正义力量是怎样纵横捭阖，力挽狂澜，为世界赢回尊严、自由与和平。

温斯顿·伦纳德·斯宾塞·丘吉尔所著的《第二次世界大战回忆录》是以自己亲身经历记述从1919年到战争结束时期的重大史实。《回忆录》依照时序共6卷24册，6卷包括《风云紧急（The Gathering Storm）》《最光辉的时刻（The Finest Hour）》《伟大的同盟（The Grand Alliance）》《命运的关键（The Hinge of Fate）》《紧缩包围圈（Closing the Ring）》《胜利与悲剧（Triumph and Tragedy）》。此期间的丘吉尔担任过军需、财政、海军重要部门的大臣直至战时首相等要职。

书中引用了大量公文、函电、会议记录和他个人保存的各类文件等档案材料。《回忆录》如同一部战史年鉴，他对战争根源与进程的精辟剖析和过去未来政治格局的远见卓识，他的外交博弈策略、战略预见性、大同盟思想以及对信息情报的高度重视、对尖端科技作用的极力推崇等等，给后人以史鉴价值。

中文本《回忆录》洋洋洒洒350万字以上，对于我个人来说，作为东方人更想捕捉亚洲及太平洋战场的信息。其中，第三卷《伟大的同盟》（总卷名）叙述1941年德国进兵苏联，日本偷袭美国，致使英国同苏美结盟，从根本上改变了同轴心国的力量对比。第三卷之中的下部《战争临到美国》主要叙述在日本偷袭珍珠港致使全球最强大的国家宣战后，丘吉尔踌躇满志，喜上眉梢，在黑暗中察到了曙光。第四卷《命运的关键》回忆1942年冬至1943年春同盟国在遭受沉重打击后，战况有了好转。第四卷之中的上部《日本的猛攻》讲述英美等西方列强国家军队在东南亚、太平洋、澳洲、印度洋斯里兰卡乃至白令海域阿留申群岛、非洲马达加斯加岛域的节节败退，而以前丘吉尔对日本人的印象是圆脸的“小报童”。这时不乏“马来西亚的惩罚”“新加坡沦陷”“荷属东印度群岛失守”“缅甸遭侵犯”等一系列重大挫折，特别是新加坡10余万大英帝国守军向3万日军投降改写“日不落帝国”历史的时候，首相大人颜面尽失。然而，在国内民众的坚信和爱戴下，这位政治家如履薄冰地度过了一个又一个政治危机。后来美国在“中途岛海战”大捷，扭转了东方战场的乾坤。

《第二次世界大战回忆录》

“我没有别的，我只有血泪、辛劳和汗水献给大家。”这是最经典的“丘氏名言”之一。丘吉尔亲历两次世界大战，想当初在议会、媒体，他苦口婆心，大声疾呼，向政府和公民絮叨着希特勒的和平许诺不可信，战事风雨欲来，可人们沉湎于安逸，应者寥寥。丘吉尔是一位坦率的汉子，他在回忆中承认在法国瓦解、英伦惨遭轰炸、美国奉行孤立主义时，他和大英帝国差点儿扛不下去了，准备了战败退到海外殖民地的打算。

“世界上没有永恒的敌人，也没有永恒的朋友，只有永恒的利益。”此乃丘氏又一旷世名言。扑朔迷离的外交博弈也贯穿《回忆录》。丘吉尔预算只要美国参战，乾坤就会改变。他向罗斯福反反复复陈述欧洲沦陷对美国极不利，甚至利用私交力促美国租借法案。同时他劝日本不要在亚太打英国并离间德日。另外，这位前首相的回忆录从最高统帅艾森豪威尔和韦维尔、蒙哥马利等将军到普通士兵都赞扬有加。他又很客观，对隆美尔的军事天才，对进攻克里特岛的德军伞兵的战术素养评价甚高；回忆进攻马来半岛的日本人“有勇敢而熟练的战术和制空权”，“日本海军航空战术的成功与力量是可怕的”，并认为德意海空军没有这样高的水平。

今天读来，如果要我说说该回忆录有啥缺憾之处的话，全书226章，没有“斯大林格勒战役”的标题。“斯大林格勒战役”，不仅是苏联将其标为“世界反法西斯战争转折点”，就连德国历史也是将其视作“第二次世界大战转折点”，而且这种观点得到世界史学界多数认可。虽然书中也提及了此战役，据说是他的一位助手坚持要求加进去的。而第四卷《命运的关键》却有“阿拉曼战役”专章，并归为二战转折点，其实依笔者陋见，把阿拉曼战役拿到苏联只是“儿科”。丘吉尔对苏德战场和中日战场的决定性作用显然不够重视或不认同，而把阿拉曼战役列入二战转折点也让人忍俊不禁。当然他对英国在二战中作用有所突出或夸大也属于自然的行为，毕竟他是英国人。

以下就我个人观点出发，谈些看法。

同盟国VS轴心国，即美苏中英VS德意日。当然，同盟国还包括自由法国、加拿大、澳大利亚、埃塞俄比亚、菲律宾等57国；轴心国还包括匈牙利、罗马尼亚、斯洛伐克、保加利亚、克罗地亚等，广义上还可包括反共协定国及被占区伪政权。依二战的国别影响力（作用力）排榜，不分正反，我按纯国别尝试排出二战三梯队。

第一梯队：德国、美国、日本、苏联；

第二梯队：中国、英国、意大利、法国；

第三梯队：其他为数众多的国家和地区。

德日挑起世界大战，与全球为敌；苏联卫国战争惨烈，2千多万人的苏军伤亡数全球居首，他们排第一梯队应无疑问。美国为什么能排入第一梯队？无论本土无战，还是阵亡人数，排一梯队貌似都说不过去。但是，美国是英中苏等同盟国的“后台老板”，提供经济、技术直至军事或明或暗的支援，更不用说美利坚海陆空三军全球范围作战，就不计原子弹世界其他任何一国也无法相比。

在第二梯队中，意法比较勉强。中国参战最早，时间最久，军人伤亡仅次于苏联（笔者不认同史学界二战平民伤亡统计），几乎拖死日本，作用力不亚于英国或可在其上；这是丘吉尔无论如何都不会赞同的。而在事实上，丘吉尔一直担心的德军击穿高加索进兵近东、日军攻破印度次大陆，两军会师于伊朗而形成封锁链锁死苏联的局面并没有出现，正是由于中国的抗战。试想一下，如果没有同中国开战，单单应对南亚，对日本来说，一举拿下孟加拉、印度、斯里兰卡、尼泊尔、阿富汗等国在那个年代即便不是小菜一碟，也的确是一件无需洪荒之力的事情。美国总统罗斯福也说：“假如没有中国，假如中国被日本打垮了，你们想一想有多少个师团的日本兵可以调到其他方面来作战。打下印度，他们可以一直冲向中东，和德国配合起来举行大规模的突击，在近东会师，把俄国完全隔离起来，沟通埃及，斩断通往地中海的一切通道。”在另一个角度，正是看到了中国军民浩天的抗战勇气，苏联才大胆将其西伯利亚远东空虚化，原本用来防守日本的最精锐部队一直与德国作战。再换一个角度来说，正是日本因在中国战场的巨大消耗而无法分身进攻澳大利亚、新西兰，罗斯福一度忧虑的澳新沦陷并没有出现。丘吉尔对苏德、中日东方战场对全球格局关键作用的忽视，或囿于意识形态作怪；作为英国前首相，他在《回忆录》里聚焦欧洲北非战场和“英语民族”（回忆录用语）的作用，情理之中，似无可厚非。

可以说，《第二次世界大战回忆录》具有非常大程度上的真实性、客观性、深刻性、可信性，且具有不可多得的历史价值。他在书卷的最后部分展现了机敏而深入的洞察力和前瞻力。“在亿万人做出了最大的努力和牺牲并取得了正义事业的胜利之后，我们仍然没有得到和平或安全。”这是丘吉尔所作出的让人至今无法释怀的最伤感结论。虽然如今时过境迁，世界已变，当我们面对不管是叙利亚、伊拉克、阿富汗、乌克兰的消息，还是库尔德、巴勒斯坦乃至 IS 在中东或在巴黎的消息传来，丘吉尔这句话不管是对是错，在世界大战过去了 70 年后的今天，都仍然值得我们去不停地思索……

（作者单位：中共广东省委党校校刊编辑部）

静看媒介的热闹与泡沫

——读尼尔·波兹曼《娱乐至死》

胡 雪

《娱乐至死》的主题：媒介即隐喻，电视即娱乐

——对观点与内容的总结

在赫胥黎和奥威尔对未来世界的预言哪个更可能实现的问题上，波兹曼毫无保留地倒向了前者：我们所热爱的娱乐将会带领我们走向堕落。这一趋势之所以难以避免，是因为我们获取信息的媒介在潜移默化中改变了我们观察世界的视角和能力，而电视这种媒介则以娱乐化的方式重新定义了政治、宗教、教育和任何其他构成公共事务的领域。

一、媒介即隐喻、媒介即认识论

波兹曼从圣经《十诫》的第二诫“禁止以色列人制作任何具体形象”中得到启示：人类的交际形式和文化的质量有着必然联系，交流的媒介对于一种文化的精神重心和物质重心的形成有着决定性的影响。不同媒介创造出独特的话语符号，为思考、表达思想和抒发情感的方式提供了新的定位。媒介尽管不像信息那样，是关于这个世界的明确具体的说明，但它们更像是一种隐喻，用一种隐蔽但有力的暗示来定义现实世界，指导着我们看待和了解事物的方式，而且这种介入往往不为人所注意。这就是“媒介即隐喻”的观点：会话的形式很大程度上决定了表达的内容。

波兹曼强调自己关注的焦点是认识论，讨论媒体在知识的起源和性质塑造中

充当了何种角色。任何一种媒介都有“共鸣”，即赋予特定语境中的某个特定说法以普遍意义，这种定义的过程影响着我们认识不同社会结构的能力。对于真理的认识是同表达方式紧密联系的，随着一种文化从口头语言转向书面文字，再从印刷术转向电视，人们对于真理的看法也在不断改变。因此，任何认识论都是某个媒介发展阶段的认识论。

《娱乐至死》，（美）波兹曼著，章艳译，中信出版社，2015 年 5 月

一种重要的新媒介会改变话语的结构，比如鼓励某些运用理解力的方法，偏重某些有关智力和智慧的定义以及创造一种讲述事实的形式，从而使得某个词语具有某种新内容。语言这种媒介能够使人们“同样方便地以同样的方式讲述同样的事情”，因而备受波兹曼推崇；相反地，电视这种新的媒介则导致公众话语的严肃性和明确性出现了危险的退步。

二、从“阐释时代”到“娱乐业时代”

为了明确媒介的性质及其在社会环境变迁中的作用，波兹曼回顾了 17 至 19 世纪美利坚人在印刷机统治下的思想文化的勃兴，并将这一发展历程与 20 世纪末电视统治下的社会现实相对比，认为电视对印刷机的替代是美国社会从“阐释时代”转型为“娱乐化时代”的悲剧之始。

殖民地时期美利坚人的宗教情感、政治思想和社会生活深深植根于印刷品这一媒介，由此美洲大陆形成了一种没有阶级之分的、生机勃勃的阅读文化。印刷文字，或建立在印刷文字之上的口头语言，具有一种有语义的、可释义的、有逻辑命题的内容。阅读印刷文字本质上是一项严肃的理性活动，这就要求读者具有一定的知识储备和分类、推理、判断的能力。在“阐释时代”，人们除了铅字和口头表达，没有其他了解公共信息的途径；而且铅字的传统与公众话语的联系非常密切，人们在理性而非娱乐的支配下生活。但是，随着19世纪电报和报纸合作的深入，大量超越时间和地区的、脱离语境的信息被当作商品出售给公众，这些信息和受众之间几乎无关或关系很少，无法引导公众采取有益的行动，导致人们的“信息—行动比”失衡。电视则将图像和瞬息时刻的结合发挥到了危险的完美境界，然而电视的娱乐本性决定了它必须舍弃思想，迎合人们对视觉快感的需求。电视使娱乐本身变成了表现一切经历的形式，成为电视上所有话语的超意识形态。

三、电视节目娱乐化的深渊

到20世纪末，电视上的新闻节目、宗教节目、政治广告以及教育节目都体现出浓厚的娱乐化色彩。新闻节目被切割成多个短小而独立完整的单元，新闻的严肃性和重要性可以在瞬间被广告消解。新闻演播人员表现出来的态度和语气，而不是证据本身决定了事件的真实性。许多传统宗教理念会因为电视变成疯狂和琐碎的表演，文化中“真实可信的东西”也存在毁灭的危险。在政治广告中，政治话语也成为一种娱乐。政治家通过电视广告把自己作为娱乐素材来推出，他们不遗余力地把自己塑造成为受观众欢迎的形象，而不是推出本真的自己。同样，教育节目使教学也成为了一种娱乐活动，传统学校的概念被颠覆。在教室里，娱乐不过是达到目的的一种手段；但是在电视上，娱乐本身是一种目的。电视摒弃了传统教育的顺序和连贯性，竭力避免难以理解的信息和观点，并常常采用动感的图像和音乐配合学习，问题解释的过程被淡化。

当然，波兹曼并非认为以电视为中心的认识论污染了一切大众交流，它给老弱病残带来的安慰与快乐，以及节目本身的情感力量不容否认。但是，信息因为电视媒介而变得没有内容和语境，受此影响，我们的思维习惯发生了很大改变，识别自相矛盾和信息价值的能力逐渐退化。

总而言之，电视等媒介内生的娱乐化倾向可能是人类理性的致命毒药。为此，波兹曼建议：只有深刻意识到信息的结构和效应，消除对媒介的神秘感，我们才有可能控制电视、电脑或任何其他媒介的负面影响。此外，学校应当帮助年轻人学习解读文化中的象征，教会学生自觉疏远某些信息形式，把这样的任务纳入课程之中，甚至当作教育的中心。

启发性的思考与理解：当头棒喝，醍醐灌顶

——从媒介与教育发展的角度

“媒介即隐喻”，波兹曼秉持的这一核心观点犹如当头棒喝，惊醒了沉醉于新媒体而不自知的人们。他从“媒介即隐喻”的理论出发，谈到每一种充当传播工具的技术媒介所包含的意义都大于它本身，表达思想的方式影响着所要表达思想的内容；在使用教育媒介的过程中，我们不应当忽视媒介本身的存在对我们的影响。《娱乐至死》让我们这一代在数码与电子的环境中成长起来的80后开始关注周围与我们切身相关的现象，观察和思考我们每天习以为常的行为——每天都会不自觉地打开电视，目不转睛地盯着发光的屏幕，我们到底通过这样的行为要做什么？或者我们到底要从电视的传播里得到什么？电视于我们而言到底有何作用？有何影响？这些问题都发人深省。我们不仅要对自身行为发问，更要放眼21世纪的今天，从媒介和教育发展的角度，思考波兹曼带给我们的启发。思考和理解能力的丧失无疑是最为可怕的，而这一切恰恰可能是技术革新的副作用。

一、读书与读屏：孰轻孰重？

在今天的课堂教学当中，电脑与大屏幕的配合运用得非常广泛；几乎每节课上，老师都会用多媒体电脑把制作精美的课件投放在大屏幕上，学生则通过“读屏”的方式参与教学活动。现代教育技术大大推动了教育现代化的进程，学者普遍强调信息技术在课堂教学中的重要性，很多教师也认为教学手段越先进越好，信息元素越多越好，评选优秀教师和优秀课程时更是要费尽心思制作课件，用声、光、电冲击评委的视听器官；仿佛课件的质量是评价一位教师或一门课程是否优秀的必要指标。于是，在今天的课堂上，学生只需要盯着大屏幕学习，一个抬头“读屏”的时代似乎在慢慢取代低头“读书”的那段岁月。

从某种意义上讲，“电脑＋屏幕”的模式确实能起到帮助理解的作用：没有电脑大屏幕的直观演示，学生难以对某些知识形成清晰明确的印象。但是反过来看，这种模式是否会限制我们的想象力呢？一张张精美绝伦的PPT完全不是在鼓励学生感悟字里行间“想象的世界”，反而是要求所有学生都接受屏幕上的现实存在，而学生也对这种无需动脑的学习方式乐此不疲。

结合波兹曼对于媒介的观点，我们可以看到，随着媒介的发展，现代课堂中的信息元素会越来越多，人机对话也在不断侵蚀人人对话。但我始终认为，文本才是最有营养的学习材料，“读屏”对“读书”的简单取代是人类思考的悲哀。教师手按鼠标，学生紧盯屏幕，看似提高了课堂容量，但一定程度上破坏了“诵读书写、品味凝思、圈点标注、感悟想象”这些学习活动的重要环节；许多纯粹的人文学科，诸如文学、哲学的课堂正因为现代科技的入侵而逐渐变质，学生对文字和概念的敏感度降低，思维能力和应变能力也缺乏足够的培养。面对这一问题，我想学生在“读屏”的同时保持独立思考的意识，培养起做课堂笔记的习惯；我们所指的做笔记并非埋头抄写大屏幕上的原话，而是在发散思考的基础上，将自己的心得记录下来，下课后可以对照下发的讲义深化自己对某个问题的认识。毕竟，书写比打字在专注度上要求更高，更有利于强化对一个概念的记忆；边听边想，随时记写的听课方式是“读屏与读书”的结合，比起单纯的“读屏”来说更有效率。

二、娱乐与知识：如何辨别?

英国 BBC 有一档益智类节目 The Weakest Link（《最薄弱环节》），选手通过答题积攒奖金，并在一个阶段结束后集体投票淘汰掉一名选手，最终剩下两名选手进行对决，胜者拿走全部奖金，其余的人一分钱也拿不走。这个节目本应使人增长不少知识，但事实上绝大多数观众都是抱着一种娱乐的心态看待这场“游戏”——他们往往只能记住某个选手的“存钱技巧”或是某期出了巨额奖金，是否了解那些琐碎的知识对他们的生活来说没有什么分别。

张维迎教授在《大学的逻辑》里面讲到：知识的价值经常不是马上可以在市场上体现出来的，所以就不会有人愿意为它付钱。但是电视在某种程度上帮助我们圆了这个梦。益智类电视节目将知识切碎、分类，并以一种“蒙太奇”的方式表现出来，最后再给它披上一层娱乐的“糖衣”。按照波兹曼的观点，这种知识陈列的方式本身就是娱乐的，而并非严肃的。通过这种方式获得的知识不系统、不精确，且有“喧宾夺主”之嫌——如此也难怪我们对电视上学来的知识记不住了。因此我们不难猜测，很多人喜爱益智类电视节目是爱上了知识竞赛节目带来的紧张和刺激，而不是知识本身。

三、娱乐与纸媒：电子媒介对印刷机文化的入侵？

近年来，央视十套的《百家讲坛》栏目持续火爆，不仅让于丹、易中天、阎崇年等学者的大名家喻户晓，也将他们的著作推上了书店的畅销排行榜。值得注意的是，这些畅销书的内容都和他们在电视上讲解的内容别无二致，甚至部分内容就是新闻记者对他们进行的采访实录：铅字所反映的内容竟然和电视收视率所要求的内容达到了空前的一致。这说明电视娱乐化的特征已经扩展到了整个文化环境，连印刷业都有被娱乐化的危险。我没有诋毁于丹等学者的意思，事实上他们都学富五车、德高望重，但他们的学术专著——那些厚重的思想卖不出去，而对名著有些牵强和刻意的解读——那些“创新”的语言和思想却深受草根大众的欢迎。“人民大众所喜闻乐见的文化”应该是这样的吗？

单就电视节目重新让我们燃起对古典文化的热爱这一点来说，知识电视确实是件好事，至少人们都又想起来老祖宗留给我们的宝贵财富。但是，如果我们的节目只侧重于发挥古典文化“心灵鸡汤”的作用，那相当于引导了人们对古典文化的误解和滥用；而如今我们竟将这些从电视上摘抄下来的、非学术的诠释作品与原著并排放在书店的书架上，仿佛它们在人类文化史上的地位不分伯仲，前人看来必定会啼笑皆非，但普罗大众并不认为这种做法有何不妥：他们觉得纸媒的娱乐化是天经地义的，我们不必求全责备。总的来说，《百家讲坛》的例子告诉我们，印刷业的支持的确延伸了电视节目的产业链，为整个集团在市场上谋利提供了多种渠道，同时也吸引了更多的观众增加纸媒消费；但我们必须对此保持警醒：娱乐与商业存在同构关系，娱乐至死的年代或许同样也是商业利润操控大众舆论与价值观的年代。

批判性思考：保持距离，逆向反思
——对作者观点的审视与质疑

本书曾在上世纪末的美国产生过振聋发聩的影响，时至今日，“娱乐至死”仍警钟长鸣。但我们也必须认识到，波兹曼写作本书的时间是 20 世纪 80 年代，彼时新保守主义对美国现代民主和大众文化的批判在思想文化界声势浩大，如施特劳斯学派就将现代美国人的精神状态描述为“居住在媒体的洞穴中”，电视、电影、广告是他们主要的“精神食粮”。由此可见，当时美国大众文化的娱乐化弊端已经值得相当程度的重视，波兹曼针对这一社会现状的反思和批评，在“斩草除根”之余，也会存在偏激的成分。仔细观察当今世界传媒领域的现实情况，我们也可以发现人类历史并没有完全按照波兹曼预测的思路发展。

首先，我认为，波兹曼的观点存在过度悲观和绝对化的倾向。事实上，在本书出版20年后的今天，人类的科技还在不断进步，电视、网络等各种新媒体被广泛地应用于世界的各个角落，支撑着社会运转所必需的高频度信息流动，并丰富着千家万户的日常生活。我们在使用这些媒介时，或许并没有一种自觉地抵制娱乐元素的意识，但绝大多数人能够在娱乐和工作、学习之间找到一种平衡。就拿电视来说，波兹曼认为电视“培养了人们的思维惰性”，人们理性思考的能力被视觉冲击和碎片信息所“阉割”，但近年来很多深刻的电视节目大量涌现，思考的过程也呈现在观众面前，人们“用遥控器投票”，就可以在理性培养和娱乐消遣之间做出选择。我们在如今的电视上看到是深刻与肤浅两种文化取向的争斗，娱乐与严肃两种文化态度的此消彼长，这一现实与波兹曼预测的垄断性的娱乐电视大相径庭。随着互联网产业的蒸蒸日上，包括我国在内的许多国家都进行了有益的规范和引导，比如“绿坝”等不健康内容过滤软件的出炉、对未成年人网络游戏时间的限制、网吧实名制的登记等等。因此，我个人对人类控制媒介作用的能力持乐观态度，毕竟我们在漫长的历史长河中曾经不断修正自己的错误，更新自己的观念，面对“娱乐化时代”媒介带给我们的种种弊端，我们没有理由不能克服之。

其次，关于造成“娱乐化时代”的深层次原因，波兹曼归结为媒介本身的倾向，这是一种技术层面的阐释。但我认为社会层面的原因也十分重要，本书对此的阐释尚不够深入。娱乐至上的大众文化背后的推手是以市场为导向的消费文化。对于普通的观众来说，适当地运用各种娱乐方法放松身心自然无可厚非，问题是电视节目的供应商瞄准了这一市场，利用观众对娱乐节目的高收视预期，持续播出选秀、征婚、搞笑等类型的节目，这也是当下中国各大电视台（尤其是地方卫视）收视率屡创新高的诀窍。娱乐已经和商业利益紧紧捆绑在一起：政府靠从企业收取的税收运营，企业靠从消费者身上赚钱生存，这样一条利益链将娱乐深深嵌入整个社会的运行之中，普通个体想要摆脱这一体系的影响相当困难。要从根本上修正电视节目播放的这种驱动机制，需要我们每个人“用遥控器投票”，利用电视丰富我们的价值观、增长我们的知识和见解，而不是仅仅把它当作一个娱乐的工具。毕竟，低俗的节目不可能消失，但深刻的节目可能越来越多。

第三，波兹曼显然没有考虑到信息内容对于媒介的反作用。“媒介即隐喻”，我们所使用的媒介固然可以在一定程度上影响内容的表达，但是如果内容做得足够出色时，或许可以消减表达方式对信息实质的淡化或扭曲；抑或内容和形式二者本来就是唇齿相依的，我们不能绝对地夸大其中一方的作用。常言道“酒香不怕巷子深”，内容如果本身是好的，自然会有需要它的人对它进行甄别和重视。因此，我们不妨将更多的注意力集中在做好媒介所要传递的内容，这样一来，各种类型的表达方式对我们的工作和生活才会更有裨益。

第四，我认为波兹曼对电视的某些评价不够中肯。例如，本书强调媒介本身隐含的倾向和对使用者及使用环境的潜在影响，但学生认为媒介并非在所有情况下都会对使用者施加这种倾向；或者说，媒介也存在纯粹“技术性”的一面，这一点波兹曼并没有意识到。以电视在课堂教育中的作用为例，山东省自2007年开始在高考中增设“基本能力测试”，包括音乐、美术、通用技术、信息技术等内容，由于教授这些课程的老师较少，很多高中采用闭路电视教学的方法，每周拿出专门的时间教授音乐和美术，每位老师只需要讲一次课，全校的同学都可以学习到，节省了大量的时间和人力。学生边观看闭路电视直播边做笔记，在这一过程中电视仅仅是一个工具，其暗含的非理性、非思考、娱乐化的倾向并不能体现出来。尽管电视传递信息是单向的，且电视本身无法测量学生学习的成果，但这个例子表明，脱离了市场导向的、并非以节目分割的“教育电视”并不是全无用武之地。

总而言之，我们能够理解波兹曼对人们心甘情愿地沦为娱乐附庸的痛惜，但是时至今日，媒介的作用和社会风气的转向还需要我们持审慎和批判的态度来看待。

（作者单位：中共广东省委党校教务处）

刘姥姥的到来只是为了度化

——读曹雪芹《红楼梦》

郭建蓉

两百多年的“红楼”阅读，看穿情爱、诵惯诗词、叹尽热闹，我们的目光终于从高贵缥缈的云端开始移往其他方向，人们对这部作品逐步有了更多个性化的诠释。虽然近几十年来，各种读法越来越纷繁杂乱，各种所谓自圆其说的臆测读法也纷纷粉墨登场，使个性化阅读变得鱼龙混杂；但是，也许泥沙俱下才是斩获珍珠的大好契机。

在这泥沙的倾泻之中，我们终于看到有人把阅读的目光投向更幽微的去处，投向曹雪芹着力颇多却往往被人忽视的笔墨上去。比如金荣娘、璜大奶奶等小人物；比如闹学堂一类的小场景；比如……当我们细细打量这些容易被阅读的目光轻轻飘掠过去的人物和故事，我们会发现自己更了解了曹雪芹的胸襟，他绝不只是在回忆里记下当日的繁华，绝不是因潦倒而慨叹今不如昔留恋往年富贵；曹雪芹心中有大智慧有大领悟，所以他的笔墨关注人世的每一个角落：绝不止繁华，更指向卑微。

所以，他看似着笔轻微内里却是浓墨重彩地写下了刘姥姥这个角色。刘姥姥出场不多，却使全书犹如猛然加重了许多砝码，骤然间有了沉淀于人心深处的分量。刘姥姥来到贾府并不是偶然的、可要可不要的情节，她的到来，是对贾府诸人的度化和救赎，她让在锦衣玉食中庸庸而活的众多优雅女人对自己的生活突然有了一个不同的观照，让她们看到在她们的生活之外另有其他也许困苦也许欢快的生命样式。很多时候人们为自己的日子所圈囿，真的会以为自己的生活就是世界的全部，真的并不了解外面还有别样天地。就像晋惠帝说没饭吃的老百姓“何不食肉糜”，也许真的不能怪他，他的世界里没有饥饿、贫穷这些字眼，以他的经历和智慧，不能理解离他那么遥远的世界。所以，远离世俗生活的人更需要度化，而刘姥姥正是背负着这样的使命而来。

刘姥姥对贾府最大的救赎看起来似乎是在贾府败落后救巧姐于水火，使巧姐得以在乡间纺纱织布，过上平民的清苦却算安稳的生活。巧姐最后能平静地生活在开阔的乡间田野，与一群开朗大方、智慧可爱又接地气的人们相伴，真是贾府诸人中最好的结局。但是，刘姥姥对众人的度化其实不仅仅在于卖房子卖地救巧姐这一大手笔，更在于她之来到贾府本身，在于她的一举一动、一言一行，以一股不同于贾府平日生活的清新田野之风扑面吹向众人，使众人有了思考的新触点和新空间。

刘姥姥是个大方、善良的姥姥。我们容易受到思维定势的局囿，以为贫穷之人必定贪财而吝啬。殊不知，富有而小气的大有人在，贫穷却散财的也处处可见。受到贾府帮助之后，刘姥姥帮助女儿女婿扭转了生活的颓势，地里有了收成，终于可以摆脱为肚皮而发愁的日子时，她首先想到的是把地里摘的第一茬最新鲜的尖儿路远迢迢地送来贾府给大家尝尝鲜。礼虽不重，却难为她心里惦记着那份恩情。离开贾府的时候大家送了好些东西给她，鸳鸯开玩笑想拿她一点东西，刘姥姥赶紧说你拿去吧，心里的感激简直满得盛不下，“早念了几千声佛”，却丝毫没有半点贪心。贾府出事后，当得知巧姐被卖去窑子时，她更是没有丝毫犹豫，毅然回去，卖房子卖地救出巧姐，没有吝惜，不求回报。“没有犹豫”几个字我们经常挂在嘴边，只道是寻常之事。殊不知嘴边的畅快与心头的闪念及脚下的行动之间的距离有时候可以是眼前与天边的距离。只有当善良、大方、爱与恩情充斥内心时，才有可能迈过这个距离，到达那个笑意温存的世界。刘姥姥瞬间迈过了，因为她的内心有几十年爱的充盈。

《红楼梦》

刘姥姥是个为他人的幸福而开心的姥姥。她年纪比贾母大，但身体健朗，行走如风，贾母自叹不如。刘姥姥说：“我们生来是受苦的人，老太太生来是享福的。”她对贾母的称颂是真诚的，不是奉承，不是虚礼。她来到贾府，见到每一个姑娘，无论主子还是丫环，个个都穿得闪亮耀眼，像是从画上走下来的仙人儿；每一件物事，都是金碧辉煌，刘姥姥嘴张得再大也无法表达出她的惊叹；一个园子，比她们乡下人每每羡慕的年画还要漂亮，有如踏入仙境飘然入云。这样神仙似的人物、童话般的生活在她面前展现，几乎是没有语言可以形容的华丽，真是所见所闻、所吃所喝“样样都好”，她见了只是满心欢喜，却不着恼。刘姥姥就像那只坐在路边为其他人鼓掌欢呼的蜗牛，别人跑得越快她却越开心，全然不在意自己是跑得最慢的那一个。

刘姥姥是个智慧的姥姥。她的言行有时看似愚昧、呆傻，其实生活在社会底层、最接地气的人，往往有很多来自生活的智慧，刘姥姥是大智若愚的。史太君两宴大观园，王熙凤和鸳鸯要拿刘姥姥取乐以逗贾母和大家开心。刘姥姥被她们戴了满头五颜六色的花，打扮得像个妖精似的，后来又被她们忽悠，让她开席前说“老刘老刘，食量大如牛”，惹得哄堂大笑；给她一双象牙镶金“比铁锹还沉”的筷子夹鸽子蛋，掉得满地乱滚；让她用一套十个的套杯喝酒，哄她说“没有只喝一个的理”，要喝就要整套喝……让她在席间出了不少洋相。我们若不细心，只是粗粗读去的话，会以为刘姥姥真是个乡下傻老太，被人耍得团团转还自以为得意；其实刘姥姥何尝不知道她们是拿她开心，事后她也说过，“你先嘱咐我，我就明白了”，但是她却甘心情愿去做这个篾片相公。若不是有强大的内心，定然不会如此心甘情愿，定然不能在此之后还心平气和地说“不过大家取个笑，”“咱们哄着老太太开个心，可有什么恼的”。如此开阔的心境，如此平和的情怀，是乡野之人从广袤无垠的田野中所收获的天赐之礼。这才是真正的天地智慧。

对刘姥姥的相知，贾母也有深情的回报。两个古稀老太太，在姹紫嫣红开遍的青春王国大观园里悄然相遇，虽各有情怀，却心有相通，犹如两条深流的静水，以各自不同的姿态流向同一条河床，有关怀、有理解、有默契。两个怎么也想不到会有机会对话的老太太，风中相握，竟是知己。贾母作为史侯家的小姐，从小也是在娇生惯养、珠环翠绕下长大的，嫁入贾家之后应该也是像王熙凤一样多年掌家，呼风唤雨。以她的出身，却丝毫没有无礼的傲慢，而且心思细腻，真正的惜老怜贫。刘姥姥赞她是有福之人时，她说自己“不过是个老废物罢了”，不是高高在上，以己之长压人之短，而是专提自己所短以显他人之长，而且不惜自黑以示友好。刘姥姥因为走土路而滑倒之时，其他人都拍手而笑，只有老太太马上笑骂丫环们不搀扶，而且还问刘姥姥有没有扭到腰，要不要叫丫头们捶一捶，真是温暖而贴心。席间凤姐和鸳鸯戏弄刘姥姥以娱乐大家时，贾母也多次提醒她们不要玩得过头。到了栊翠庵，更是一个最明显的对比。妙玉嫌刘姥姥脏，不但刘姥姥喝过的杯子她不要了，而且还说，幸亏是自己没用过的，如果是自己用过的，是死也不会送给刘姥姥的。而贾母喝了一口茶，很自然地就把茶杯递给刘姥姥让她尝一尝，不但没有想过脏不脏的问题，而且把自己喜欢的东西跟刘姥姥分享，分享得那么自然、随意，好像一家人，好像一个平日里最要好的姐妹。所以妙玉的修行是修而不修，是表面的，内心其实完全没有参透。而老太太是不修而修，虽身在世俗，却处处佛心。贾母是除宝玉之外最有宿慧的。在众人对刘姥姥的逗笑甚至嫌弃中，贾母智慧而悲悯的目光穿透所有的声音，直接投入刘姥姥的内里，洞察到刘姥姥的智慧。看似高高在上的贾母，和看似低到尘埃里的刘姥姥，却能心意相通，互相欣赏、了解和关怀。

刘姥姥是个自安其命的姥姥。与贾府诸人的养尊处优相比，刘姥姥一家的生活清贫、疾苦，但是刘姥姥一向安贫乐道，一心一意帮着女儿女婿过日子。即使日子过不下去了，面对缺衣少食的生活，面对女婿的借酒浇愁、闲寻气恼，她没有怨天尤人，只是在自己的想象力范围内设法化解，于是想到了去贾府碰碰运气这条路径。生活在社会底层的人们虽然相比之下无福享受富贵荣华，但是他们未必会去奢望、高攀那种不属于他们的生活；当得到一点点来自富贵的帮助时，他们又极易感怀于心，充满对生活的感激。当刘姥姥来到贾府时，她是带着这样一身朴素的品格而来的。

刘姥姥第二次进贾府，正赶上大观园摆螃蟹宴，刘姥姥掐指一算，这顿螃蟹花去的银子够她们庄稼人吃一年的。摆宴大观园时，刘姥姥夹鸽子蛋掉地上了，她心疼地说“一两银子连个响儿都没听着就没了”。吃着贾府的茄鲞，她慨叹要十几只鸡来配。面对与自己全然不同的奢华生活，刘姥姥会有惊诧、慨叹，但叹服之余，却并没有抱怨、妒忌、牢骚，她的信念是“守多大碗儿吃多大的饭”，并不因此觉得对自己有什么不公平。游大观园时，她会主动去走旁边泥泞的土路，而把中间的石子路让给大家走，她觉得她们娇生惯养的，不习惯走土路，而自己是生来受苦的人，走惯了泥巴路，很自然而真心地让出路来，觉得好路让给他人、苦留给自己来受似乎并没有什么不妥。

刘姥姥安于自己与生俱来的贫苦生活，不是被逼到日子实在过不下去，她不会屈身来到贾府告拜。她并不是贪财而来，只是迫于生计；她不奢望，无妄念。作者借刘姥姥来点化众生：各人有自己的造化，努力，却不强求，方为化境。

刘姥姥仿佛带着佛法而来。她内心的善良、朴实和无比强大，足以烛照一切。从她的身上我们看不到一点点的恶，看不到底层的委琐、贫贱的不堪，除去一点点小心翼翼的卑微之外，她展现给我们的都是质朴、大度、智慧和慈悲。世事满则亏，盈则溢，万事相反相成，所以贾府满眼的繁华非得寻个刘姥姥一样清苦的人来冲一冲，非得有个刘姥姥一样贫苦的人来让贾府的悲悯有一个释放的窗口。曹雪芹安排刘姥姥在贾宝玉绣房一般的卧室酒屁臭气地混睡一觉，妙玉自恃清高的庵堂也不能少了刘姥姥去“污浊”一下；读到这些地方不禁莞尔一笑。也许曹雪芹特此安排，奢望能引发贾府诸人对生命的另一种不同于往日的思考吧？看似一勺作料，给富贵无聊的生活一些点缀，实是无形的提醒，刘姥姥几是曹雪芹安排的“天降神兵”，给世人一记警醒的闷棍。如此完美的姥姥，真是一位可爱的姥姥。此刻俨然感觉到她端坐云间望着我们在人世间可怜地挣扎，看不到自己的俗艳，找不出苦海的出口，只是枉自劳碌、无所修为……

（作者单位：中共广东省委党校图书馆）

何处是归途？

——读阎真《活着之上》

刘　娉

作家阎真所著小说《活着之上》于2014年12月出版，作品节选版发表于当年《收获》杂志第6期，引起读者和评论界的关注，后获得首届路遥文学奖。

阎真在高校任教多年，一直很想写一部反映高校题材的小说。按阎真自己的解释是，多年前，他曾创作小说《沧浪之水》，小说着眼绘制环境对人的个性同化的图景，传递了人在现实面前，如何顺应社会变化的伦理主题。现在他想依托一部小说，来表达知识分子的精神坚守，即在作价值选择时，知识分子不会完全被功利主义所牵引。《人民文学》主编施战军高度评价阎真的创作，称小说直白“现代知识分子的成长史、生活史、遭遇史。没有拔高也没虚的装饰，但内心有着执着和向往，伴随着妥协、挣扎、痛苦。在梦中的曹雪芹和世上的聂致远之间的虚衔处，恰恰是我们的精神的生机所在。”

知识分子消亡了吗

作家阎真在作品《活着之上》中，不仅直击高校学术腐败，而且直面现实生活潜规则，集冷眼观察、精微描写和深沉反思三合一。其创作目的是希望通过一个人的经历反映当下高校的基本状态，凸显知识分子卑微生命中蕴藏着的高贵灵魂和执着的价值追求。阎真如愿实现了他的创作初衷吗？然而，这正是首先需要质疑的方面。

以研究中国知识分子而闻名学界的许纪霖先生认为“一部中国知识分子的历史，就是‘道’反抗‘势’又被‘势’排斥的悲剧。”（许纪霖《中国知识分子十论》，复旦大学出版社，P92）中国传统知识分子的立足点一方面是学术和知识，另一方面就是人格担当。知识分子除了具备传统所说的“传道授业解惑”

之外，还要有人格，在人格上体现自觉的价值尊严，即怀有人文理想、具备内在的德性自力，成为“社会的良心”及精神表率。无奈历经数次激烈的动荡之后，漫长岁月的流逝仍难将知识分子群体的心灵创伤彻底抚平。在物欲横行、精神失落的当下，中华民族最大的精神危机就是面临道德真空、信仰消散的局面，关于集体主义、英雄主义、理想主义已被人摈弃或漠视，一些人认为谈道德、论情操不是虚伪就是迂腐。知识分子群体内部也随之四分五裂，分化成为两类人：一类人是追求真、善、美的道德境界，保留独特个性和关注社会发展的人文主义知识分子；另一类人自私怯懦的个人主义知识分子，背离理性、真理、正义、良知的道德召唤，他们无心捍卫知识的尊严，只能安于现状，谋取可怜的生计。

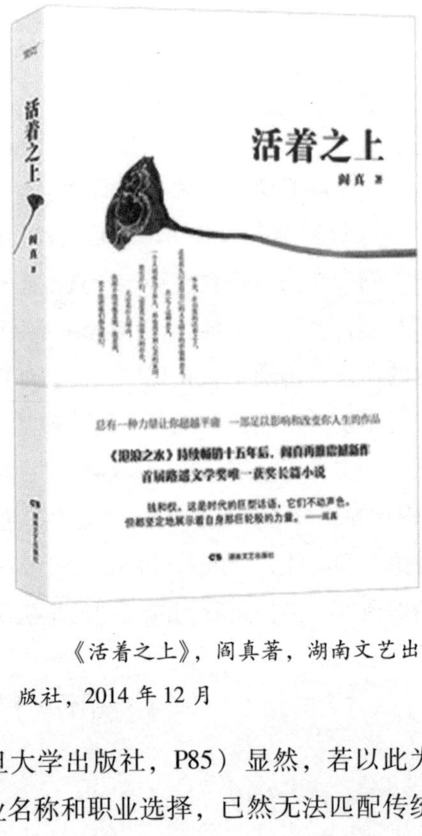

《活着之上》，阎真著，湖南文艺出版社，2014 年 12 月

按照美国社会学家路易斯·科塞的说法，即使是大学的文科教授也不一定是知识分子，知识分子必须“是为了思想而不是靠了思想而生活的人。”许纪霖强调作为任何一代和任何一个知识分子，社会（政治）关怀、文化（价值）关怀和知识（专业）关怀，这三种不同层面的人生关怀“都是有可能而且有必要同时具备的。”（许纪霖《中国知识分子十论》，复旦大学出版社，P85）显然，若以此为参照，如今高校某些教师恐怕仅是一种职业名称和职业选择，已然无法匹配传统意义上“知识分子”的美誉。当人们深切缅怀“传统的”知识分子独特的精神气质时，只能感慨真正的知识分子在当下已经是无比地稀缺了。

人生：沉重的肉身与漂浮的思想

在《活着之上》中，阎真悉心打磨塑造出贫寒出身，赤手打天下，实现成家立业梦想的主人公聂致远的形象（京华大学历史学博士，麓城师大历史学院教师）。借聂致远一角，阎真使用工笔细描的手法，精准地刻画出当下社会现状尤其是高校生活现状及学术生态环境。从博士研究生的考取、就业，到高校教师的工作与生活，发论文与版面费、学术研讨会、跑奖、申报课题、行政职位的争夺，乃至大学生的竞选班干部、考试、助学金的申请与获得等等，方方面面，林林总总的事务中，聂致远无时不被困境所缠，被困惑所扰：“生存是绝对命令，良知也是绝对命令，这两个‘绝对’碰撞在一起，就必须回答哪个‘绝对’更加绝对。”（《活着之上》P230）市场经济的背景下，但凡理性的读书人思维终极的探寻，不外乎追溯人生真谛、诘问生命的意义，重建人文关怀以及坚守理想主义的立场，从而构建诗意的栖息地——精神“乌托邦”。世俗社会的来临，不可避免地伴随着一系列深刻的思想冲突和情感碰撞，是运作钻营以谋求生存发展空间，还是为坚守学术品格而忍受清贫与孤寂？聂致远必须作出选择。

聂致远同时游离于两个世界：一个是超越世俗的彼岸圣地；一个是世俗的现实此岸，在两个世界中，竭力去保持灵与肉、价值与功利、理智与情感的微妙平衡，聂致远在崇高、纯真理想与琐碎、卑微生存境遇中反复辗转、挣扎。“外圆内方”的处世原则势必造就出分裂的内心。小说中作者试图传递出聂致远为了维护个体的生存和发展，无奈地承受不少常人难以理解的精神牺牲和无从体味的灵魂煎熬。聂致远无法成为特立独行的人，因为有太多的顾虑：或源于家庭出身或源于性格或源于生计的压力，缺乏无畏的勇气和孤军作战的韧性，除了设法平息自己内心深处紧张的心理冲突；除了自我调适，不断将积聚的惭愧、愤懑、幽怨缓缓地释放出来；除了委曲求全……还能怎样？“犹豫了几天我决定暂向生活妥协。也只能妥协。自我生存这么现实，现实到像阳台的棱角，坚硬、冰冷、粗糙，我没有办法设想它的温和柔软。我就生活在这里，在当下，而不是别处。我把这种妥协当作潜伏……”（《活着之上》P104）“我一个文科博士，坚如磐石的信念却是现世的自我。有这样的信念我是伪君子，可没这信念我就是傻瓜了。”（《活着之上》P9）聂致远权衡几番，与其纠结付出高昂代价，倒不如妥协退让带来暂时内心安详。消解和融化执念，也许是一剂最明智药方。

“习惯于唱道德高调，以此来实践他们的道德理想，以掩盖自身人格上的弱点，虽然这种弱点也许是一般人都具有的。”许纪霖曾毫不留情、一针见血地诟病今天某些以知识分子自命的人。（许纪霖《中国知识分子十论》，复旦大学出版社，P25）一些知识分子变得非常懦弱和自恋，看问题不会从大处着眼，也不敢去谈论根本的问题，而只会在许多琐碎的小问题上去玩稀奇古怪的“观看游戏”。聂致远虽没有特定的原型，但阎真坦承创作小说时每一个情节、每一个细节凭空想象得很少，绝大多数有生活的事实支撑。这些细节来自三个方面：自己所经历的，从旁边观察到的和听同事和朋友说的。藉由此，作家阎真把当下高校教师精神窘境精细地加以层层剖析，将聂致远骨子里充斥的优柔、怯弱叠加虚伪、矫情个性暴露得一览无余。

人心：每个人都是一个深渊

人们在年少时对用来填充青春热情的道德理想往往不具有鉴别能力，纯真的道德理想在社会现实面前常常脱节。聂致远读中学时对历史很感兴趣，考大学填报的志愿是高校历史专业，可家人无法理解，理由很简单："学这个专业没有饭吃"（《活着之上》P9）。后来聂致远自己也检讨"这种青春的执着与反叛也许是一个错误"（《活着之上》P9）理想很丰满，现实却骨感。生活从来不是按照理性的逻辑设计或自我的美好愿望来展开的，总是由各种意外机缘杂凑并顺理成章地演绎出来。"那些从书上来的思想在生活中全都苍白，乏力，用不上，生活中讲的是另外一套道理，是钱，是权，是生存空间的寸土必争。"（《活着之上》P22）"我没有钱，有钱事情就不会这样了；又没有权，有权事情更不会这样。"（《活着之上》P22）聂致远屡屡的内心独白和频繁絮絮叨叨地自怨自艾，为自己小农思想及市侩人格进行充分地辩护和开脱，"生活像坚硬的墙，在这堵墙面前，一个人不能硬生生去撞它，而只能变得柔软，从墙的缝隙溜过去。"（《活着之上》P23）"既然生活中没有理想主义生根的土壤，那么在市场中争取好好活着，更好地活着，那实在也是别无选择的选择。"（《活着之上》P25）某种程度上，聂致远的伪善个性和道貌岸然的做派甚至比不上功利主义者蒙天舒来得实在和坦荡。

每个人都是一个深渊，当人们往下看的时候，会觉得头晕目眩。德国天才剧作家毕希纳的观点发人深省："可学问是我的工作，也是我的信仰，我再怎么穷，怎么想钱，学问也是我心中的泰山。"（《活着之上》P43）对聂致远的潜意识运用弗洛伊德人格学说进行分析的话，他的灵魂中有两个自我，即"本我"和"超我"。"本我"和"超我"不时地在厮打和拼杀。聂致远的自我正是"本我"和"超我"的进退维谷的形象写照。在"本我"和"超我"双重枷锁重压下，在"应然"和"超然"之间徘徊游走，聂致远心力交瘁、身心俱疲惫。聂致远犹如一只钟摆，在学术与政治、情感与理智、现实与理想两极之间反复不停地摇晃。

从人本主义角度去探究的话，每个生命都值得仔细审视和关怀，每个生命都潜藏着无尽秘密。是什么造就了聂致远内在的无着落感？归根到底是人生际遇，是他无法选择的出身、原生态家庭关系。弗洛伊德认为，一个人的人格在5岁前就已基本塑造成型，不仅如此，童年也同样形成人的情感基础。小说开场便描述童年时期爷爷的离去，目睹死亡，对死亡最质朴、最感性的认知成为聂致远人生哲学萌发的初始源泉，也导致聂致远看待人生的意义和价值，得出的基本结论就是务实。活着即延续既定不变的生活轨迹，完成必要的人情世故。“小镇上的人们除了穿衣吃饭，最最重要的事情就是人情和面子了，这几乎就是活着的理由。”（《活着之上》P1）聂致远幼年所处贫困、落后、相对闭塞的环境奠定他与生俱来的狭隘、自恋的人格特征和苍白、浮躁的精神家园。“一个男人，自尊就是他的命。自尊不能说要自尊就有自尊了，那得靠实际的东西撑着。”（《活着之上》P203）真相渐渐水落石出，聂致远即便再努力也无法挣脱如影随形的宿命安排，人情和面子是他本性和潜意识中根深蒂固的意义和价值所在。对故乡的喜爱与厌恶、眷恋与摆脱、认同与反叛的复杂情愫糅合塑造出聂致远的真我，也悄然界定了他与生俱来的局限性：他仅是生存即形而下的低俗活着，他始终难以接近形而上之存在的崇高境界。

人性：那些斯德哥尔摩综合征患者

“理论是灰色的，生命之树常青。在市场之中，一个人的世俗化是多么合情合理啊。”（《活着之上》P103）“说他是人精，就是他凡事都经过周密计算，大小好处都要捞。这种功利主义我有点瞧不起，可又经常回过头来理解他：把自己的空间扩大，把自己的路拓宽，这是人之常情。”（《活着之上》P11）聂致远口中的人精即蒙天舒，聂致远大学睡在上铺的室友，小说中又一个重要人物。与聂致远活得磕磕绊绊相比，蒙天舒无论是事业发展还是家庭经营，可谓要风得风、要雨得雨。借用北大钱理群教授如是说，蒙天舒，不顾一切地追逐时代，属于高智商、高情商、善于表演，懂得配合并善于利用体制及人性的弱点达到自身目的的精致利己主义者。蒙天舒在这个时代似乎是恰如其分的存在，也是如鱼得水的存在。现实的巨大反差无情地告诫聂致远：大时代潮流面前个人极其渺小，不仅你无法逃离，更无法与时代反目为仇。

著名电影《肖申克的救赎》中，有位悲剧性的人物——监狱图书管理员布鲁克，他在监狱被关押了半个世纪，肖申克已经变成了他的整个世界。当老布获知自己即将刑满释放时，不但没有满心欢喜，反而面临精神上的崩溃，因为他离不开这座监狱。为此，他不惜举刀杀人，以求留在监狱中继续服刑。老布刻骨铭心地爱上了那间剥夺了他的自由的监狱，最终在出狱后，他选择了自杀。老布已内化为环境的一部分，一旦脱离了原有的环境，一切将失去意义。

斯德哥尔摩综合征，又称斯德哥尔摩效应或者人质情结，是指犯罪的被害者对于犯罪者产生情感，甚至反过来帮助犯罪者的一种情结。专家深入研究：人性能承受的恐惧有一脆弱的底线，这种屈服于暴虐的弱点，就叫“斯德哥尔摩综合征”。

聂致远或蒙天舒也许是现实生活中每一个人的影子，他们所在的环境，某种意义上来说就是微缩版的社会投射。聂致远的彷徨与矛盾，源于对自我及对世事变幻的困惑。这几乎是每一个哲学家口中都会涉及的终极问题：我是谁？我从哪里来，又要到哪里去？尽管阎真并没有在作品中向任何一个人发问，但答案昭然若揭——不管你是谁，无论你从哪里来，要到哪里去，人人都挣脱不过命运的安排。冥冥中总有一种力量让你无法超越平庸，总有一根坚实的缰绳把人牢牢地捆绑。“钱和权，这是时代的巨型话语，它们不动声色，但都坚定地展示着自己那巨轮般的力量。”（《活着之上》P223）作家阎真在小说中完美揭示出信仰、智慧、美德、情操的生存空间被无情地挤压与碾碎，焦虑、自卑、郁闷、愤懑如同一场迷蒙的雾霾，遮蔽了城市美丽的身影。在时代的浊流与旋涡席卷和裹挟中踉跄而行，个人显得如此地卑微。人总是向往光明和希望，人总是渴望梦想，人总是为信仰而活着。巨变的时代，我们身在何方，又将去向何处？

（作者单位：中共广东省委党校哲学教研部）

无处寄放的乡愁

——读田瑛《未来的祖先》

张雪峰

未来当我也为祖先，我将在何处？是枕着故乡的青山长眠，还是装进石制小盒永久地寄居别人的城市？我现在就很想知道，但无从知道——翻开田瑛的散文随笔集《未来的祖先》首篇之《未来的祖先》，读到这样的语句时，我被深深震撼了。

人生一世，草木一秋。世间谁也逃不过生死二字，即如此，是枕着青山长眠，还是把骨灰装进石制小盒，也就不那么重要了。然而在作者眼中，这却是一件非常重要的事，因为他把青山看作故乡的青山，把城市当成别人的城市。人如果有灵魂的话，他怎么能长久寄居在不属于自己的地方？

田瑛，湘西人，早年从军，转业后入职花城出版社，后为《花城》杂志主编，其主要作品《大太阳》《炊烟起处》《早期的稼穑》等，均取材湘西风情。《未来的祖先》是田瑛的首部散文随笔集，收录了《未来的祖先》《童年光景》《考兵》《我的文学梦》《都市匪情》等散文随笔，大量的湘西元素，杉木、祖坟、老屋、天梯般的石阶……田瑛善用这些湘西元素独特地描写他们的悲喜人生，于是有评论家认为：《未来的祖先》和田瑛早年的中短篇小说集一起，继续描写“第三种湘西”。其实这些作品早已超越地域所限，透视了转型时期中国社会的时代精神；及在这个特殊的时期，人们该如何好安妥自己的灵魂，往哪里寄放自己的乡愁。

乡愁是农业文明特有的产物，当时交通不便，那些离家远行客居在外的人通常被称为游子，故乡成了留在他们心头的美好记忆，乡愁也成为表达思乡感受的文化符号，如李白的“举头望明月，低头思故乡”，王维的“独在异乡为异客，每逢佳节倍思亲”，王安石的“春风又绿江南岸，明月何时照我还”，苏轼的“此心安处是吾乡”等等。

在全球化时代，人类搭上工业文明的快车，义无反顾地由农村奔向城市，在这个进程中，乡村迅速败落凋零，按理乡愁也应逐渐淡化消亡。可是都市流动、多元、快节奏的生活方式，并不能给人们以舒适安全的感觉，人作为一种文化的存在，不安和困惑油然而生。记得20世纪80年代曾流行一首歌叫《那就是我》，歌中有这样的唱词：我思念故乡的小河，还有河边吱吱唱歌的水磨；我思念故乡的炊烟，还有小路上赶集的牛车；我思念故乡的明月，还有青山映在水中的倒影；我思念故乡的渔火，还有沙滩上美丽的海螺。歌词用反复的手法，唱出了对故乡一切美好事物的向往，但这无异于水中望月，当我们怀着眷恋的目光回望故土，去憧憬乡村的宁静悠闲时，却发现由于在工业化的道路上走得太急太匆忙，我们已无法辨认回家的路，乡村无论是自然生态还是人文生态均遭受空前破坏，河流与青山已面目全非，与之一同几近毁灭的还有传承千年的中华文明，故乡成了一种不可触及的梦想，于是本该凋零的乡愁便演化成人们对现代文明的一种反叛，成为一种我们每个人都普遍体验，但却难以捕捉的集体焦虑情绪。

《未来的祖先》，田瑛著，花城出版社，2015年2月

田瑛长期生活在广州，他在《我的文学梦》中说：身居南国都市，赚钱的机会和门路似乎很多，友人中不乏暴富者，和他们相聚时，便觉得男人应该赚钱、有钱。在充满各种诱惑的广州，要潜心写作并非易事。作者逃离闹市的办法也很特别，他说：好在家住顶层九楼，且无电梯，一旦置身寓所，便有一种“躲进小楼成一统”之感，平时性懒疏于下楼，友人慑于楼高不敢轻易造访，于是，这里成了繁华世界最偏僻的一隅，它无异一个离群索居的孤岛。在物欲泛滥的世界，要坚持文学梦是多么不易，而这种梦想得以坚持的理由竟然是没有电梯的九楼，理由荒诞不经却又在情理之中，让人哑然失笑掩卷深思。

在文学圈内，田瑛被称作“田老板”，这估计和《乌龙山剿匪记》中匪首田大榜子有关；也和他生长于湘西，浸染了所谓的湘西“匪气”与“霸气”有关。

但田瑛自己却认为，这种匪气与霸气是被现代文明驯化过的。他在《都市匪情》中认为，在没有电梯的九楼里，我落草为寇，统帅着自己的部属，它们是由一群汉字组成的乌合之众。每当一篇小说写成，我照例检阅队伍一样逐字逐句检阅一遍，我发现，我的小兄弟们个个像被阉割一般，通体散发着太监的气息，属于它们的匪气已荡然无存。我知道，是我驯化并阉割了它们，是一双现代都市的文明之手驯化关阉割了它们。它们时常眼巴巴地望着我，流露出归依山林的乞求。

为了寻找这种匪气和霸气，也为了寻找梦中的故乡，这些年以来，作者形同一只候鸟，每到一定季节，就要飞回老家去，他认为老家是心灵最好过冬的地方，可是迎接他的是凋敝的乡村，荒芜的不仅仅是山路，还有大片的稻田和坡土。人心的荒凉直接导致了山寨的全面荒芜。山里人日渐稀少，他们在以各种不同的方式诀别故土：年轻人逃离，老一辈故去。灵魂一旦出走，再难找到回家的路。人去楼空的景象是触目惊心的，当作者伫立在自家的老屋场上，面对一幢破旧的祖屋发呆时，乡愁由农业社会游子对故乡的美好回忆，变成了工业社会人对自己灵魂无处安放的悲凉。

唐代有个叫贺知章的大诗人，37 岁中进士，待他辞去朝廷官职，告老返乡时已是 86 岁，我们熟知的《回乡偶书二首》就是当时挥毫而就。其一：少小离家老大回，乡音无改鬓毛衰。儿童相见不相识，笑问客从何处来。其二：离别家乡岁月多，近来人事半消磨。惟有门前镜湖水，春风不改旧时波。第一首诗中浓浓的乡愁被久别回乡的亲切和活泼的生活场景化解，第二首诗流露出作者对岁月沧桑、物是人非的感慨。贺知章是越州永兴（今浙江萧山）人，江浙一带私家园林发达，很多都是由告老还乡的官员建造而成。我不知道贺知章回乡后的活动情况还能否考证，比如他是否建了大宅院或兴办了私塾，但可以推断：他肯定成了当地有名望的乡绅，最后枕着故乡的青山长眠。在传统的农业社会，城市和农村是相通的，官员告老还乡后一般都回归故里，他带回来的各种资源还可惠泽乡村。在现代的工业社会中，城市像一台永不停歇的发动机，将农村的一切资源抽干，农村日益萧条破败，青壮劳力都离开了，有人谑称只留下了一支“386561”部队，“38”“65”“61”即妇女、老人、孩子，农村只剩下一个虚弱的空壳。

作者借助湘西巫风盛行，轮回转世的观念描述了农村凋零的悲凉。所谓轮回转世就是认为人死了会投胎转世为新的生命，或人、或畜、或植物。假定命运真的给你一次转世的机缘，每个人都会选择来世还做人，那就首先要找到孕育自己的母亲。可当作者走进寨里，他失望了，见到的几乎是清一色的留守老人和鼻涕未干的顽童。投人不成，按照顺序，其次就是转投畜生，牛羊猪狗鸡种种家畜，它们最终被宰杀的结局，让人于心不甘。再则便只有贱为草木虫蚁了，做一棵大树应当不错，但作者又失望了：纵观山寨内外，何处有一棵大树存活？等不及它长大就要招致砍伐，即使想成为一块石头也未必能够幸免，连寨前的那座岩山都命运不保，被炸开统统打碎成了细砂，运到山外做了高速公路的用料。思来想去，作者最终还是决定转世为自己坟头的荒草吧，自己给自己做伴，哪怕遭遇野火烧尽，来年的春风一吹我还可以再生……读到此处，让人不禁悲从心来，乡村凋敝如此，即使能枕着故乡的青山长眠，望着满目的疮痍和荒凉又有何意义？

猛地想起艾略特的诗句："世界就是这样告终，不是嘭的一声，而是嘘的一声。"或许，乡愁作为一种美好，它本来就与工业文明格格不入，只能存在于农业社会；或许，等我们这代脱胎于传统农业社会来的人都做了未来的祖先，我们的子孙早已适应工业文明，那时乡愁也就彻底消亡，成为他们嘲讽我们多愁善感的文化符号。

（作者单位：中共广东省委党校中共党史和党的建设教研部）

做一个好人

——读任天阳《最美街坊》

许德友

一座城犹如一片浩瀚的大海，包罗万象。如若站在一个制高点，俯瞰这座城中的人，则百态如一。当走入寻常巷弄，问候百姓人家，便不难发现城市之美。而最使人魂牵梦萦的其实是城中的生命之美，这些美简单得如同大海里的水，日久天长，无数水滴的集合，才使大海更加博大与深沉。

《最美街坊》里记录着一个个美丽的生命，不论是与租客守望相助的“最美房东”张利萍夫妇，与残障儿子不离不弃的高龄母亲麦容欢，还是勇斗扒手的公交司机黄广现夫妇，将公交车布置得像家一样温馨的“最浪漫司机”卢振国，或是视自闭症儿童如亲生儿女的洋妈妈罗恩惠，为保护河涌水质而自发成立的“驷马涌保护小组”志愿者团队……他们的大爱与大善都足以给一个城市带来无限的正能量。

何为大爱与大善？小则一缕微笑的关切，大则一个生命的救赎。它是一种文化，一种构成城市大美的文化。这种文化源于人心，播撒人情，映射人性。《最美街坊》，无疑给人带来了无限清凉，不管世界糟糕成什么样，总有一群可爱的好人，让人温暖。

想起大学时候自己和女友去旅行。我们两个人计划徒步沿着漓江而下。偶遇大雨，淋湿了我们的行李与衣服。已经到了傍晚时分，又冷又饿，雨似乎也没有想要停的迹象。进退两难，女友已经“呜呜”地哭了起来，一直不停地问我：怎么办？生命的渺小与脆弱开始蚕食……我们只好蹒跚靠近大马路求救。偶尔行经的车辆总像风一样，还未招手，就已经消失在视野之内。这是第一次徒步，或者最后一次。就在迷茫不知所措的间隙里，一辆越野车停在了我们身旁，车上的三名男子愿意载我们一程。一路上，他们热情地介绍着沿途的风景，一一打点我们的食宿，更是亲自送我们到了阳朔。后来我们才得知，三位男子只是普通的桂林壮族人。

生命有时候就是这么奇妙，从陌生人的一些善举里，就这么轻易读懂了“好人”二字。“滴水之恩当涌泉相报”，大多数时候，帮助过自己的好人都铭记在心，这种铭记，甚至深入骨髓。

“很难想象，人居然会好到这个地步，无条件地对人好，不计回报，若不是亲身体会，恐怕真不觉得好人是存在的。”这是我读过《最美街坊》里“托举哥”故事后，内心最真实的感悟。偶尔回味被人帮助的滋味，不禁觉得：对一种生命的救渡，或许只是一碗水的供给，不同的帮助方式，散发的芬芳却是同样悠远的。

《最美街坊》

《最美街坊》书里的好人，离我们并不是太远，他们其实就是我们身边最普通的人群。在此之前，我们很难想象一个96岁的老人将两个智障儿养育了70多年；更无法明白，即使自己有生命危险却依然不顾一切跳江救人的卡洛斯和郑益龙；甚至是在这个物质功利的社会里，还有家不闭户的地方存在；还有那些公车、的士司机，勇斗歹徒，善举不停。他们的善自然流露，没有私欲。在一种五味杂陈的状态下读完这些美丽的生命故事，突然觉得我们所要做的，不仅仅是感动，而是在深刻理解后，在适当的时候，也以实际行动帮助那些需要帮助的人，传递善与美的力量。

我无法将自己标榜成一个好人，更无法想象站在他们的立场是否能不顾一切地做他们所做的事。社会给予的生活百态，正在慢慢地吞噬初心。不是人心冷漠了，而是社会现实了。处于这样的社会，每个人需要自我救赎，让善知充盈身心，也许这一刻做不了好人所做的事，可指不定下一秒，我也是正能量，我也是构成这个城市海洋的一滴水。

我想，能回报这些好人最直接的方式也只有：做一个好人。

（作者单位：中共广东省委党校经济学教研部）

从数据出发：浅谈大数据与社会治理创新

——读涂子沛《大数据：正在到来的数据革命》

吕晓阳

大数据浪潮汹涌来袭，与互联网的发明一样，这绝不仅仅是信息技术领域的革命，更是在全球范围启动政府透明、加速企业创新、引领社会变革的利器。现代管理学之父德鲁克有言：预测未来最好的方法，就是去创造未来。而“大数据战略”，则是当下领航全球的先机。

涂子沛的《大数据：正在到来的数据革命》一书通过讲述美国半个多世纪信息开放、技术创新的历史，以别开生面的经典案例——奥巴马建设“前所未有的开放政府”的雄心、公共财政透明的曲折、《数据质量法》背后的隐情、全民医改法案的波澜、统一身份证的百年纠结、街头警察的创新传奇、美国矿难的悲情历史、商务智能的前世今生、数据开放运动的全球兴起，以及云计算、Facebook 和推特等社交媒体、Web3.0 与下一代互联网的未来图景等等，描述了数据创新给公民、政府、社会带来的种种挑战和变革。

一、大数据的概念

什么是数据？数据不是简单的数字，数据是有根据的数字，数据是对客观世界的一个测量，一个记录。数据是一个量化的工具，量化是科学的本质，如果没有量化的话那就没有科学，所以我们说数据是科学的语言，是科学的载体。

进入信息时代之后，数据的内涵发生了一个变化。随着计算机的发明与应用，数据库出现了，所有的数据都放到数据库里，包括数字、文字、音频、视频、图形、图像也放在里面，数据的内涵扩大了。数据已经开始指代信息，成为信息的代名词。数据的体量在扩大，容量也在扩大。例如，过去 50 年《纽约时报》所有的容量是30亿单词；现在互联网上仅仅一天微博上就有80亿单词，一天的微博数据量，就相当于过去一百多年的报纸的数据容量。

20世纪80年代，宾夕法尼亚大学的一个教授定义了一个两百太的数据叫做大数据。一千吉就是一个太（TB），一部电影大概是一个吉（GB），两百太相当于二十万部电影。人类到现在的信息总量大概是一个泽（ZB）左右。下面列出的是数据存储单位的换算关系：

1汉字 =2B（字节）

1KB =1024B（500个汉字）

1MB =1024KB（50万个汉字）

1GB =1024MB（一部电影）

1TB =1024GB

1PB =1024TB［一年国产电视剧（1.7万部）容量］

1EB =1024PB（5EB相当于至今全世界人类所讲过的话语）

1ZB =1024EB（全世界海滩上的沙子数量总和）

《大数据：正在到来的数据革命》

根据维基百科的定义，大数据是指无法在容许的时间内，用常规软件工具对其内容进行抓取、管理和处理的数据集合；大数据规模的标准是持续变化的；当前泛指单一数据集的大小在几十TB和数PB之间。

二、大数据的成因

涂子沛认为有5个现象促成了“大数据”的形成：包括摩尔定律、普适计算、数据挖掘、社交媒体以及云计算。

1965年，英特尔的联合创始人摩尔发现如下规律：一个集成电路芯片上，同一面积上的晶体管数量一到两年就要增加一倍，这就是“摩尔定律”。同一面积上晶体管数量不停地增加，导致计算机的性价比不断提高。1955年，IBM推出第一款硬盘的时候，1兆存储需要6000美元；到1993年，每兆降低到1美元；到了2010年，降到每兆不到1美分了。半个世纪的存储器的价格下降了几百万倍。摩尔定律到2020年之前，还会继续有效，存储器价格还会继续下降。摩尔定律为大数据时代的到来铺平了道路，就是再多的数据，再多的信息也可以以非常低廉的成本来进行保存。

1988年，美国科学家马克·维瑟提出了“普适计算”概念。他说人类的计算浪潮可以分为三股，第一股叫做主机时代，主机时代的时候，计算机奇大无比，很多人共用一个计算机。到了20世纪70年代末，出现了个人电脑，人手一机。但马克·维瑟说这不是时代的终结，时代的终结是计算机会变得很小很小，融入到人们的物理环境当中，处处都是可计算的。

1989年，世界计算机协会召开了第一次数据挖掘年会，标志着数据挖掘开始兴起。数据挖掘是用自动算法在大量的数据当中得到一些隐藏的关系、模式，总结出新的知识。数据挖掘最经典的例子莫过于某个超市的啤酒和尿布的故事。某个超市在数据当中发现啤酒和尿布的销量呈现正相关的关系。经过调查他们发现，母亲在生了孩子之后买尿布的经常是年轻的父亲，他们在买尿布的时候喜欢买点啤酒。超市利用这个知识把啤酒和尿布捆绑在一起，推动了两个商品的销量，成为了它的竞争性优势。

2004年，社交媒体出现。社交媒体对大数据时代的意义是决定性的。社交媒体产生之前，主要是软件及感应器在收集数据；社交媒体产生之后，全世界的网民都开始贡献数据，而且这部分数据是非结构化数据。以前软件收集的数据是有严整结构的，称为结构化数据。发微博，上社交网，包含视频、图像、文字等等，结构是乱的，这种非结构化数据也叫行为数据，它给数据分析、数据挖掘带来最大的挑战。目前非结构化数据已经占人类数据总量的75%。

2006年，出现了“云计算”。云计算有三种模式：第一种是软件即服务，也就是用互联网上的软件，而不用自己装软件；第二种是平台即服务，是说用它的软件后，连操作系统都不要装了；再向上是设施即服务，不仅系统不需要了，自己的计算机也不需要了，只需要一个显示器就可以了，所有的硬盘等等，都用云上发送给你。云计算为人类解决了一个问题，就是即使有很多的信息，即使存储器非常的便宜，都不用存在自己的存储器上，而是存在云上实现规模化和专业化。

三、大数据的影响力

“大数据”是人类下一个创新竞争的前沿。2012 年 3 月份，大数据成为了美国的国家战略、国家行为，美国联邦政府把它上升到与当年的互联网和超级计算一样的高度。

大数据等于传统的小数据加上现在的大信息包括视频信息、声频信息、图像信息；大数据等于非结构化的数据加上结构化的数据；大数据等于大容量加上大价值，容量是现象，价值才是本质。

在大数据时代，人们必须转变思维方式。人们通常对数据的期待和要求是用数据说话；但在大数据时代，是要在数据当中寻找新的启迪、挖掘新的知识、总结新的规律，这才是大数据时代的思维方式。

大数据的影响体现在物理计算、社会计算中。

首先是物理计算。互联网的未来是物联网，所有的电器、机器都会装上感应器，连上网络，当全世界的机器、电器开始贡献数据的时候，将会迎来一个更大的数据爆炸。例如，在被称为 2.0 版本的工厂里，装了一万个感应器，这些感应器对工厂的各个条件进行监测。比如说温度、压力、湿度，还有生产过程中的各种配料，它的一个口号是让产品产生记忆。一个产品出厂之后，如果用户反馈有问题了，立刻可查找它当时生产的条件，追溯它的数据，确定它的问题。

社会计算是大数据时代最大的亮点，因为社会计算，我们的社会治理模式将会发生改变。社交媒体产生后，通过社交媒体上的数据能够做出很多推断，你能发现一个人的喜好、偏好、观点、意见，而不需要做任何问卷调查。另外，现在数据越来越多，各种数据现象都被记录了。未来一切社会现象、社会过程、社会问题都可以计算。有人比喻现在的大数据就像一个新的显微镜，这个显微镜对准的是人的行为、社会现象，这将引起社会科学知识关于人本身的知识的一个大的爆炸。

从数据当中去发现规律，用数据来解决社会问题，这种想法其实有更久的渊源。1830 年法国哲学家孔德就提出过社会物理学的概念，他们当时从数据当中得到一些重要的发现，他们在研究自杀率时发现伦敦的自杀率无论是在经济萧条的时候还是经济繁荣的时候，自杀率几乎是恒定的。就像有一块铁磁石一样，吸引着去自杀。他们因此提出社会物理学，认为社会就像天体一样，存在规律，要发现这种规律就需要用数据。但是受限于当时的条件、数据有限，到了今天这个大数据时代，社会计算一定会兴起，用计算、用数据来解决社会问题，是未来的发展方向。

四、大数据应用——社会治理创新

2010年，美国总统科学技术委员会给总统和国会的报告写了这么几句话：数据正在呈指数级增长，联邦政府的每个机构和部门，都需要制定一个应对“大数据”的战略。政府数据有三种来源：第一种是业务数据，来源是下级部门和社会组织，是以基层上报、被动接受为主；第二种是民意数据，是单个公民或组织需要投入人力，财力去主动收集的数据；第三种是环境数据，包括自然环境、动植物以及物体，以传感器自动采集为主。所以，如何收集、保存、维护、管理、分析、共享正在成指数级增长的数据，是各国政府必须面对的挑战。

（一）社会治理需要大数据

万维网之父——蒂姆·伯纳斯·李在2009年的一次演讲中说过一句话：“原始数据，现在就要！”数据最大的作用就是可增值性，通过整合可以发现新的知识，产生新的价值。

数据如果应用到社会管理当中会形成什么样的局面？这不仅仅是技术创新，大数据还将催生很多管理创新。人类所有的学科可分为三大学科，包括自然科学、社会科学、人文艺术。所谓“自然科学”，毫无疑问的根本出发点就是数据，卫星要上天，潜艇要下海，都要通过计算才能实现。但是社会科学在以前是很难量化的东西，因为它是研究人、社会的，非常难以量化。当以人作为研究对象时，人的行为往往会被扭曲，得不到真实的结果了。而在这个数据为王的时代，公民（也称为网民）的个人行为已经在网上被广泛记录。每一个人的网络行为都被记录：人们上网点击被记录；去银行，去餐厅吃饭、进酒店都留下记录；看场电影、听场需要被注册的讲座时也都被记录。人的行为和社会状态被广泛的记录，这时就为社会科学的定量分析提供了丰富的数据。在这个时代，人的行为就可以被量化了。

从个体层面上去看，人的行为是无序的，是难以预测的；但通过大数据从集体的层面上看，人们的行为是有规律的，政府、企业、各种社会组织可以从大数据中发现知识，为决策提供行之有效的方案。

（二）中国目前大数据现状

中国是一个人口大国，也是互联网、手机大国，我们的互联网用户是美国的2倍，手机用户数量是美国的3倍，据最新的统计资料表明：中国全国网民数已达到6.32亿，上网人数位居世界第一，普及率46.9%，超过全球平均数39.0%。互联网数据是如何产生的？主要是互联网和手机产生的。中国具有无可比拟的条件，应该是个数据大国。但目前中国收集的数据还很少。以2010年为例，中国新增数据量与美国比较，连美国的1/10都不到，比日本的数据还少，中国大概是250TB，日本是400TB。表明我们收集数据的意识比较差，我们还没有这个意识去收集数据。其次，收集数据的质量也较差。网络上充斥着大量的水军和无标签数据，数据质量低、公信力差，将影响数据的应用。

（三）社会治理与大数据融合——迫在眉睫的任务

数据已经渗透到每一个行业和业务职能领域，逐渐成为重要的生产因素；而人们对于海量数据的运用将预示着新一波生产率增长和消费者盈余浪潮的到来。大数据将成为国家竞争力的重要标志，与矿产、土地、石油一样成为国家的基础性战略资产。提高国家治理体系和治理能力现代化（第五个现代化）要靠大数据。从中国目前的现状出发，本人认为要从以下四个方面着手，下大力气推进大数据的应用。

1. 重视数据、建设智慧政府。基于中国政府的“矩阵”管理模式，通过加强信息化促使政府管理向智慧政府迈进。实现各部门的业务基本覆盖、跨部门的业务实现关联、公众服务实现互动、基础资源实现共享、大数据服务社会治理。

2. 整合数据、提升治理水平。建立政务云，通过上云、数据整合、应用创新提升社会治理水平；建立阳光民生，整合救助资源；建立保障救助人口信息库，部门间保障救助信息共享，实现联动协同保障救助，解决重复救助、多头救助、遗漏救助、人情救助等问题。

3. 开放数据、提升服务水平。开放数据，倒逼服务水平提高、引导服务创新。逐步开放以下两类数据，一是科学类：交通数据、环境类数据、气象数据、统计类数据、经济类数据、自然科学数据、人文科学数据、地理位置数据；二是政府管理类：行政区划数据、政府机构信息、政策法规、财政和人事数据、政府业务数据、行政行为数据、公共服务数据、统计数据。

4. 从数据出发，成立数据局。成立数据局统筹全社会数据的收集、管理与运用。将来引导政府前进的是基于实证的事实，不是意识形态，也不是利益集团在政府决策过程中施加的影响。基于这些数据说话，将使政府更有效率、更加开放、更加透明。

（作者单位：中共广东省委党校信息技术教研部）

我们如何守住文化边疆

——读弗雷德里克·马特尔《智能——互联网时代的文化疆域》

梁晗晗

互联网闯入我们的生活，有一种“忽如一夜春风来”的意味，彻底改变了我们的生活方式。之前，提起互联网科技如何改变了我们的生活，我首先想到的是马云缔造的淘宝“双十一神话”，无所不知的“百度”，以及把智能手机变成对讲机的“微信”。直到拜读了弗雷德里克·马特尔的《智能——互联网时代的文化疆域》一书，我才意识到互联网文化绝不仅仅只有阿里巴巴、百度和微信。书中让我真切地看到互联网浪潮下，全球数字世界所呈现的各具特色的文化版图，作者的足迹遍及美国、俄罗斯、印度、巴西、墨西哥、南非、日本乃至加沙等多个极具代表性的国家和地区，并在这些深入全面的田野式的调查与访问的基础上，悉心地记录并论述了互联网时代的一场场波诡云谲且震撼人心的文化战争及其未来的基本走向。

一、网络时代中泾渭分明的各国文化疆界

作者马特尔为了理清互联网在全球的发展走势，前往美国、中国、日本、南非、印度等50多个国家和地区开展调研，采访了包括谷歌、苹果、脸书、亚马逊、阿里巴巴、腾讯、百度、优酷、众筹等上百家企业的高管，以这些深入全面的田野式的调查与访问为基础，探讨了一系列感兴趣的话题，如“硅谷”成功的秘密是什么？华盛顿的叛徒斯诺登为何成了硅谷人心目中的英雄？好莱坞如何通过与网络巨头联姻而再次成功转型？阿拉伯国家如何将社交网络用于他们的革命？以色列如何成为一个“创业的国度”？墨西哥如何用推特对抗毒枭？穆斯林世界的互联网又是什么样子？通过这一个个案例，我们可以看到：“硅谷”成功

的秘密在于研究、融资和企业创新三个领域之间的交流与渗透；在于加利福尼亚特有的文化多样性和语言多样性；在于对企业创新的信仰；中国互联网三大巨头：阿里巴巴、百度、腾讯，通过克隆加创新，打造了中国独特的互联网体系；印度已经拥有了一个前途光明的生态系统，共有数千家充满创造性的创新型创业公司；俄罗斯、肯尼亚、巴西正在敢冒艰险、无所顾忌地打造各自发展中的智能城市模型；网络科技的确能够为“贫民窟”打开成功的一扇门，使其改头换面；日益新潮的“社交电视”虽然脱离了传统形式和固定的播放时间表，但是依旧深深根植于本土……一件件案例中，作者在探讨互联网文化的同时，将政治制度、经济发展、社会形态、生活方式等话题杂糅其中，为读者勾勒出一幅清晰的世界互联网文化图景。

《智能——互联网时代的文化疆域》

作者最后提出了结论，描绘了与美国互联网巨头们所描绘的完全不同的一张互联网地缘政治图景。在美国互联网巨头看来，数字时代的世界是无国界的，完全开放、互通、脱离地面，这是一个将个体从历史、文化、语言中分离出去的过程，是一种主流文化的同质化。而作者另辟蹊径提出：互联网从未有过真正意义上的全球化，全球的亿万网民使用的虚拟网络仍然存在着诸多价值观念迥异、文化传统不同、民族意识纷繁且边界异常清晰的文化疆域。

二、我们如何守住文化边疆？

马特尔的结论发人深省。互联网智能时代中，各国之间的文化之争已然不局限在传统的文化传播领域，虽然电影、电视、流行音乐、传媒等各种文化产业依然硝烟不断，但现在这个博弈的主战场已悄然转向互联网，逐步扩展到脸书、谷歌和 youtube 等各种无国界的视频网站上，互联网浪潮已渗透到各个领域之中，但实际产生影响的还是互联网所承载的极具地域特征的文化。

文化强、国才强。在智能化的今天，“文化入侵”现象可能变得更加普遍，智能化飞速发展，不同的文化在互联网交流交融交锋，构建自身的疆域，中国应如何守住自己的文化边疆呢?

（一）文化传承是基础

首先是增强民族的自我认同和自我归属，我们要有自己的东西，继承优秀的历史文化。传承古意并不等于泥古不化，而是以保留传统底色，坚持民族文化为前提，顺应历史规律、中国国情，借鉴他国优秀经验及文化传播的先进手段，并结合新的网络科技、生活方式、思维方式，对传统文化进行创造性的转化和创新性发展，从而将互联网科技与文化价值统一起来。其次应当加大宣传，让人们了解、体验、欣赏自己的文化，养成网络文化自觉、文化自信。

（二）科技创新是生命

作者走访了中国的阿里巴巴、腾讯、百度，都用到了“复制”这个说法，书中说道：淘宝网是阿里巴巴复制了 ebay；百度是一个类似 google 的搜索引擎；人人是对脸书的克隆；腾讯微博和推特极其相似。在作者看来，中国的很多网络产品都是在缺乏创意时做了另一种革新。在我看来，这些本土企业之所以能打败原创企业，都是因为他们做了微创新。但是我们不得不意识到：我们缺乏原创。在互联网时代，创新即是生命，只有具有实验和冒险的使命，努力实现技术创新，才能把握住互联网文化的话语权。因此我们要营造鼓励创新、保护专利的氛围，正如书中说到在硅谷流行的那句话：抓紧失败（to fail quick），只有大胆创新、保护专利，才能不断创造出贴近实际、贴近生活、具有自身特色的互联网文化。

《智能——互联网时代的文化疆域》一书，不仅带我们亲历了世界各国的互联网现状，生活方式、创新模式以及那里人们的思维模式；更重要的是，让我们开始意识到：互联网已经作为当今最强势的文化，在国际竞争中发挥着极为重要的作用。

（作者单位：中共广东省委党校科研处）

下辑

三味·思享·版图

——读书生活随笔

虽有千章万句　理会只在苦心

——我们如何阅读好书

苟志效

好书需要阅读者的理会。从第一性的意义上说，人类社会的演变是个自然历史过程；但从存在的特殊性上看，人类社会的发展又是一个构建精神世界的过程。人类不光追求吃、穿、住，还追求知识、思想、审美等，人类精神财富的最主要载体就是经过时间检验的书籍。如何阅读好书，反映着人们不同的精神世界、认知状态和价值取向。只有在阅读上真下工夫、下真功夫，才能改变人生，创造历史。

我们如何阅读好书？就拿典籍来说，典籍既是智者心血的结晶，又是启迪未来智者的思想备份："书中保藏着全部往昔时代的灵魂"（卡莱尔），正是典籍，使我们"不觉周围是死者"（骚塞），"好书是人类进步的阶梯，瞭望世界的窗户，疗救心灵的良药。如果没有书籍，人类在每一个领域都将面临蛮荒，都需要筚路蓝缕"（何龙）。正因为如此，邦达列夫才认为"谁要是没有被一本好书俘虏过，那将是最大的遗憾"。

但令人遗憾的是，邦达列夫所担心的遗憾在今天却越来越多。从古到今，理解真正的思想者，或者说理解真正的思想，都不是轻松的阅读所能完成的。理解"痛苦的思想者"、或者"痛苦的思想"，只有"苦读"才能实现。面对魔鬼不怀好意的灵魂买卖合同，浮士德到底有多纠结和痛苦？你必须调动自己的想象和生活经验，才能理会；"知识即美德"、"我思故我在"到底是什么意思？你必须像苏格拉底、笛卡尔那样去思考，才能真正体悟。

"苦读"不仅是读典的最高境界，也是以好书为桥梁获取常识的重要途径。如果认为读书只是简单翻翻页码的事情，将路漫漫而求索的意义消除，遗忘真理路上步履艰辛的曲折，试图用娱乐化方式消遣人类薪火相传的思想备份，无异于缘木求鱼。

《宋本四书：国学基本典籍丛刊》

要想让好书薪火相传，需先“苦其心志”。阅读是有灵魂的，而它的精神层面决定知识获取的成败。快餐式的一知半解其实是对书香的损害，好书能让阅读超越时间的界限就是——回到坚韧的初心，孜孜不倦追求火种，只有这样，思想的亮度才会向前行的理会者投出最强烈的光线。

读好书是一种精神传承。面对今天的阅读被娱乐化、享乐化所干扰的困境，如果没有对“苦读”的价值坚守，那么功利化、平面化、粗鄙化、无聊化的阅读将会泛滥成灾，贻害无穷。

（作者系中共广东省委党校副校长）

风雨黄华是故园

——寻踪典籍古训中的旧址往事

李新慧

广东省委党校，别称黄华园。初入校园的学员，看到这里荫荫古榕下，银库旧址、凉亭古训隐约透出几许风云变幻，都不免要探问一番渊源。回溯校址的历史变迁，别有一种沧海桑田的意味。

黄华园得名，起因于一口大水塘。此塘坐落于广州古城东北部越秀桥边，原本和广州城内白云山发源流下来的河涌同脉，调剂着广州古城郊外的水流。从秦末汉初南越王建立起越国广州古城的“赵佗城”，到北宋年间修筑的广州东城，从地图上来看，这口水塘始终存在。据传，每逢天凉秋至时节，水塘周围开满菊花，黄花云影倒映水塘，行人路过驻足流连，渐有“黄花塘”一说，后人也称黄华塘。

据地方志以及光绪《韩氏族谱》记载，广东博罗浮碇岗有一韩氏宗族——明清时期以书香门第著称的望族，明朝崇祯十三年（公元1640年），韩氏族人中有一名官宦世家的子弟叫韩宗騋，因家道中落心灰意冷，剃度出家，法号函可，自称“剩人和尚”，为避世修炼，在广州古城东郊黄花塘的北边，修建了一座“不是庵”，因所在地名之故，又叫“黄华寺”。当时正值社会动荡改朝换代之际，函可和一帮志趣相投的朋友终日在此地雅集酬唱，也不失为黄华园前世值得记述的一段“古”了。

至清朝光绪十五年（1887 年）正月，清政府在广州大东门外黄华塘建厂，命名为广东钱局（后称广东造币厂）。当时广东、湖北两省的造币厂，是清政府成立最早的造币厂，规模比较大，设备也非常齐全，于是光绪皇帝下令命这两个造币厂为其他省代铸银元。这两个造币厂都是由当时参加洋务运动的张之洞在担任两广总督和湖广总督时建立的。当年在广东造币厂刚建成时，张之洞就被调到湖北当湖广总督了，他采用成功建立广东造币厂的经验，在武昌也建立了湖北银元局。所以，广东造币厂实为中国第一间用机器制造银币的工厂。

建成后的广东造币厂，正门就位于广州古城大东门外黄华塘乡（即现在的中共广东省委党校旧大门），厂区贴近西面一条河涌东濠涌，规模非常之大，厂区内有大小建筑达几十座，当时全市最高的烟囱就在这里。所费开销比全国重点开设的福建造船厂、北洋机器制造局等不相上下，可以称得是全广东乃至全国钱最多的地方了。

古亭新韵——李新慧钢笔速写

民国前期的广东造币厂归省管，以铸造双毫银币为多，时铸时停。1931 年 9 月 2 日，广东省政府指令财政厅停止铸币，以后便没有再开炉鼓铸。在它存在的 42 年中，制造过大批银、铜、镍币，其中贰毫银币，流传到全国。在上海，“广东双毫”都是有极具重要地位的辅币。而且，这种双毫在香港澳门都长期使用。但因后来广东当局视造币为生财之道，为降低成本，不断降低铸币成色，还铸造劣币，致使造币厂信誉不断降低。

在时代浮沉中，广东造币厂终于走向式微，不复有当年鼎沸的一景。如今在党校校园内只剩下一座小小的“银库”，1993 年 8 月被政府正式挂牌列为广州市文物保护建筑物。在校学员路过习以为常景，谁还能想象当年机器轰鸣彻夜铸钱的盛景呢？只不过，当年因为要建造规模庞大的造币厂，那口周围开满黄花的水塘逐渐被填塞，并在其上栽种不少榕树，算来这些榕树至今皆有百年以上的树龄了。目前，由园林部门挂牌重点保护、百年以上树龄的古榕尚存 19 棵，在校园内绿荫蔽天，姿态婆娑，也算是造币厂对后人的另一种福荫吧。

在历史上，黄华塘所在的广东造币厂还发生过另一些大事件。在造币厂逐渐走向衰落后，孙中山在黄埔长洲岛上创办“黄埔军校”，造币厂遂成为军校枪炮寄存之地。大革命时期，国民革命军第二师师部和广州卫戍司令部设于广东造币厂。1926 年 3 月，蒋介石策划了“中山舰事件”等反共事件，周恩来曾到此地与蒋介石进行严正交涉。

1938 年 5 月，黄华塘先后两次遭日本飞机轰炸，死伤 100 多人，建筑物损毁严重，后立碑“血泪洒黄华”，碑高 1. 71 米，宽 0. 76 米，刻于 1946 年 7 月，以花岗石镌刻。石碑正中刻隶书“血泪洒黄华”5 个大字，旁有碑文记述日寇轰炸黄华塘乡民的情况，以供后人瞻悼。抗战胜利后，厂址由兵工署第八零工厂借用。解放初期，黄华园成为华南师范学院暂住地。1958 年 8 月至今，黄华园一直作为中共广东省委党校的校园。

黄华园内，现存与造币厂同期所建的水泥圆顶凉亭一座，亭有五柱，在柱上分别隶刻了五条古代圣贤名言：

第一条：仲尼之言曰自古皆有死民无信不立；第二条：子舆之言曰夫人必自侮而后人侮之；第三条：武侯之言曰淡泊以明志宁静以致远；第四条：武穆之言曰文官不爱钱武官不惜命；第五条：亭林之言曰天下兴亡匹夫与有责焉。

第一条出自孔子《论语·颜渊》。是古代民本论提出的一种道德要求。警示执政者获得民众的信任远比生命更重要。没有诚信，就无立国之基；第二条出自《孟子·离娄上》。这一条是告诫后人必先自尊、自重、自强，否则只会落得受辱的下场。子舆，即孟子；第三条出自《诫子书》。启示后人要看轻世俗名利，生活淡泊才能心志高远。武侯，即诸葛亮的谥号；第四条是岳飞矢志完成抗金收复中原大业时的一句名言，以为官、治官之道，来告诫从政者应该恪守道德底线，不可因迷恋钱财、贪生怕死而丧失操守。武穆是岳飞的谥号；第五条是顾炎武的名言，意思是国家民族兴盛或衰亡，每个普通的人都有责任。凡读此条者都不免深受感染，跃然而生一片爱国情怀。

五柱亭虽外形简单，但其后正好有浓荫华盖的大榕树为背景，图书馆与其相对面立，形成一种雅致的人文格调。

寒来暑往，斗转星移。进出黄华园学习的领导干部，先看凉亭古训，明德修身；再入课堂，研习理论。黄华园的风雨沧桑，恰映衬出今日熔炉锤炼为国为民的深远情怀。

（作者单位：中共广东省委党校办公室）

一生等于30年

苏戎安

2012年是我们安徽师范大学外国语系俄语专业78级大学同学毕业30周年。30年弹指一挥间，可人生能有几个30年！我同几位老同学相约，一定要回母校参加这次难得的师生聚会。对我们这群有着特殊历史机缘的人而言，正是这30年路程铸就了我们的一生，30年岁月烙下的集体记忆，让我们不由得心生一种感慨："一生等于30年"。

对我而言，这种感慨多少还有另一层意思，那就是同这30年来我自己的文学记忆，特别是对一位苏联作家作品及他的一位中译者的记忆有关。这位作家就是钦吉斯·艾特玛托夫（1928—2008），一位颇有世界影响的苏联和吉尔吉斯斯坦作家。艾氏是二战后成长起来的一位才华横溢的苏联作家，其作品被翻译成多种文字在世界一百多个国家出版。他的创作以张扬人性而闻名，其代表作有《查密莉雅》《白轮船》《一日长于百年》等小说，作品洋溢着浓郁的生活气息和浪漫主义激情，具有鲜明的民族风格和强烈的抒情色彩，提出了尖锐的道德和社会问题。艾氏的早期创作擅长写普通劳动者的故事，如中篇小说《查密莉雅》《我的包着红头巾的小白杨》《第一位老师》等，通过青年男女曲折的爱情生活，一个个情真意切的故事，歌颂人性的美丽和人格的高尚。故事的主角，都是最普通的牧民、汽车司机、乡村教师等，读罢往往使人掩卷沉思，灵魂得到一次次净化。《一日长于百年》是艾氏的第一部长篇小说，刻画了一个默默无闻的铁路风雪小站老扳道工，他善良真诚，精神世界博大。他实践了跟老友的约定，把他埋葬在古老墓地。作品把几十年前的一些曲折坎坷的往事，通过与当前现实生活反复穿插描写，浓缩在短短一天一夜的送葬过程里，把现实和历史、神话和传统、科学和幻想自然地交融在一起，反映了作家对人生的思考：现代社会发展中，人不要失去大善和大爱的本性。古往今来，颂扬真善美，鞭笞假恶丑，都是文学创作追求的永恒主题，只是艾氏所褒扬的真善美，蕴含着一种古朴、纯真和原始味，他塑造的典型无不闪耀着人类本性中至纯至善至美的光辉，不掺杂任何现代社会的污点。同所有历史人物一样，人们对艾氏生平的评价也充满争议。20 世纪 80 年代以后，艾氏的思想观点和政治立场逐步西方化，90 年代苏联解体后他干脆从政，成为“政客兼作家”的职业外交官。俄罗斯著名文学评论家邦达连科早在 1995 年就批评艾氏“忘本”和“背叛”。我想，在苏联众多达官贵人里，艾氏的蜕变也不奇怪，不过是苏联官僚体制、特别是那种“权力与业务合一”的文化垄断体制的产物。

艾氏及其作品在 20 世纪 60 至 80 年代对中国文学产生过重要影响，但他的中国缘乃至他在苏联本国的成名，却同他作品的一位主要中译者力冈先生有关。力冈先生（1926—1997）本名王桂荣，山东广饶人，生前为安徽师范大学教授，中国作协会员，安徽作协理事。力冈先生是我国著名翻译家，他以敏锐的美感、细腻的文思、精准的传达，给后人留下了《静静的顿河》《安娜·卡列尼娜》《复活》《猎人笔记》《日瓦戈医生》等 700 余万字的经典译作，为中国的俄苏文学译介事业做出了卓越贡献。30 年前我在安徽师大有幸成为力冈先生的学生，听他讲授翻译和俄苏文学选读课。不过当年在我们眼里，他就是个很和善的普通老师，没有丝毫大家的影子。我们唯一知道的就三点：一是在历次政治运动中他都屡遭劫难，是有名的“老运动员”；二是在翻译界他是有名的“拼命三郎”，有着庞大的译书计划（这些在他生命的最后 20 年终得以完成）；三是他搞翻译以弘扬人性为己任，是中国最早关注和译介艾特玛托夫作品的作家之一。艾氏的处女作《查密莉雅》在 60 年代经力冈翻译发表，极大扩大了艾氏在中国的知名度，为奠定艾氏在苏联文坛上地位产生了重要影响。如今我们看到，在那些否定人性的荒唐岁月以及改革开放后的今天，力冈先生的译作对于人们的思想解放和道德情操的提升，都起着潜移默化的作用。

《白轮船》

有趣的是，艾氏作为前苏联体制的既得利益者和后苏联时代的新贵，生前生后都声名显赫，名利双收。而作为中国文坛的一位杰出翻译家，力冈先生一生坎坷，历经磨难，虽默默奉献，却始终寂寂无闻。他活着时从未获过任何奖励和荣誉，也没有显赫头衔，死的时候更是冷冷清清，连一纸讣告都没有。先生的人品就如同其笔名“力冈”，有着中国“臭老九”的典型性格：既忠厚善良，淡泊名利，又严谨执着，刚正不阿。他一生常因直言得罪当权者。有一年北京召开全国翻译年会，力冈居然不在名单上，最后托了朋友才作为会议工作人员得以出席。他毕生研究俄苏文学，用一流文笔译介了普希金、屠格涅夫、托尔斯泰、肖洛霍夫、帕斯捷尔纳克、艾特玛托夫等人的名著，影响了几代人，却只在去世前作为自费旅游者去过一次俄罗斯。很多校友都为力冈先生的人生际遇惋惜和抱不平；可我觉得，他不只事业成功，更活得堂堂正正，不愧是个站着的人、简单的人、纯粹的人。

感谢命运，感谢这些好的人，好的作品。虽然这30年的文学记忆没能圆我的文学梦，却让我也享有了一份温暖一生、走好一生的精神食粮。

（作者单位：中共广东省委党校科学社会主义教研部，现已退休）

喜听故事少年时

黄铁苗

我于20世纪50年代初出生于湖南汨罗农村一个贫苦的农民家庭。青少年时期最深刻的印象是“饥饿”。我记得50年代中期，家里经常吃的是稀饭，里面还要加上青菜和粉糠，1958年“大跃进”吃了半年饱饭，到1959年就进入了极端困难年代。在我所在的村子，我亲眼看到几个老人和小孩饿死。青少年时期的“饥饿”经历是我几十年来矢志不移研究节约问题的重要原因。

物质需要没有得到满足，对精神需要自然不是很强。就拿读书来说，我们家祖上数代务农，在我儿时的记忆中，家中没有一本书；也没有时间读书，当时六七岁的小孩都要去参加劳动，尤其是在“双抢”期间，小孩主要做的是割禾和插田。平时放学回到家里，也不是读书和做作业，而是到山上去搞柴火，或者提一个桶子到田里去捡螺头和捉泥鳅黄鳝。这是当时改善生活的主要来源。如果说有点空闲时间，主要是晚上，但那时农村没有电，做作业或有时看看书，凭借的就是一盏小煤油灯。

但是，我家乡汨罗毕竟是被文化名人余秋雨称为蓝墨水上游的汨罗江所在地。因为屈原在那里投江，关于屈原的许多故事村民们众口流传，代代不息。还为村民们津津乐道的是本村的两栋大屋。一栋为吴家屋，另一栋为夏家屋。相传这是明清时期的吴宰相、夏尚书的庄屋。但本地村民既没有姓吴的也没有姓夏的，连坟山也没有吴、夏两姓的碑石。有年长者给我讲过吴、夏两姓为山林打官司，以至现在还留下一条壕沟的故事。“大跃进”年代我们家在这两个屋场都住过，原来这两栋大屋都是建得很有规模的，上下三进，前有围屋、槽门，左右有花园，后有山，前有水塘。在后来的农业学大寨年代，我亲身参与了这两栋大屋场的拆换陈砖的活动，却没有见到任何关于吴宰相、夏尚书的证据。但吴宰相、夏尚书的故事却至今没有失传。

我小时候听得多的还有我们那个地方近现代史名人左宗棠和任弼时的故事。左宗棠故居在我们村西边约十华里处；任弼时故居在我们村东边约十五华里处。正是这种地方文化渊源，使得我们家乡的不少村民们大都注重读书，不少人家里都有藏书；同时一代一代不乏读书之人，在民国时期，留日、美、英、法的人都很多。土改时期，在我家乡有一个小地方，就错杀了当年的“海归”派 13 人之多，直到改革开放后才给他们平反。

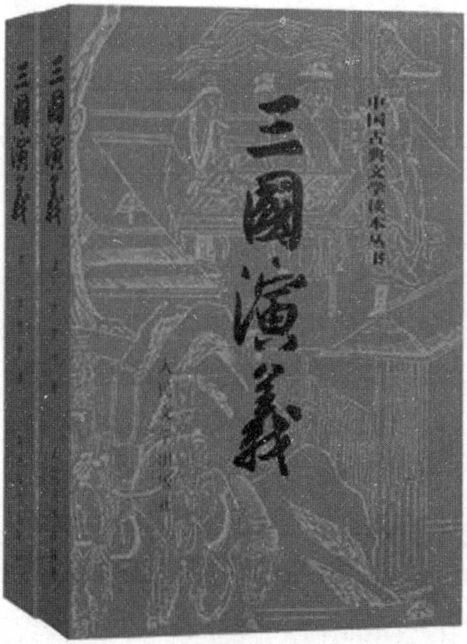

《三国演义》

20 世纪 50 年代末 60 年代初是我们国家的困难时期。尽管当时的生活极其艰苦，但在村民中，也还有人爱好读书。在我父亲他们那辈人中，有一个叫三爹的可谓嗜书如命。他大约出生于 20 世纪 30 年代初，只读过小学。但他酷爱读书，读过很多古书。他身体不强壮，休息，抓紧时间看书。甚至有时热天的晚上他也不到外面去乘凉，为防蚊子咬，他常常用一盏煤油灯，在床上放一张凳子看书，不仅将蚊帐熏得漆黑，有一次不小心，还将蚊帐点着了。70 年代末我到省城工作，他到我处，招待他最好的办法就是给他一本古书、一盒查烟、一杯泡茶。每当我看到他左手拿着书、右手夹着烟，目不转睛、全神贯注、津津有味，一坐就是几个小时的贪婪读书劲，就会想到高尔基说他年轻时读书像饥饿的人爬在面包上一样的情景。三爹不仅读书多，而且记忆力惊人。我学习、工作至今，经历了几个省，接触过不少有才华的人，在记忆方面，我感觉没有一个人能与他相比。《红楼梦》里面的几百首诗词他几乎都能背出。我曾向他请教记忆术。他说：“曹雪芹能写得出，我难道背都背不下吗!”我至今常用他的这句话来激励学生：马克思能写得出《资本论》，我们难道读都读不懂吗！三爹这个人不仅记忆力惊人，而且表达能力特强。在我家乡，会讲故事和喜欢讲故事的人很多，故事最多也讲得最好的要数三爹。他讲故事时抑扬顿挫，书中不少诗词歌赋他都能有声有色地背出来。我从八九岁起就爱听三爹讲故事，最感兴趣的是《西游记》，尤其是孙悟空大闹天宫、《三国演义》的赤壁大战、《水浒传》的武松打虎等，这些故事常使我听得如痴如醉。他讲书的时间大多是夏天晚上在坪里纳凉的时候；或者是冬天大家围炉向火的时候。

听三爹讲了这些故事后，我们村几个小孩就到处找书看。60年代初期我国发行过一套《三国演义》的连环画。在我读小学时，学校一位老师的小孩时常看连环画，我常常求着他上课时借给我，我利用上课时将书放在书桌下面赶快偷偷看完，下课就还给他。上课看别的书是我小学时期存在的一个最大的缺点，为此经常挨批评，老师登门“告状”，我父亲也对我大发过脾气。到小学五、六年级时，就不仅看连环画，能找到原著也囫囵吞枣地看。那时出版过以事件或人物为主线的《三国演义》单行本，我通过别人之手，借来看过几本。读五年级时的那年寒假，还看过一本字体很小的竖排本《薛仁贵征东》。当时正值邻里有一位老人家去世。在守夜时，我记得当时天气很冷，在一个屋里烧了一炉大火，我凑热闹，挤到一盏煤油灯下去看书。那晚三爹不知有什么事情没有到场。他要是到了，大家一定会要他讲故事。三爹没来，大家可能感到时间难打发，不知谁说了一句：“老苗（家乡不少人对我小时到现在的习惯称呼），你不要老是看书，也讲点给我们听听，”随之有不少人附和。我一看不好推辞，也就大起胆子给大人们讲起了《薛仁贵征东》。大概讲到凌晨三四点钟，主家用少量米粉加粉糠和青菜做了粑粑给大家吃，数量不多，吃到最后两个，大人们都让给我吃。我也不懂得客气，左手拿一个，右手拿一个，坐在一个大人的怀里，睡眼蒙胧地吃一口讲几句，一直讲到天快亮，《薛仁贵征东》的基本情节讲完了才回家去。那时的听书和看书纯粹是追求情节，听了看了后还大肆模仿，如做关公的大刀、张飞的丈八蛇矛、吕布的方天画戟等。打群架时，我们就搞过“三英战吕布”，有一年的正月，在我的参与下，竟然将一个年龄比我大几岁的伙伴打出了血。

我们村的不少几个男孩子都喜欢听故事和学三爹讲故事。小伙伴们一起玩的时候，在田间做事的时候，大家都争着讲。有时还互相提问，互相出考试题去为难对方。有时候的题是出于书中某一个地方，如玉泉山关公显圣，在天上说了什么话；火烧葫芦谷，突然一场大雨，诸葛亮在山顶说了什么话。有时出的是综合题，如诸葛亮一生骑过几次马，张飞一生下过几次跪等。村子里的这种氛围，促使我们看书特别用心，同时，我们那个村里的农民在一起时，不太讲色情、粗俗的话。小时的这种经历也影响到我后来的经济学学习和教学。我现在教《资本论》时，就要求学生一个房间两个人就是一个学习小组，鼓励他们互相提问题，以加深印象。

三爹不仅书读得熟，故事讲得好，而且字写得好，古文写得好，诗词对联也写得好。他还喜欢吟诗，在下地干活和收工回来的路上他经常大声吟咏诗词，那声调十分悠扬，大多显得非常悲凉。我现在偶尔也吟吟诗，方法就是从他那里学的，但怎么都吟不出他那个催人泪下的韵调。古文基础好的人，与他讲话，完全可以用文言文和随口对对联。70 年代末，我在省城读书，有年在家过年，除夕晚上，三爹带着他的一大家子人来我家送恭禧（我家乡的一种习俗，除夕晚上到别人家里去说一声“恭禧”，如同正月说一声“拜年”一样）。我出面接待时，顺便从口袋中拿出刚在别人家送恭禧时收到的烟发给三爹及他家里人。同时，我顺便说了一句：“不好意思！我以客烟待客”（不是我自家的烟），没想到三爹接过烟点燃后深深吸了一口，马上回我一句：“君何人意为人?”我一听，我们两人的话连起来就是一副对联，但我不能与他继续对下去了。

三爹讲故事主要是在“文革”之前，到了“文革”大破“四旧”，抓意识形态领域的阶级斗争，他也就很少讲了；但对于当时的社会，作为农村中的一个有文化的人，他和当时的不少知识分子一样，无疑是很有看法的。这从他当时给我看过的他自己写的几首诗词就可以看出来。我记得他写的纪念百里奚的诗的头两句就是“怀才济世不逢时，四十年来尚守株”；他写的《卜算子·咏禾》中有“风和日暖跳下田”，“深潜水底待暖和，只等春来到”等。这些诗词足以反映他的怀才不遇和对当时社会的看法。他算幸运的是，在以阶级斗争为纲的岁月里，村子里有人是想整他的，但没有抓到他的什么把柄。在一定程度上我算是帮过他的大忙的。大概是“文革”中的 1968 年暑期，有一天我听说大队第二天要抄三爹的家，说他家肯定有四旧书。当时三爹到湖北搞副业去了，我第二天吃完早饭后立即去了他家，三爹的太太我叫她立婶，她带着小孩正在吃饭。我就坐在他家的床沿上，有意无意去翻枕头下的稻草，结果看到他小孩的一个作业本，我翻开一看，全部是三爹写的诗词，可能有四五十首之多，有的我看过，有的没看过。在当时的情况下，按照无限上纲的做法，哪一首诗或词都可以说得上“反动”。我赶快将本子卷成一个筒，插入我的裤口袋内，没有让立婶和她家的小孩看到，到他家厨房的灶下一把火烧掉了。果然当天晚上有人到三爹家抄家，听说抄走了几本古书，其余什么都没有。这件事我在农村时从没有告诉过三爹，也没有跟其他任何人说过。一直到改革开放后，我在长沙工作，有一次三爹来我处，我才与他说起。他对此深表感激。

我 1991 年 6 月调至广州，住在黄华路四号之五，三爹和他太太到过我家。他于 1996 年去世，一年后，我才听说。我写了几首打油诗怀念他：

其一

去岁遥知三爹倾，经年几度梦里逢。
言谈举止犹似昔，音容笑貌宛如生。
昼思久久情难禁，夜念常常泪沾襟。
北望依依青山在，如今无复苦吟声。

其二

先生满腹是才能，博闻强记写算精。
说文论理存高见，接人待物显古风。
双手虽无缚鸡力，胸中却有降虎功。
无奈糟糠养贤才，暮年衣食尚不丰。

其三

少年蒙教忆犹新，长成指点情更深。
玉池路险同经历，埔圻风寒共艰辛。
愧无资奉延年寿，空有多年报答心。
今君不幸辞人世，故园从此少知音。

像三爹这样的土秀才在我们家乡可以找得出一大批。我自幼对他们十分尊敬，也深受他们的影响。正是他们的影响才使我这个贫苦的农家子弟在那个年代自幼多少受到了一点中国传统文化的熏陶；正是他们的影响，才使我成为了一个爱学习的人。对比他们，我深感幸运。青少年时期刻骨铭心的饥饿经历，使我树立了吃饱饭的人生初衷。过去何曾想到会有今天！因此，我十分感激我们今天的时代和社会及单位，也庆幸自己欣逢盛世；要不然，可能与三爹他们的命运相同，甚至更惨。我还庆幸的是中年到了广东。2011 年是我来广东工作第二十年，也是我的花甲之年，我曾写下打油诗一首：

庆幸中年到南方，欣逢盛世览沧桑。
三尺讲台抒胸臆，一间陋室有书香。
真心待友多挚友，乐在他乡成故乡。
甲子重开鞍未解，感恩自省鞭更扬。

（作者单位：中共广东省委党校经济学教研部）

谋生和安心

段华明

读书和学习实际上不是一回事，有关系但不一样。学习，学而时习之，既学既习，掌握一些知识，掌握一些技能，这叫学习。又学又习，使之成为一种习惯，就是成为一种技艺。这种技艺通过学术的传承，变成一种历史的记忆，这就是学术，这就是学习。读书就不是这样，读书比学习要广泛得多、自由得多。读书和学习二者之间有区别，又有联系。

我们一般人是既学习又读书。因为每个人都有自己特定的工作，不学习专门知识，要做好工作是不行的；但是另外一方面，出于各种各样的理由、各种各样的爱好，多多少少要读点书，这个读书和那个学习是有区别的。当然学习大部分是通过读书获得的，但是二者是有区别的。那么，读书有没有用处呢？这涉及到读什么书的问题。我们接触的这些书、我们这个学习，从大的方面讲有两种：

一曰谋生之学。这是满足谋生的需要的。这个范畴的读书大量的都属于学习的范畴。你要谋生，你就得学习技艺和知识，这种技艺、这种知识是非学不可的，是生存之道，属于谋生范围。比如我们当教师得表达出来。写作的技艺，讲课的技艺，这是生存之道；讲不出东西来，写不出好东西来，那当什么？笔头和口头表达不出来不行。

二曰安心之学。这是满足心理需要的，是为了个人修养。有些人喜欢琼瑶的言情；有些人喜欢金庸的武侠；有些人喜欢看经典的作品；有些人喜欢看时髦的玩意；有些人喜欢看佛教的东西；有些人喜欢看道家的东西；有的喜欢哲学；有的喜欢文学；有的喜欢历史，不一而足，因人而异。这属于安心的学问，是从兴趣和爱好出发，满足自己心理需要的。

对于我们这些人来说，谋生之学与安心之学，这两方面需要并重，都需要去学，二者不可偏废。谋生者就是要生存，安心者就是要修养。人和书之间通过既学习谋生之学，又学习安心之学，形成一种良性互动，叫做书养人，人养书。

我觉得在没有功利的状态下学习最好。因为你有内在冲动，有了功利反而不一定能学好。读书要在无用的状态下去读，要在无聊的时间去读，这含有挤时间读书的意思。

读什么书最好？除了谋生之学必学之外，安心之学、符合自己需要的知识都可以学。这就好像有的人爱打桥牌，有的人爱打麻将，尽管自由为之，随心所欲去读。读自己最喜欢的书为好。我本人有几不读：第一，假充正经的书不读。读书如学人，中国人讲究道德文章，明明知道这个人品行不行，还假充正经，他的书不值得读。到现在为止，我没有读过培根的书，他有一句“知识就是力量”的名言，但他的人品太让人不齿了，出卖恩人，贪污受贿；第二，一本正经的书不读。一天辛辛苦苦下来，已经很累了，再读那个一本正经的书，让它通过文字再来教育我，我不干；第三，不知所云的书不读。看了不知它说些什么，这样的书不读；第四，老生常谈的书不读；第五，假装深沉的书不读。把人性都掩盖起来了，故作深沉，这样的书我不读；第六，想青史留名的书不读；第七，只配放在图书馆里备查的经典不读。除了这些之外的书我都读，什么都看，只要安心所至就看，不求开卷有益，不求读书有用；只求自己快乐，只求心安理得，如此足矣。

《读书与做人》

（作者单位：中共广东省委党校中国特色社会主义研究所）

社会科学离不开文学

郑志国

从中学到大学的十多年内，我一直是个文学爱好者。说来惭愧，年轻时打算在文学上做出成绩，现在年过半百，竟然一事无成，没有发表任何文学作品。自我安慰是在大学毕业时主要兴趣从文学转移到社会科学研究。虽然在社会科学研究中也谈不上什么建树，但是毕竟投入了大量时间和精力，这对在文学上的无所作为是一种解释。几十年时间究竟干了什么，对自己总要有个交代。如果说对文学与社会科学的关系有什么认识的话，就是感觉到社会科学离不开文学。对一个人来说，较好的文学基础对从事社会科学研究是非常重要的。

虽然过去我自认为是个文学爱好者，但是几乎与红色经典文学作品无缘。从小学三年级到高中毕业，后来先后当知青和工人，十年最宝贵的学习时间在“文革”中被荒废了很多。那时红色经典多被当作“封资修”毒草加以批判，禁止在社会上流传，所以当时没有机会阅读红色经典作品。只看过《艳阳天》，再就是样板戏，电影则是《南征北战》《地道战》等，订阅了《解放军文艺》，唐诗宋词基本上没有看到，只读过一些毛主席著作和几首毛主席诗词，背诵了不少毛主席语录。所以，我在中小学期间的文学知识是非常贫乏的，遗憾地留下了一些空白。尽管如此，高中时期的作文在班上和年级还是比较出众的，常常被语文老师当作范文。记得有位高中语文老师在我的一篇作文后面题诗，其中两句为“鲁迅若还在，亦喜后来人。”这当然是鼓励和鞭策我，对学生来说，老师的鼓励往往比批评更有效。正是因为得到了老师的鼓励，我对文学的爱好持续了十多年。

“文革”结束后，赶上末班车，好歹上了个大学。图书馆有各种文学作品，我如饥似渴读了一些，主要是外国文学名著，包括巴尔扎克、雨果、莫泊桑、莎士比亚、托尔斯泰等人的作品；同时也读了一些现在被称为红色经典的小说，算是补课，累计读了一百多部作品。每看完一部都要登记，多少写点体会；还学了点文学理论。为了提高文字表达能力，在大学时期坚持练笔，每天写作不少于500字，多的时候有几千字，主要内容是描写、叙事、评论、练习表达思想。本来这些基本功在中学时代就应当练好，但是中学时期耽误了，到大学时补课，结果把大学应当完成的一些学习任务也耽误了。当时我对一些理论问题也很有兴趣，偶尔写点论文，后来主要精力用于社会科学研究也有一定的必然性。现在看来当初在大学时花大量时间看文学作品未必是最好的安排，至少应当多用些时间看社会科学名著。好在我当时也读了点《资本论》，这些经典著作的文学水平是很高的。

《欧也妮·葛朗台》

我在社会科学研究方面没有任何优势。如果说有什么方面不比一般人差的话，那就是作为社会科学工作者，文学基础还过得去。同作家相比，我的文学修养是业余水平；但是同社会科学工作者相比，在文学方面也许不是最差的。这使我从两方面受益：一是能自由地用文字表达自己的思想，不怕写不到，就怕想不到；二是文学培养了我的形象思维能力，有比较强的想象力。一些深奥的理论问题单靠逻辑推理是不够的，必须有很强的想象力。所以，文学使我终身受益。当然，由于在学术上的成就不大，也不敢说文学发挥了多大作用。联想到现在一些社会科学作品，文字功夫太差，通篇看不到一个好句子。很难想象这样的作品有什么深刻的思想。

古今中外一些大思想家、社会科学家的文学修养都很高，文字功夫特别好。对他们来说，一定的文学功底是从事社会科学研究的基础。在现代社会，特别是信息化条件下，要学的东西很多，时间和精力不够；但是对以社会科学研究为职业的人来说，还是要设法提高文学修养。好的思想应当用美的语言表达出来。

（作者单位：中共广东省委党校中国特色社会主义研究所）

以心度心品人生

——欧阳山《三家巷》与我的童年记忆

管　华

我虽然生活在广州，但平淡的日子也冲淡了对孩童时广州的记忆。让我深深记住“广州”的，源于一本叫《三家巷》的小说，以及一个初中学生从这本书出发去感受去寻找广州城的历史与现实。

一条小巷，历经百年沧桑，风采依旧；一段故事，传述万千读者，刻骨铭心。小说《三家巷》是著名作家欧阳山长篇小说《一代风流》系列中的首卷。它以上个世纪二三十年代大革命为背景，记载了广州西关官塘街三家巷里发生的一段故事。

如花似玉的女孩，穿着白夏布或绿花绉布短衫，衣袂飘飘走在白麻石铺就的巷子里，那漆花油木屐“踢里踏拉”敲出一地细碎的南音，浅浅的，脆脆的，非常悦耳；昏黄的街灯，将枇杷树叶的影子，疏疏朗朗地撒在长条石凳上；坐在上边的靓仔，赤裸着壮健的上身，浑身散发着热力，随时准备着为革命和爱情献身；远处秀媚的珠江，流着淡绿色的江水；天空好像一幅黑缎子，又暖和又柔和，闪着光……

我偷偷躲在无人的课室或被窝里，读这些描写大革命时期广州一群青少年男女的文字，一而再、再而三地被吸引。之所以选择无人的地方看书，是因为在那里更便于逃避老师和家长的监督，在那时考上大学是人生的唯一出路，我在小学、中学一直是勤奋好学的三好学生，无论是所受的教育，还是自身的认同，都把读好书，考高分作为生活的目标，像小说这类闲书是无暇、也是不该挤占学课本知识的空间的。但还是自身骨子里那些个爱好文艺的细胞，使我对文学作品之类的课外书有种渴望，看小说就如同沉浸在节日的狂欢之中……巴金的《激流三部曲》、冯德英的“三花”（《苦菜花》《迎春花》《山菊花》）等等，都是看得一头扎进去，就久久出不来。反倒是后来上大学读了中文系，当看小说成为我的学业必修课时，那种冲动却淡了许多。想必是少年时的偷偷阅读，颇有地下工作者的味道，使人不自觉地扮演某种冒险的角色，那种高度戒备的状态，让人觉得刺激异常。

《三家巷》里充满了人情味的温馨描写，让人欲罢不能，不管是区桃细腻的爱情，还是文婷的热情如火；也不管是周炳的率真坦白，还是守仁的妒火冲天，都让我看得如痴如醉。那时遇到小说表现恋爱与情感的章节，受好奇心和窥视欲驱使，尽管面红耳赤，却忍不住一看再看，直弄得心旌摇曳，久久回味。这也是我辈在成长岁月里生命中所缺失的一面。时下的90后，从电视里特别是影碟中更直接、目睹其详，早就见怪不怪。后来《三家巷》拍了电影，接着又拍了电视剧，然而文学有比影视更具魅力之处，那就是读者能够充分发挥想象力，按照你心灵中美的认知去“套”作品主人公的模样，这真是一千个读者就有一千个哈姆莱特；而影视中某个不符合你审美观念的演员简直让你倒胃口，有时即便是美，太直观了又失去了想象般若即若离的朦胧美。

《三家巷》

其实，小学时读小说，是当历史与现实来读的，全然不懂得历史与小说之区别，所以书中人物命运总是牵动着自己的情感。读《三家巷》时，虽然早已明白真实与虚构，但我还是有意无意地把自己的心融进小说中去了，仿佛跟着人家又活了一次。按照小说的指引，按图索骥般去寻那些个地名，像今天人们重走长征路似的，去走一遍周炳和区桃参加省港大罢工游行时的线路，驻足在沙基惨案纪念碑，脑海又切换出“区桃就义”的一幕。码头边，区桃被无情的子弹穿过胸膛，倒在恋人周炳的怀中，那双桃花一般的眼睛永远地闭上了。这一段成了我对这部红色经典的凄美记忆，不仅周炳忘不了区桃，相信当年广东读者的集体记忆中，都忘不了美丽又有个性的区桃。时隔二三十年了，当同事突然间向我说起这部作品时，我冲口而出就一个名字“区桃”。青春时期的阅读，犹如人生初恋，可能比较幼稚却真真正正令人难以忘怀。

至今还记得停电时烛光夜读，抑或是在户外阳光普照下沉醉于小说的情景。我爱看《三家巷》，曾经看了好几遍，还因为《三家巷》里有一种亲切感。小说是用广州话和普通话混合在一起写就的，书里的俚语、地名耳熟能详，其中的“除夕卖懒”“春节花市”“人日郊游”“乞巧女红”等等都是最原汁原味的广州生活，我特别喜爱看这些情节，因为这些风俗是既熟悉又陌生的，很多还是生活在广州的我未曾见识过的。石巷老屋、骑楼店铺、茶市食肆、桑基鱼塘、河涌蕉影等南国情调风物扑面而来，浓郁的岭南文化、广州风情、西关特色，加上青春激情、理想梦想，教人如何不想它。

感谢一部圆如明月清如水的《三家巷》，如梦境般让夜幕、星幕、雨幕、高堂华屋、小户人家、芭蕉古榕向我走来，娓娓道出一个关于激情与理想的故事；一个青春与爱情的故事。真的想在《三家巷》里再飞一会，在人头攒动的下九路和十八甫中寻觅一代儒商的伟岸身影，想象陈文婷她们对恋人不计贫富的缱绻，以及一颗找不到归依指向心灵的怅然若失，让我又能品一品曾经落下的泪、展开的笑。

（作者单位：中共广东省委党校社会和文化教研部）

《香飘四季》：“广味”陈残云与浓郁的水乡情

汤　红

当代广东文坛被公认饮誉海内外的有三人：欧阳山、秦牧、陈残云，如果说欧阳山的《三家巷》、秦牧的《花城》为我们展示了珠江两岸繁华旖旎的城市风光，陈残云的《香飘四季》则向读者描绘了岭南水乡秀丽纤巧的美景。三位作家以饱含深情的笔墨用其作品完整地勾勒、摹画、演绎出了岭南醉人的生活画卷。

《香飘四季》在20世纪60年代初一出版即成为脍炙人口的作品，并被评论界认为个性鲜明、风格清朗、自然，乡土气息浓郁，是岭南长篇小说的代表作，其作品中的“广味”可与老舍作品的“京味”相提并论，而这完全得益于作家多年扎实的生活体验。陈残云曾两次到到东莞县麻涌公社蹲点体验生活，后来他是这样回忆在东莞工作、生活的日子的：“那时我卷高裤管，光着脚板，走遍了河涌交织的村庄，结识了许多大队和生产队的干部，接触了无数战斗在生产第一线的群众，跑到哪里，住在哪里，蕉林掩映的美丽的水乡，仿佛处处都是我的家。”

和“十七”年农村题材的文学作品一样，《香飘四季》的创作，带有质朴、简单的二元价值观：以许火照为代表的贫下中农都是心地善良、苗正根红的生产积极分子；而地主等五类分子，却沆瀣一气，每天贪图私利，阴谋着如何阻碍、破坏生产。想要逃往香港的徐金贵、徐二奶、烂头海等人，最终被许火照等正面人物抓捕，由此深化了阶级斗争为纲的主题。几十年后，重温这些情节，不由让人感慨真是“三十年河东，三十年河西”。作者虽然给他笔下的人物贴上各式政治标签，但塑造的农民形象却个个鲜活传神、栩栩如生，即便是走自发的许三财、贪图安逸的许细娇，作为乡土社会的成员也未被漫画化，他们的烦恼不安让人心生同情。读《香飘四季》，你能深切地感受到作者对笔下的人与物的温情。四十年后，著名摄影记者叶健强还怀着探究的冲动，特地到与广州开发区一河之隔的东莞市麻涌镇走了一趟，去寻找在小说中“对实”描写塑造的何水生、何津、许细娇、许凤英、叶肖容、许文仔、傻子权、烂头海……在羊城晚报上发回了摄影报道《回味新看〈香飘四季〉》。

在《香飘四季》中，陈残云对蛇窝改造工程的成就进行了理想主义的美化与夸大。在他笔下，“蛇窝”成了“人定胜天”的光荣案例。因为陈残云相信：通过“大跃进”，农民们一定会实现“乌托邦”式的理想生活。陈残云作为亲历者，他自己就是社会主义建设初期东莞农民的一个缩影———虽然生活很苦，但相信未来会更好。正如他在《香飘四季》书尾中的寄语：“后生们，你们好好地干，做好我们村子的水利，也做好大伙的水利，是顶顶有出息的事啊！不管有多少艰难，不管有谁讲泄气话，都不要灰心，不要害怕，千年万代的子子孙孙，也记得你们！”

20 世纪 90 年代初，78 岁高龄的陈老依然惦记着东莞，惦记着东莞水乡人民。面对东莞水乡翻天覆地的变化，他深情地写下一首歌颂沙田新貌的诗：

十年改革展新颜，
水绕华楼树绕湾。
茅舍连绵无处觅，
农家犹记旧河滩。

《香飘四季》，陈残云著，广东人民出版社，1963 年 5 月

岁月如梭，斯人已去。2002 年 10 月，89 岁的陈残云在熟睡中安然辞世。在陈老的小说里，他笔下的人物大多淳朴善良、情真意切；小说外的陈残云本身，也是如此。女儿讲起这位和蔼可亲的父亲，总是泣不成声：“父亲的物质欲望不强，他对工作总是非常认真负责。患了老年痴呆症以后，每每见到孩子，总会出现欣喜、欢快的神情。去世前，家人用车推他去池塘看金鱼，可是最吸引他目光的却是在池边喂金鱼的孩子……”

陈老原名陈福才，读书时酷爱看《老残游记》，于是他的首批作品就以“陈残云”为笔名，而且一直沿用下来。陈残云毕生从事文学创作，在小说、诗歌、散文、电影文学和戏剧文学诸领域都取得了丰硕成果。解放初期他任宝安县委副书记，目睹边防地区对敌斗争的错综复杂，于是以这些人物故事为素材，创作了电影剧本《羊城暗哨》，影片首映即全国轰动，后被翻译成五国语言在欧亚两大洲放映，至今仍为我国反特电影的经典之作。他的散文《沙田水秀》发表在《红旗》杂志上，此乃《红旗》首次刊登文学作品，陈老一时被同行称为“红旗作家”。

陈残云身上有一股浩然正气，他曾说：“贪财的人、物质欲太强的人不要做作家，否则要自讨苦吃，到头来文章写不好，钱也弄不到。要做好作家，先要做道德高尚的人、朴素务实的人。一个作家应把写出一部好书、一部轰动的流传久远的好书作为一生追求的目标。”他的人格、品行在岁月的长河中历经洗礼，更显现出耀眼的光芒。

可以告慰陈老的是他付出的心血没有白费，现在许多麻涌人，把陈残云视为“精神遗产”的缔造者。如今东莞麻涌大力培育打造本地特色文化活动，逐步形成了读书节、艺术节、龙舟节、运动会等“香飘四季”文化品牌。心系岭南水乡的陈残云——他用自己的作品让香飘四季的东莞麻涌香飘岭南，香飘四海……

（作者单位：中共广东省委党校社会和文化教研部）

胡宗南为什么兵败延安

——和平时代再读杜鹏程《保卫延安》

王晓虎

《保卫延安》是小说体裁的军事报告文学。作者杜鹏程是西北野战军二纵独立四旅的随军记者，在与六连指战员转战陕北的数年间，他写下近两百万字的日记和素材，用写实的艺术手法，真实地再现了“真正动人的人民革命战争”的历史画卷。今天重读红色经典小说《保卫延安》，依然会再次感受到当年我军指战员不畏强敌，誓死保卫党中央、保卫毛主席的英雄气概。《保卫延安》是一本感悟我军优良革命传统的好教材，值得一读。

国共两军在西北战场的较量是典型的“非对称”战争。西北国民党军是国民党的战略预备队，兵强马壮、装备精良，胡宗南部总计 17 个整编师约 28 万人，我军在陕北地区的兵力仅有 2 个纵队又 2 个独立旅，共 2.6 万人，且装备远不及国民党军。依照一般的军事常规判断，两军对阵的胜败似乎一目了然。然而，胡宗南兵败延安的历史结局，为我们留下了太多的思考空间。

1947 年 3 月 11 日，胡宗南在洛川召开军事会议，企图摧毁我军指挥神经中枢，以期达成“动摇军心和瓦解斗志”的战略目的，决定以刘戡的整编第二十九军和董钊的整编第一军组成左右两个兵团，采取钳型攻势，企图围歼陕北解放军，占领延安及其整个边区。3 月 13 日，胡宗南指挥 15 个整编旅进犯延安。19 日，令进攻部队停止前进，让开道路由整编第一师第一旅率先进入延安空城，随后胡宗南组织作战参谋捏造战报获蒋介石嘉奖。24 日，胡宗南将其前进指挥所由宜川移到延安，并抽出 5 个整编旅的兵力守备延安，机动进攻兵力减少为只有 10 个整编旅。25 日，第三十一旅在青化砭大部被歼，旅长李纪云被俘。4 月 16 日第一三五旅在羊马河被全部歼灭，代理旅长麦宗禹被俘。5 月 7 日第一六七旅在蟠龙被全歼，旅长李昆岗被俘，蟠龙储存的战略物资成为解放军战利品，胡宗南后勤供应告急。8 月 22 日，整编第三十六师在沙家店全军覆没，师长钟松化装逃脱。10 月 10 日，守备清涧的整编第 76 师被全歼，师长廖昂被俘。12 月，陕甘宁边区大部分被解放军收复。

胡宗南 3 月 19 日占领延安，随后一败青化砭，再败洋马河，又败蟠龙镇，而后屡战屡败，最终在 1948 年 4 月 22 日败逃延安，兵强马壮的胡宗南集团在一年又一个月的时间里主力部队消耗殆尽，由此走上了彻底灭亡的不归路。

胡宗南为什么会兵败延安？根本原因是抗战胜利后的国民党集团精英阶层整体腐化的不断蔓延，胡宗南不可避免感染了国民党腐败接收的“瘟疫”，重“病”缠身。抗战胜利后，国民党仓促向敌占区派遣大批军队和接收官员，各路接收大员以接收敌产之名巧取豪夺，中饱私囊。“三羊开泰”（捧西洋、骂东洋、抢大洋）、“五子登科”（贪污所接收敌产的金子、车子、女子、房子和票子）是当时百姓对国民党腐败接收的形象写照，由此爆发的腐败接收“瘟疫”席卷整个国民党集团的精英阶层，大官大贪、小卒小捞成了国民党官场的“主流文化”。到了 1947 年，“别人捞好处，我为什么不捞”演变成国民党不成文的思想价值观，整个国民党中高层干部队伍已经病入膏肓。别人在发接收财，远在西北的胡宗南当然没有闲着：他乘机挪用军费尽情挥霍，开始喜爱瑞士金表、意大利皮鞋、法国衬衣……那时，听京戏、捧名角是西安上层社会的时尚，他干脆用军费办起了私人戏班，“胡长官不仅爱听戏，还喜欢亲自登台扮唱《定军山》，经常赢得台下一片喝彩”是那个时期胡宗南生活的真实记录。胡宗南从一个信仰坚定、斗志高昂，衣着简朴、出生入死的职业军人，曾经在国民党军中创下黄埔系中的第一个将军、第一个军长、第一个兵团总指挥、第一个集团军总司令和第一个战区司令长官的传奇人物，蜕化成为手握大权、高高在上的“西北王”。

《保卫延安》

为了通过军政实力获得足够的财力享受自己的好生活，胡宗南的作战指导思想也根据自己的现实需求改变为“保存实力，驱赶共军”，不消耗自身实力成为作战的首要原则，通常都是以压倒性兵力对解放军实施驱赶式作战，即使形成对我军“铁壁合围”的有利态势，也常常改为三面推进，一面“放水”。他经常教导心腹：“马家军和阎锡山巴不得我们中央军跟共军火并，他们好渔翁得利。我们跟共党拼光了，不是等于自残吗？如果我们把共军赶走，赶到他们的地盘上，让他们互相火并、两败俱伤，这才是不战而屈人之兵，就是我们的最大胜利。”可悲的是，国民党军大部分将领都是这样相互算计的，国民党军这部庞大的战争机器在这样一群相互推诿、自保实力的关键人物手中操纵，国民党集团的灭亡也就在情理之中了。

驱赶战术不可能有战果，自然也就没有“政绩”，只能靠数字出战果，胡宗南成了“数字出政绩”的成功实践者和受益者。胡宗南占领的延安明明是一座空城，却吹嘘成一个前所未有的“大捷”。他亲自报告蒋介石：“我军经七昼夜激战，英雄的1旅（他的起家部队）终于在19日晨占领延安。据初步统计，共军伤亡约五万余，投诚二千余。”幸亏“心腹”熊向晖及时提醒：陕北共军总共不过2万多，数字有明显的硬伤，胡宗南改正为“据初步统计，共军伤亡约一万余，投诚二千余。”为了自圆其说，胡宗南抽调部队星夜在延河两岸建造假坟，每一个“阵亡人员”的坟头都用木牌标明了主人身份。还设立了十多处“战俘管理处”，将国民党青训队和担任延安城防任务的整编第二十七师2000多人混合编成了几个“俘虏队”，教会这些“解放军俘虏”一套事先编造好应付中外记者提问的“对答技巧”和“应对方案”。装扮“解放军俘虏”都是有偿劳动，胡宗南规定装扮“解放军俘虏”期间每人每天发放津贴一元。由于“解放军俘虏”人数与战报人数相差甚远，只好在中外记者参观时，采取各个“战俘”管理处互相抽调充数。不管你信不信胡宗南的“辉煌战果”，反正蒋介石是信了。欣喜之余，授胡宗南二等大绶云麾勋章重奖，胡宗南的小日子自然也就过得更加滋润。此后，国民党军各路将领争相效仿，战绩越吹越大，国民党就是在剿“匪”取得“大捷”的报喜声中，不知不觉地开始了“安乐死”。

胡宗南也懂得“得民心者得天下，民心向背决定战争胜负”的道理。为此，胡宗南在延安开设了“为人民服务处”拉拢民心：延安城内不管男女老幼，只要来服务处就发20元法币（或者等价布和米）。几天之后，胡宗南发现如此为人民服务实在难以为继，更重要的是延安百姓还是不说他好，衙门式的“为人民服务处”只好停业，胡宗南为人民服务到此结束。在边区作战，国民党军好不容易找到一个老乡当向导，十有八九是带错方向，所到之处坚壁清野，官兵筋疲力尽，常常饿饭。据国民党军《戡乱简史》记载：“我军因情报搜集无法深入匪区……尤以陕北原已人烟寥落，匪复利用其地方组织，将仅有之人与物等可资利用之力量全部撤离，使我军行动之区渺无人迹，行军作战均发生极大之困难。”胡宗南也想极力争取民众支持，他在制定《国军解放延安及陕北地区后施政纲领》时特别强调“要比共产党还革命”，提出“实行政治民主，穷人当家作主”“豁免田赋三年，实行耕者有其田”“普及教育，村办小学，乡办中学，县办大学”等具体措施。可惜在国民党政权的体制下很难实现，所有停留在纸上的承诺无非是竹篮打水而已。胡宗南得不到陕北广大人民的支持，最基本的作战机动都十分困难，也就谈不上取得作战的胜利了。

玩物丧志、投机钻营、造假浮夸，沙场何以效命？胡宗南败在自身的腐化，败在用心于战场之外，专注于官场政绩，败在背离民心。“体弱多病”的胡宗南兵败延安，一切就是那么顺理成章。

殷鉴不远当警醒，重蹈覆辙江山尽。

（作者单位：中共广东省委党校网络培训学院）

新旧文化的冲突与尴尬

——陈忠实《白鹿原》“民族秘史”浮想

刘　朋

在一代人的阅读记忆中，陈忠实的小说《白鹿原》具有不可磨灭的印迹。小说的时间背景是20世纪前半期，从辛亥革命、军阀混战到三四十年代的国共斗争。阶级矛盾、家族纷争、人性欲望的争斗，相互交织，构成半个多世纪的“民族秘史”。

《白鹿原》深刻地反映和表现出了新旧文化的矛盾与冲突。从政治思想到经济思想到文化思想，从国家观念到家族观念到家庭观念，从阶级到党派到个人恩怨，从婚姻到爱情到私人的性生活，白鹿原上的文化矛盾和冲突无处不在。冲突的一方是白鹿原固有的传统文化，它具有它内在的张力，是一个和谐的整体，以朱先生、白嘉轩、鹿子霖为代表，对人思想和行为具有极强的约束性，正如白孝文后来说：“谁走不出这原谁一辈子没出息。”冲突的另一方是外来文化，它表现为一种激进性和对传统的反抗与破坏，以鹿兆鹏、白灵、鹿兆海、白孝文以及黑娃为代表。《白鹿原》没有交代它具体是从哪里来的，但稍有历史文化知识的人都知道，它指的是近代以来主要是从西方输入进来的新文化，诸如革命理论、阶级理论、科学、民主、自由、人权、政治的党派方式等。因此，新旧文化冲突又强烈地体现为中西文化冲突。《白鹿原》深刻地反映了这种新旧文化冲突。

新旧文化冲突和尴尬首先在朱先生身上表现得非常突出。朱先生在身份上是学人，是“关东学派”的代表人物，实际上是官方文化意识形态的制定者，是中国传统儒家正统文化精神的体现者，是圣贤的表率与示范，是真正意义上的圣人。但只能是过去时代的圣人，在新时代，他却是明显落伍。他的职业是教人，方式是传统的书院讲学，这和现代教育可以说是格格不入的，所以他外出到杭州讲学，他的衣着、学术方式、学习习惯都与外面的世界不同，结果只能“乘兴而去扫兴而归”。朱先生聪灵过人，料事如神，对中国传统文化了如指掌，运用娴熟，对现实政治和文化虽然又闻又问，却一窍不通，竟然不知道“军统”为何物，“弄不清是做啥用的桶”，这极富有象征意义。朱先生是旧式的，他的眼光、追求、行为和道德标准都是旧式的。作为精神领袖，他是白鹿原上新旧文化激烈冲突的深刻原因之一。

鹿兆鹏和白灵是共产党员，他们追求个性自由，拥有独立人格和思想，是传统文化的叛逆者，但他们身上还存留着传统文化的印痕。他们虽然出身旧的家庭，但他们的主体思想却是从外面接受来的。鹿兆鹏接受了新思潮，是白鹿原上最早的叛逆者。他的反叛是在进步理论指导下的自觉行为，他虽然反对封建礼教，却被父亲三记耳光打回家完婚，传统的“尊长”思想和亲情只能使他妥协。白灵、鹿兆鹏生活的那个时代，辛亥革命、五四运动风起云涌，西方民主、自由的思想传入中国，他们接受了革命的洗礼，又到“新兴的学校去念书”，颇受欧风美雨的影响，意识的觉醒，个性的解放，使他们体察到了家族的专制和极端不合理，自觉地追求民主、自由，以求一条新生的道路。

《白鹿原》

传统文化与叛逆精神最强烈的冲击集中反映在黑娃身上。黑娃生活在极度贫困的社会最底层，他被“革命”风暴所裹挟，也像风暴一样盲目地释放着破坏一切的仇恨力量，这是对传统儒家文化的叛逆。但是，他在让生命的本能疯狂释放之后，又转而皈依了儒家的教化。然而正是在他成为朱先生“最好的”学生，成为一个心性平和的谦谦君子之后却意外遭到同是朱先生学生的“最无道德自警”的白孝文的暗算。他始终没弄明白他被判罪处死的真正原因，在我看来这既是黑娃的悲哀，更加是传统儒家文化的悲哀，儒学在阴谋诡计面前显得如此的苍白无力。在黑娃没有被儒家教化之前是一个充满生机活力和豪气干云的草莽英雄，一旦皈依教化之后反而被富于心计、虚伪、冷酷、自私的白孝文所杀。儒家传统文化，哪怕是其中经受过检验的优秀部分也在扼杀生机，同时也扼杀了自身。在那个人吃人的社会中，只有背信弃义的无耻之徒才能获得继续生存发展的权力。

随着那段历史的湮没，新中国成立后，传统儒家文化在一次次政治文化运动和经济浪潮的猛烈冲击下，特别是“文化大革命”的飓风，几乎将传统文化连根拔起，传统儒家文化几乎完全淡出人们的视野，成为模糊的记忆。

（作者单位：中共广东省委党校决策咨询研究中心、广东党建研究所）

重读的新声

——读路遥《平凡的世界》有感

董 娟

到目前为止，我最喜欢读的书是著名作家路遥于1988年创作完成的小说《平凡的世界》。这部小说以改革派人物田福军为主线，描写了中国陕北农村地区从改革前到改革开放以后发生的巨大变化，全景式地展现了中国20世纪70年代中期到80年代中期的城乡变革。该书以主人公孙少平、孙少安两兄弟为中心，生动描述了当时社会城乡各阶层众多小人物的酸、甜、苦、辣、喜、怒、哀、愁，将普通人为了日常生活进行的奋斗与付出的艰辛与整个时代进行的新旧变革巧妙地融合在一起。因此，这部洋洋洒洒百万字的作品一经面世，就获得了一致好评，并被录制成广播剧、拍成电视剧，被誉为“茅盾文学奖皇冠上的明珠”，书中人物孙少平、孙少安的奋斗经历甚至影响了一代人，是一部当之无愧的经典著作。

最早接触这本书是在读中学的时候。当我翻开第一页，便被书中的内容所吸引：1975年，雨雪连绵的场景中，陕北农村的一所县城高中，吃不起五分钱一份饭菜的主人公孙少平等所有人打完饭离开后，穿着破破烂烂的衣服出场了。人民公社、大会战、农业学大寨、阶级敌人、高粱面黑馍……故事从一开始便抓住了我的心，忘记了吃饭、睡觉，直到将厚厚的一本书全部看完。看完后，书中个性鲜明的人物一个个印在了我的脑海：吃苦耐劳、勇担家庭重担的农村能人孙少安，平凡世界的精神斗士孙少平，饿着肚子热心“革命”的贫管会主任孙玉亭，忠厚老实的农民孙玉厚，精于算计的大队书记田福堂，为爱执着的小学教师田润叶，改革派领导干部田福军，热情开朗的大学生田晓霞等等，路遥在书中生动刻画了上百位性格鲜明的人物形象。其中，书中展现的平凡人物面对生活的态度令人敬佩，与苦难奋斗的过程令人感动，与逆境抗争的精神令人崇敬！

面对现实，脚踏实地是小说中作者所倡导的人生态度。身为贫农孙玉厚长子的孙少安，尽管成绩优异；但因家境贫困，年仅 13 岁便辍学劳动，帮扶父母承担家庭重担。看着周围当年成绩不如他的人个个成了国家干部、小学教师，他并未因此怨天尤人，心平气静地继续自己的农民生涯，并依靠自己的精明强悍和可怕的吃苦精神，在 18 岁那年被社员一致推荐成为生产队队长。改革开放以后，孙少安通过自身努力由最穷的人家变成了双水村的“冒尖户”。面对现实、接受现实、脚踏实地是作者在书中所极力讴歌的人生态度。这种态度在当今浮华的现代都市人身上更加稀缺。现代工业造就繁华的同时，一夜暴富、急功近利等浮躁的心态充斥在社会的各个角落，面对现实中的不如意，很多人尤其是年轻人往往选择逃避，人们似乎都抱着一夜成名的心态在急切地寻求成功的捷径，殊不知在忙碌的追名逐利过程中丧失了人生应有的生活态度。

百折不挠、努力拼搏是小说中作者所歌颂的人生信条。领导干部田福军力主改革，屡受打击与挫折，但其坚持真理，终获成功；农村能人孙少安为了帮助村里人致富，扩大砖厂规模却遭遇破产打击，面对挫折咬牙拼搏，最终成功，并成为捐资助学，带领乡亲们共同致富的先进典型；揽工汉孙少平怀揣梦想来到城市，凭着自己的吃苦耐劳、真诚善良，在经历了无数次失业、嘲讽、失败、打击之后，终于实现梦想，成为一名煤矿工人。把生活的苦难、残酷和卑微描写出来，是路遥的特色，许多作家都能这样做。而能够把年轻人的贫穷和窘迫写得如此无辜、纯洁甚至可爱，这才是路遥的不同凡响之处。只有明白了作家对贫穷的这种诗意的态度，才理解路遥的作品；才能理解作者对生活的态度、对人生的态度；也才能在平凡的世界中找到属于自己的位置，寻得属于自己幸福。

《平凡的世界》

一本好书可以开启一个人的心智，一种精神可以鼓舞一个人的一生。《平凡的世界》中尽管描述的都是农民、打工者、煤矿工人等平凡的人，但反映了平凡人面对磨难时所表现出的坚强、隐忍、奋斗精神，像一座灯塔始终指引着我们整整一代人，就像书中孙少平所说："我们出身于贫困的农民家庭——永远不要鄙薄我们的出身，它给我们带来的好处将一生受用不尽；但我们一定又要从我们出身的局限中解脱出来，从意识上彻底背叛农民的狭隘性，追求更高的生活意义"。

（作者单位：中共广东省委党校行政学教研部）

品味俄罗斯：那些熟悉的经典及其他

呼立群

40岁以上的中国人，有很多都怀有很深的俄罗斯情结。俄罗斯对中国的影响实在是太大了，深刻地影响和改变了中国的政治、经济、文化等各个方面。在某种程度上甚至可以说，俄罗斯改变和塑造了中国的近现代史。

“十月革命一声炮响，给中国送来了马克思列宁主义”。作为中国近代两个最大的政党，国民党和共产党在大陆近30年的分分合合、谈谈打打、起起落落都紧紧和苏联联系在一起。两党的众多领导人都有着在苏联学习和工作的经历。邓小平和蒋经国就是在莫斯科中山大学的同学。蒋介石在败退台湾后亲笔写了一本书，名字就叫《苏俄在中国》。可见苏俄对中国政治、中国历史的影响有多大。在文学上，俄苏文学对中国近现代年代文学的影响也同样是巨大而深远的。俄国文学很早就传入中国，在20世纪前半叶被广泛的传播和接受。新中国成立后，苏联的文学、艺术、电影也大量进入中国，成为中国人精神生活的一部分。

俄罗斯为什么能对中国产生如此巨大而深远的影响呢？除了地理上的原因以外，中俄两国在社会、历史和文化上的相似性是最重要的原因。由于相同相似的命运和遭遇，俄国作家及其笔下的人物总是最能引发中国人的同感和共鸣。

在中国，人们对俄苏文学的喜爱、介绍和了解远远超过欧美文学。伟大的文学家鲁迅不但尽其所能地介绍、引进和推广俄苏文学，还认为其对中国人有特别的意义和价值。他以文学家的敏感觉察到中俄两国在思想、政治、经济、历史和文化上的相近相通，两国人民在心理和情感上的相似相合。

果戈理笔下的俄罗斯官吏和市民，托尔斯泰笔下的俄国知识分子和农民，肖洛霍夫笔下的顿河乡村和哥萨克，那气息，那感觉，那性格，那对话，那微小的细节，那微妙的心理，使你就像身处中国的城乡一样。除此之外，俄罗斯文学具有的强烈社会关怀和人文精神。它的现实主义风格。它对社会、对人生、对底层人民的深切关注；对国家前途、民族命运、社会问题的深入思考和揭示；对社会现实的深刻揭露和批判。凡此种种，对中国读者都有着极大的吸引力。

不遗余力地引进和推广俄苏文学远非鲁迅一人。几乎所有的俄苏文学名家名著都被中国人所关注、喜爱和研究。习近平总书记就非常喜爱俄苏文学。他几乎阅读过所有俄苏文学的名家和名著，并深受其熏陶和影响。从沙俄时代的普希金、莱蒙托夫、托尔斯泰、陀思妥耶夫斯基、屠格涅夫、契诃夫、车尔尼雪夫斯基……到列宁斯大林时代的高尔基、马雅可夫斯基、肖洛霍夫、绥拉菲莫维奇、法捷耶夫、奥斯特洛夫斯基……再到赫鲁晓夫勃列日涅夫时代的帕斯捷尔纳克、索尔仁尼琴、艾特玛托夫……再到苏联解体后被重估的叶赛宁、古米洛夫、勃洛克、阿赫玛托娃……《普希金抒情诗选》《当代英雄》《战争与和平》《罪与罚》《静静的顿河》《复活》《日瓦戈医生》等，可以说俄罗斯文学在中国的传播高潮不断，一波接着一波。

就以苏联时期红色经典文学来说吧，《母亲》《夏伯阳》《铁流》《毁灭》《青年近卫军》《钢铁是怎样炼成的》……这些作品在中国一版再版，一播再播，在相当长的时期里入选中学语文教材。“人的一生应当这样度过……”“让暴风雨来得更猛烈些吧”——这些经典的名句是整整一个时代的座右铭。曾几何时，海燕就是革命者的象征；保尔·柯察金就是布尔什维克的典范。这些家喻户晓的符号和偶像成为无数人追求仿效的榜样，自我激励的精神源泉。如果说毛泽东是中国的列宁，毛泽东思想是中国的马列主义，那中国又有多少卓娅、舒拉和保尔·柯察金呢！红色的经典，红色的时代！

《普希金诗集》

政治挂帅，文学为政治服务，文学是政治的工具是红色经典文学的最主要特征。世界上很难再找到像俄罗斯这样的国家，文学和政治如此紧密地联系在一起。美国虽然也有《汤姆叔叔的小屋》这样极富政治意义的文学作品，但是却没有像在俄罗斯和苏联那样，有那么多作家因为自己的作品或者一步登天，封官晋爵；或者流放判刑，甚至丢掉性命。一方面，政治家试图利用文学达到政治目的，所以总是关注和干预文学；另一方面，作家也试图利用文学中表达自己的政治观点，所以总是把政治隐藏在文学之中。于是文学便与政治结下了不解之缘。文学家也常常因为政治的原因而沉浮起落。文学作品洛阳纸贵，街谈巷议时有所见；但是人谈论的主题其实却不是文学，而是政治。思想性和艺术性的高度统一，是俄苏文学的一个重要标志。这一特点也深深地影响到中国近现代文学。集思想家、文学家、革命家与一身的鲁迅就是一个最典型的代表。毛泽东《在延安文艺座谈会上的讲话》更是明确地提出了这一要求和主张。

苏联解体后，俄罗斯文学也失去了往日的辉煌。随着商品经济的发展，生产方式和生活方式的改变，影视和网络的普及，文学也越来越不为人所关注。理想的破灭，激情的消退，经典文学也逐渐成为书架上的陈列品。然而不管遭受怎样的漠视和冷遇，文学依然存在并发展，更不会灭亡和消失。那些昔日的文学青年们，偶尔还会在不经意间发现那些经典，还会忍不住再翻上几页，于是那些熟悉的老朋友，那些逝去的时光和往事，便会跃然眼前，甚至会让你心头一热，眼里有点湿润。

（作者单位：中共广东省委党校科学社会主义教研部）

不废江河万古流

——重返肖洛霍夫《静静的顿河》

欧海龙

王国维《人间词话》曾将“明月照积雪”“大江流日夜”“长河落日圆”“夜深千帐灯”此类境界誉为“千古壮观”。余则独喜“大江流日夜”五字，堪为千古壮语，唯杜子美“星垂平野阔，月涌大江流”差近之。

“大江流日夜”，昼夜交替无休，大江奔流不止。不以物喜，不以己悲，时光永是流逝，而世界却默然不语。有这样一些河流，世世代代，奔涌不息；有这样一些民族，漂泊流离，血泪斑驳；有这样一些歌声，如泣如诉，千古传唱……

在世界文学的殿堂有这么一条河，汪洋恣肆，浩浩荡荡，却静静地流淌，不为战争，不为政治，只为了流淌，它的名字叫做顿河。初读肖洛霍夫的《静静的顿河》，还是少不谙事的年龄，习惯了马嘶风鸣咆哮怒吼的黄河、乱石崩云惊涛裂岸的长江，我于是诧异于这是一条怎样的河流，为何被肖洛霍夫冠之以“静静”二字？若干年后，当我重读《静静的顿河》这本书时，扉页上金人先生译的“卷首诗”一下子涌入我的眼眸：

> 我们光荣的土地不是用犁来翻耕……
> 我们的土地用马蹄来翻耕，
> 光荣的土地上种的是哥萨克的头颅，
> 静静的顿河到处装点着年轻的寡妇，
> 我们的父亲，静静的顿河上到处是孤儿，
> 静静的顿河的滚滚的波涛是爹娘的眼泪。
> ……

顿河这条伟大的河流，承载着梦想，承载着失望，承载着血泪，承载着欢

笑，承载着屈辱，承载着荣光，在痛苦和流血之后最终走向了社会主义。当昔日的少年被岁月刻下一条条印痕，我心中的顿河不期而至。当我置身于大兴安岭的茫茫林海和无边的林涛里，顿感渺小如蜉，像掉进林海里的一枚松针；当我独坐于阳关古道上，仰视苍穹，看斗转星移、月盈月缺，在“生而不倒一千年，倒而不死一千年，死而不朽一千年”的胡杨前，唯有噤若寒蝉，如茫茫大漠中的沙砾一颗……顿河是静默的，哺育着乌克兰人、俄罗斯人甚或是奥地利人，承载着或漂浮或沉淀或洗刷的一切的一切，无关风月、宠辱不惊、静默如山、不舍昼夜，流淌再流淌。有容乃大，只有达到有容的深境才能“静静”无言，顿河原来是如此庄严肃穆地静默着！

在世界民族的森林有这么一个游牧族群，聚居在顿河两岸，他们对顿河充满激情地由衷礼赞，顿河草原上散发出的青草和泥土的浓烈味道，让他们迷醉如狂。他们骁勇善战，骑术精湛，不为沙皇，不为庄稼汉，只为了自由自在无羁无绊，他们在突厥语中意为自由的人，他们的名字叫做哥萨克。

《静静的顿河》

哥萨克是一个特殊的群体，顿河水见证了他们太多的荣光与勋章，他们的荣誉感和归宿感注定属于顿河。顿河哥萨克既不想参与白军，也不想参与红军，只要是侵入顿河流域的异己力量，他们都本能地排斥与抗拒，一如保护自己老迈的父亲、母亲。然而，哥萨克扛着马刀的那份英豪在现代机械化战争前毫无意义，骑兵注定要告别顿河两岸。哥萨克已经失去了往日的辉煌，热血的哥萨克纵有万丈豪情，也掩盖不了历史的沧桑。主人公葛利高里不是英雄，他也无法成为英雄。他懦弱，他简单，他空虚，他孤陋寡闻，他郁郁寡欢，他摇摆不定，他矛盾重重，他拥有一个平凡人所有的一切弱点，然而永远是平凡人写就历史，肖洛霍夫也许不太想告诉我们这一切，而葛利高里却一直在讲给我们听。《静静的顿河》中的哥萨克是罗丹雕塑的那个思想者，那个坐在地狱门前赤身裸体的人，他的绝望与希冀只停留于那一瞬间，他向人赤裸地证明活着的价值：不在于过去，不在于未来，而在于现在。所有人都是迷茫的，在这本书里，在这本热烈的、沉郁的书里，他们的绝望与希望如他们所热爱的河流一般飞腾在他们的土地上。

历史造就了一群人，也毁灭了一群人；政治解放了一群人，也抛弃了更多的人。书中哥萨克古歌如是唱到："光荣的静静的顿河回答说：我的水怎么能不浑浊/我放走了自己的美丽的鹰/美丽的鹰，就是顿河的哥萨克/失去了这些鹰，我的陡峭的堤岸就只好被河水冲刷/失去了这些鹰，黄沙才堆积成浅滩。"当哥萨克昔日的英雄葛利高里身心疲惫地回到顿河岸的家，父母、兄嫂、妻女，均已去世，他唯一拥有的就是年幼的儿子———米夏洛。一如《季风中的马》，乌日根的最后一匹骏马"萨尔拉"被解开了缰绳，朝着沙漠一般的草原深处走去，他失去了丰美而碧波万顷的草原甚至是最后一匹白色的骏马……

《静静的顿河》就是一本这样的书！它囊括了一个国家的历史与一个人的历史，但它不是一本历史小说，不是我们所以为的下里巴人———虽然作者从头到尾都是用最通俗的话语写作，它是一本厚重的书———我相信，形式永远只是装饰。那一天、那一月、那一年、那一世、那条河……然而沙砾注定要顺河流而去，静静的顿河刷去了几千年平凡人的生活印记，伴随着人类的绝望与希望继续流淌，直到不再拥有绝望与希望———他永远安静如昔、静默如昨。

（作者单位：中共广东省委党校社会和文化教研部）

梭罗《瓦尔登湖》的生态伦理意蕴

余泽娜

《瓦尔登湖》是美国19世纪自然主义者、文学家、思想家亨利·戴维·梭罗1845年前往瓦尔登湖并在湖畔居住两年之后留下的作品。它不仅被美国文学界评为毫无争议的传世佳作，而且也被生态学研究者认为是生态伦理学的发端。此书不仅细致描写了瓦尔登湖的自然美景，而且倡导人们应以简朴为生活理念，以此保持人与自然、身与心的和谐状态。其绕梁之音，回响至今。

一、这里的四季不“寂静”

1962年，美国海洋生物学家雷切尔·卡逊在其著作《寂静的春天》中写道，新化工产品的滥用虽可获得短期的经济利益，却伴随着生态环境的快速改变与新疾病的蔓延，“一种奇怪的寂静笼罩着这个地方……这是一个没有声音的春天。这儿的清晨曾经荡漾着乌鸦、鸫鸟、鸽子、樫鸟、鹪鹩的合唱以及其他鸟鸣的音浪；而现在一切声音都没有了，只有一片寂静覆盖着田野、树林和沼地。”

而时间倒流到一百多年前的瓦尔登湖，却另有一番天地。春回大地时，可以听到湖冰像挣脱镣链一样坼裂、随流飘逝，田野里渐渐出现各种鸟雀银铃般的啁啾，“变化好像是瞬间就完成了。突然，春光充满了我的小房子……”夏日的午后，坐在窗边看鹰在上空翱翔，野鸽扑棱落在枝头上，鱼鹰从湖面上突然叼起一条鱼，水貂悄悄溜出沼泽地，在岸边逮住一只青蛙……“它们让我耳目一新，为我们共同居住的大自然的多种多样与包容万象为之一振。”秋天的瓦尔登湖，风平浪静、水波不兴；可以看鸭子狡猾地来回游动，或在湖面上划船而行，与潜鸟相竞逐。冬天，瓦尔登湖的冰近看是翠绿色的，远看却是美丽的蓝色……

在瓦尔登湖畔，“根本就没有院子！无遮无拦的大自然直接就来到了你的窗台前”。在这里，每天早晨都是一次振奋人心的邀约，让生活在其间的人不免感叹“大自然的纯真和惠泽是无法描述的”。与旖旎多彩的大自然相处，感受自然的气息，甚至能感受万物与我为一，身心和谐愉悦。

二、“简朴，简朴，还是简朴”

梭罗陶醉于瓦尔登湖的春夏秋冬，享受着人融于自然之中的纯粹快乐。他不禁发问：“为什么我们应该生活得这样匆忙，浪费生命呢?”因为大多数人都把时间和精力用在了“生存”这部机器上，却往往迷失了生活的真正意义。

梭罗用自己的亲身实验，证明了人类的基本生存需要其实并不复杂：食物、住宅、衣服和燃料。以素为主的饮食、28 美元多一点搭建的小木屋、简单的衣服用品等等，这样的生活没有奢侈品，却也很健康充实。他认为：“人获得生活必需品之后，不是贪得无厌地在获取，而是另有选择”。这样的生活方式是低成本的，足以使梭罗从为生存而奔波的匆忙中解脱出来，可以一年只需工作大约六个星期便可以满足基本的生活开支。其他时间则舒适惬意地享受瓦尔登湖的自然之美，自由愉悦地阅读、思考和写作。

《瓦尔登湖》

而同时代的多数人却不是这样。彼时科学技术和工业文明已获长足发展，物质生活因之更加丰富多彩。与此同时，人的逐物之心也更强更盛，衣食住等基本生存需要被赋予更多附加成分、更多奢侈符号，成为身份和地位的象征，“人们关心的并不是真正应该敬重的东西，只是关心那些受人尊敬的东西。”而奢侈追求越多、人的生存包袱越大，不仅过度消耗、透支了自然资源，而且为求风光生存的奔波也挤压了生命的其他内容。“大部分的奢侈品，大部分的所谓生活的舒适，非但没有必要，而且对人类进步大有妨碍。”而简朴的理念可以让人类从物欲的“金银镣铐”中解放出来，让人们可以有更多的时间、精力与机会欣赏自然、感受自然、审视自我、提升自我。恰如杨绛先生所言："简朴的生活、高贵的灵魂是人生的至高境界"。

三、守护"瓦尔登湖"

客居瓦尔登湖畔的时光令梭罗无比怀念——"我第一次在瓦尔登湖上划船的时候，它四周完全给浓密而高大的松树和橡树围起……"他常在层林环绕的湖上泛舟，迎着波光山色、慵懒适意，从流飘荡、任意东西。"可是，自从我离开这湖岸之后，伐木人竟大砍大伐起来了。从此要有许多年不可能在林间的甬道上徜徉了，不可能在这样的森林中遇见湖水了。我的缪斯女神如果沉默了，她是情有可原的。森林已被砍伐，怎能希望鸟儿歌唱？现在，湖底的树干，古老的独木舟，黑魆魆的四周的林木，都没有了……"一百多年前尚且如此，现在又如何呢？

美国学者艾伦·杜宁在其著作《多少算够——消费社会与地球的未来》讥讽美国人的消费主义生活方式为"除了孩子几乎什么也不生产，并且一旦我们做了那些事，我们就降低了身价"，但西欧、日本、印度等都先后卷入这种消费主义模式。而支撑这种庞大的消费，又要毁灭多少个瓦尔登湖，增加多少雾霾、毒水呢？如果人类不警醒，那瓦尔登湖那样的美景，在后世只能定格在梭罗的时代、成为梦幻中的桃花源或香格里拉；如果人类不警醒，最终将令整个地球归于寂静，就像雷切尔所指出的："不是魔法，也不是敌人的活动使这个受损害的世界的生命无法复生，而是人们自己使自己受害。"

守护"瓦尔登湖"们，今天已迫在眉睫。让人们都像梭罗那样极简主义，或许不现实。但是，若人能多一些简朴之心、少一些被奢侈的欲求绑架，收心敛性，给自己腾出一些反思审视的时间，于"湖"于己又何尝不是好事呢？

（作者单位：中共广东省委党校哲学教研部）

罗尔斯《正义论》对中国的启示

吕艳红

20 世纪 70 年代美国著名政治哲学家约翰·罗尔斯在《正义论》中，以原初状态为前提，坚持自由优先，兼顾平等，在过程公正的基础上通过补偿社会弱者来体现社会正义，试图构建一个公平正义的社会。回顾和探讨他关于公平正义原则的论证，对构建我国社会主义和谐社会将大有裨益。

对罗尔斯的公正观的清理

（一）罗尔斯公正观的目的：分配正义原则

罗尔斯重点关注的是何种分配才是正当的、合乎道德的。他认为，一个国家的法律和制度，不管如何有效率和有条理，只要它们不正义，就必须加以改造或废除。实际上罗尔斯在这里把正义和权利看作同一个概念，认为正义的核心就是平等，公民的基本权利具有至高无上性，政府不可以任何名义和借口来侵犯。主张有限政府权力，坚决反对政府以任何借口和理由对公民正当权利的侵犯。

罗尔斯正义观的另一个显著特点即是对“社会正义”的强调，强调平等和公正。他认为人们应当平等地占有社会基本资源，将其称为“首要善”（primary goods），包括自由、权利、机会、职位、收入等等。强调国家的权责范围具有社会契约性质，它们都来自于公民们的授予或认可，行使公共权力、承担公共义务都是对公民负责。

（二）正义的路径选择：两个正义原则

罗尔斯的一般的正义观是：所有的社会基本价值（首要善），都要平等的分配，除非对其中一种或所有价值的一种不平等分配符合每个人的利益。这个一般的正义观又可分解为两个层次，就是罗尔斯最著名的两个正义原则。第一个原则简称自由原则。是有关公民的政治权利部分，用于确定和保障公民享有的平等的自由权利。这里可以看出罗尔斯的正义的核心就是平等，正义即公平，具体地说，公平的实质是社会权利、利益的公平分配。由此可见，平等地享有自由权利，是罗尔斯正义观的首要原则。

《正义论》

第二个原则有关社会和经济利益的部分，用于规定和社会及经济领域不平等权利的适用范围的，适用于收入和财富的分配。第二条原则实质是要求国家应对社会成员的社会经济差别予以调节，使之最大限度地改善最少受惠者（弱势群体）的地位。这里暗含着效率和公平之间的实现，效率要以公平为最终目标。他的第二个原则在西方社会引起了很大的争议，因为他触动了私有制的痛处，即在私有制条件下，财富和收入的分配是绝对不平等的，这是无法否认的事实。

（三）正义实现的道德约束

如果一种正义原则要想在一个社会中通行，关键就是人们能否普遍接受并相信它，罗尔斯在《正义论》的整个第三编都论述了牵涉到道德心理学和正义感形成的问题。对正义原则的选择使人们产生了正义感和道德感情；而正义感和道德感情是正义原则得以持续的条件，这成为一种互为因果的道德论证。

几点启示

虽然罗尔斯的正义观是用非历史主义、思辨的方法推演的，而且还含有一定的平均主义因素，更完全忽视人们的物质生活方式和生产方式的决定作用。但罗尔斯所研究的正义、平等思想是时代的呼唤，罗尔斯提出的两个原则对转型时期中国的现代化建设也有很大的借鉴和启迪作用。

（一）进一步加强自由、平等的马克思主义价值导向

社会公平正义是社会和谐的基本条件，中国正处在社会转型的特殊时期，当前，树立公正理念尤为重要。罗尔斯主张有限政府权力，认为政府的存在是为了更好地保障公民的权利，政府的权力是公民授予的。中国当前，就急需进一步加强政府的公共服务理念。实现社会公正要依赖政府实行的公共政策，政府要提高社会公正的程度，坚持公正原则，提高公共服务质量和水平。建立符合公正的价值导向，这是政府最大限度地实现社会公正的有效途径。

（二）大力发展生产力，为建立公正和谐的社会打下坚实的物质基础

生产力是社会发展的最终决定力量，生产力的发展和物质财富的丰富是建立现代意义的社会公正的最起码的物质保障。当前，大力发展生产力，首先就是要创造更多的就业机会、拓宽就业领域，使有劳动能力的人根据自身的能力按劳取酬；其次，完善社会保障体系，为社会公正的进一步实现创造社会环境；再次，努力提高劳动者的劳动技能、文化水平等自身素质，从内在的角度使广大群众更好地生存和发展。

（三）完善制度建设是实现社会公正的根本保证

制度是社会公平正义的根本保证，没有现实的制度保障，社会公正就成了空中楼阁。中国社会公正问题出现的一个很重要的深层次原因，就是制度不健全。中国政府当前，需要加紧对保障社会公平正义具有重大作用的制度建设，要加大力度完善民主权利保障制度、司法体制、法律制度、公共财政制度、收入分配制度和社会保障制度等基本制度。为保障社会公平正义营造一个公正的社会制度环境。

总之，社会公正是对社会现实的评价性反映，它以理想完满的方式把握社会现实，即它通过对不完满的社会现实的批判，使理想以完满的方式在理念中存在，并反过来规范、要求和指导现实从而促进社会的发展和进步。

（作者单位：中共广东省委党校哲学教研部）

世界是平的，地球是圆的

——克罗斯比与《哥伦布大交换》

程雨燕

“哥伦布大发现”早已作为具有公论的里程碑事件被载入史册，“哥伦布大交换”却是由《哥伦布大交换———1492年以后的生物影响和文化冲击》一书的作者克罗斯比带给我们的新概念。在本书的阅读过程中笔者不禁联想到三个关键词:《山海经》、风马牛不相及、还有利奥波德。

“《山海经》印象”可以用来概括《哥伦布大交换》开篇在描述对比分明的新旧大陆时带给笔者的冲击。克罗斯比对于美洲原始风物的展现：“欧洲没有大如美洲绿鬣蜥的蜥蜴，恐怕也没有这般丑陋之物。这种鬣蜥，令意大利探险家亚美利哥想到传说中大飞蟒的故事，就只差没有翅膀”，类似先秦古籍《山海经》中随处可见的对于奇鸟异兽的描述：“山中有一种奇特的野兽，它的形体和猪很相似，却长着像禽兽趾一样的脚”。难怪记述中国古代民俗、物产、神话、巫术、宗教等内容的奇书《山海经》被定性为古老的地理书，而非仅仅是神话。旧大陆的独特物种让新大陆的人们认识到大自然运用漫长的时间钝器有能力模造出不同的生命形式。但这些新大陆的人们首先想到的不是“敬畏”，而是“探索”或者“征服”，哥伦布大交换随之展开。

“风马牛并非不相及”可以用来涵摄《哥伦布大交换》中段对于大交换实证部分带给笔者的感慨。“风马牛不相及”最早见于《左传·僖公四年》：“君处北海，寡人处南海，唯是风马牛不相及也”，本指齐楚相去很远，即使马牛走失，也不会跑到对方境内，比喻事物彼此毫不相干。然而此语以现代的眼光来看未免太过局限，不要说齐楚之间，两大洲之间尚且可以“风马牛相及”。克罗斯比告诉我们“玉米和梅毒”一样能扯上关系，他从生态学的角度诠释了1492年哥伦布首次航行到美洲大陆后，随着旧大陆与新大陆之间联系的开始，一场关于植物、动物、病菌、人种、乃至信仰在东半球与西半球之间的引人注目的大交换。

这场并不平等的，以利益为驱动，以征服为目的，以科学为利器，以市场为导向的大交换一直延续至今。伴随着它对人类物欲的满足，人口激增、资源耗竭、水土流失、疫病爆发、基因干涸等问题也渐次现显。

“向利奥波德致敬”可以用来传达《哥伦布大交换》结尾部分克罗斯比对于大交换的理性省思带给笔者的触动。现代环境主义之父利奥波德这样来概括他土地伦理的含义：“一个事物，只有在它有助于保持生物共同体的和谐、稳定和美丽的时候，才是正确的；否则，它就是错误的”，第一次从伦理的角度提出人和自然关系的标准。克罗斯比回应并深化了这一理念，让人们用学术的态度来看待社会事件给生态带来的颠覆影响，以及生态在人类历史中所扮演的重要角色，并且为此抒以深深的忧虑：“我们本身，以及这个星球上的所有生命，因为哥伦布而比以前贫乏，而这种贫乏现象只会有增无减”，显然并不看好这场为了眼前方便而劫掠未来的大交换。

《哥伦布大交换》

五百多年前，哥伦布使用简陋的导航技术穿越海平面并安全返航，以此证明“地球是圆的”，哥伦布大交换从此开始。现在，人们在鼠标轻点之际、屏幕翻滚之间，通过全球经济体的高速发展、密切合作及复杂外交已经可以傲然宣称“世界是平的”，人们在改变自身生活方式的同时，也更有信心和野心将地球由圆的变为平的；然而以人际社会关系为核心的世界可以是平的，以人与自然关系为基础的地球却只能是圆的，以人类的有限知识及个别好恶替代大自然选择物种，只会因为出于对经济利益的一味追逐而导致物种生存机会的不平等，从而最终打破生物共同体的和谐、稳定和美丽。

最后，值得一提的是，在内容之外笔者同样关注本书的写作方法。作者的学术坚持令人感动。该书于19世纪60年代写就，70年代方为出版社所接纳，经历了苛刻、冷淡甚或怀疑的书评，直至跃上全美许多大学的书单成为必读书目。作者的严谨态度令人起敬，130 页的书稿却有 40 多页的注释。作者的研究视野极为开阔，尽管其所运用的并非第一手史料，但是能将生态学、历史学、医药学、植物学、人口学等领域的知识纵横贯穿本身即并非易事。作者的语言表述甚为练达，以风趣幽默的乐观笔触诉说了一个引人遐思的悲观主题。

（作者单位：中共广东省委党校法学教研部）

情理乎？法理乎？

——萨伯《洞穴奇案》与一场法律思想的盛宴

柯　旭

《洞穴奇案》是由两位著名的法理学家，跨越五十年时间而共同书写的一本奇书。在一个虚构的案例里，两位作者先后提供了十四位法官的判决，缜密严谨，犹如一场思想的盛宴。

纪元4299年5月上旬，在纽卡斯国发生了一起令人悲伤的遇险事件。5名洞穴探险人员在一个山洞里遭遇山崩。营救火速展开。然而，由于救援难度极大（其中一次山崩导致10名救援人员在救援过程中遇难），最终营救成功的时候，已经是遇险后的第32天。获救的4名探险队员逃出生天，即面临谋杀的指控，因为他们在遇险的第23天杀害了第5名探险队员，啖其血肉，支撑到重见天日。围绕着这4名探险队员的罪与非罪，纽卡斯国最高法院的法官们陷入了各种各样的理论困境与舆论漩涡中。

这样一个集中而尖锐地体现人性善恶冲突，制度矛盾含混的案例，《洞穴奇案》的写作重点却全不在此，证据是非常明白直接的：这个设计精巧的案例仅仅在这本含170页正文的小书中占据1页左右的篇幅。那么剩下的笔墨都落在何处呢？

《洞穴奇案》里提供了前后14位法官的判决，几乎可以成为其中的典范，尤为有趣的是，每一位法官，针对同一个案件，发表了看上去都逻辑完美、推理正确、自圆其说的判决，然而，这些判决结果却是相互矛盾的。富勒及其后继者萨伯将法理学的各种相关理论巧妙地融合到案例的判词中去，幽微精深，缜密严谨，犹如一场思想的盛宴。

现在，让我们逐次来欣赏这一场法律思想的盛宴！

首席法官特鲁派尼坚持应该尊重法律条文的规定，鉴于纽卡斯国法律明文规定："故意杀人者应被判死刑"，本案完全符合条文关于"故意杀人"的规定，应判罪名成立。但即便是这位坚持尊重条文的法官也认为死刑适用于本案过于“严苛”，建议在法律的框架外寻求行政赦免。

福斯特法官提出了两个新颖的观点：其一，该案超出正常的法律管辖范围，即发生案件的极端环境使得本案类似于文明社会之前的自然状态，因此不能适用文明社会的法律；其二，当法律的字面含义与法律精神相违背的时候，应当追寻探究立法精神，而不是盲目适用法律条文。福斯特法官认为四名被告罪名不成立。这份判词蕴含的法律思想十分丰富，既包含了自然法思想，也包含了法律解释学上的立法者原意主义。

《洞穴奇案》

汉迪法官制作了最后一份判词。这份判词认为法律是一项人类事务，而司法部门“一旦破坏了人民大众与指导其法律、政治和经济生活的那些人的关系，我们的社会就会濒临毁灭了。那时候无论是福斯特的自然法还是基恩对成文法的忠诚都无济于事了。”而民意调查显示：“大约九成的人认为应该宽恕被告或给予象征性惩罚后释放”。最终，汉迪法官做出了无罪判决。

五十年后。在富勒提供的素材上，萨伯结合这半个世纪以来法理学发展的成果，再次奉献了九份异彩纷呈、各有特色的判决。

首席法官伯纳姆试图说服他的同事放弃与法律无关的同情和道德感，放弃以个人好恶来解释法律的企图。他的论点与五十年前的基恩法官类似，但是理由不同了，明显地体现出了时代的特点。伯纳姆法官提出：“我们生活在一个多元社会之中……生活在多元社会之中意味着，任何一种观点都不能为了官方目的被视为在道德上优于其它的观点。”多元社会提供了不同的价值追求，在这种社会中，必须警惕以“正义”之名来颠覆法律。“在多元社会中维护和平安宁甚至正义的唯一手段就是守护法律。”因此，伯纳姆法官赞成有罪判决。

塔利法官赞成斯普林哈姆法官的结论，但他提出了另外两个论据。第一，在本案中紧急避难之所以成立，原因在于“一命换多命是一项划算的‘交易’”；第二，伯纳姆法官在判决意见中提出，探险者们本可以不用选择杀人的方式，而是等待有人自然死亡，然后依靠他的血肉撑到救援到来。塔利法官对此表示反对。到底是抽签更公平，还是牺牲团队中最虚弱的一人更公平，塔利法官显然支持前者。“等待第一个人自然死亡将会使目标锁定于群体中最虚弱的成员，而不付出任何的努力来在他们之间平均分配牺牲的危险。那比本案更像是凶残的‘街头谋杀’。”因此，塔利法官也主张撤销有罪判决。

海伦法官是一位女法官，她的判决非常明显地体现了这一性别特点。她提出了基于家庭暴力事件而发展的自我防卫最新理论，即自我防卫不再需要防卫者面临的必须是“即刻”的死亡或者严重人身伤害，现在，如果被告人能够说明侵害人有滥用暴力的历史，而这种暴力史说明其在将来极有可能使用暴力威胁他人生命，那么先发制人的杀人行为在原则上也可以构成自我防卫。因此，在本案中，海伦法官要求给予这些探险者们同样的待遇，即免除他们必须在死亡来临的最后一刻才能杀人的“即时”性要求。并且，对探险者们当时心理状况的评估同样重要，“他虚弱的身体和极度饥饿带来的眩晕，加上自然的恐惧和焦虑，很轻易地超过了我们在其他案件中要求的可免责的责任能力减弱的最低限度。”她的结论是：撤销有罪判决。

特朗派特法官对塔利法官“一命换多命”的观点提出了最为强烈的反对。他提出，“在法律看来，每一个生命都是极其崇高和无限珍贵的。这让每个生命具有平等的价值。”在判决中，他还提出了，真正品德良好的人会宁愿以自己的生命为代价克制杀人。因此，他支持有罪判决。

戈德法官对决定被害者的过程十分关注。他认为，由于被害者威特莫尔虽然提议了抽签，但是在掷色子之前明确无误地撤回了同意，那么探险者之间关于确定死者的契约并没有成立。因此，杀死威特莫尔不具有契约上的合法性。所以，他赞成有罪判决。

弗兰克法官提出了有趣的假定，如果他也是在场的探险者之一，他会怎么做？他的结论是，他也会做与探险者一样的事情。“如果惩罚被告的法官都是在惩罚不比自己坏的人，那无疑是法律的耻辱。”根据这一假定，他赞成宣告无罪。

如果说法官们的判决确实反映了某种法学理论的话，雷肯法官无疑是其中最为典型的一位。他首先强调了刑罚的威慑功能，再援引“囚徒理论”论证探险者们是阴险地利用了受害者的守法心理从而达到罪恶的目的。经济学上的博弈理论为法理学在新世纪的发展提供了崭新的思想路径和分析范式。因此，他赞成有罪判决。

邦德法官提交了最后一份判决。他的结论是回避。在探险者与外界联系的过程中，极大地依赖于无线电通信。而断绝联系的那段时间正好是探险者们作出那个艰难的决定并实施的时期。到底是由于无线电电池没有电，还是探险者们在有电的前提下主动停用无线电设备？这关系到对他们行为的认定。而邦德法官在担任法官之前，曾作为律师代理过一种电压表的专利权官司。这种电压表常被用来例行检测五十年前探险者们的无线电设备里使用的那种电池的电量。以此为由，邦德法官提出：他应当回避。

最终，与五十年前一样，由于最高法院正反观点相当，最后有罪判决被维持。被告被绞死。

（作者单位：中共广东省委党校法学教研部）

晒书单：我读过的 10 本书

张　谨

（一）书名：文化与社会：1780—1950

作者：（英）雷蒙・威廉斯

荐书心语：我认为研究文化，这本书非读不可，因为它是英国新左翼的开创性之作，被称之为具有全新知识和政治传统的经典作品。该书通过考察 18 世纪下半叶至 20 世纪中叶英国 40 位著名作家与思想家对"工业"、"民主"、"阶级"、"艺术"等范畴演变历史的不同论述，阐释了文化观念及其现代含义；批判了工业主义所产生的诸种弊端及其人性扭曲；提出了"文化是一种整体的生活方式"的深刻思想。

（二）书名：文化研究基础理论

作者：（澳）杰夫・刘易斯

荐书心语：这是一本视野开阔、体系完整、又易于理解的文化专著。具体来说：一是突出了全球化的文化场景和文化空间，以此来构筑特别的文化理论；二是勾勒了与文化研究相关的众多主题，如现象学与文化、社会与文化、马克思主义与文化、语言与文化等，甚至对恐怖主义也作了文化分析；三是结合具体实例阐释，突出了大众媒介的影响力、感染力和传播力，且能做到深入浅出。

（三）书名：文化哲学

作者：（法）阿尔贝特・施韦泽

荐书心语：如果你第一次见到这本书，也许有相见恨晚之感。该经典之作于 20 世纪 20 年代在法国出版，近年来才有了中译本。作者以客观公正的笔调，对欧洲资本主义工业化和市场经济时期的社会生产实践与人们的生活状况进行了深度反思、批判。作者认为，西方文化之所以走向衰落，关键在于哲学失职，根源在于思想失灵，表征在于伦理失控。要使文化走向进步，必须发展一种新的文化模式，即“伦理地肯定世界和生命”，并以此为基点来建立文化国家。

《文化与社会（1780－1950）》

（四）书名：文化研究方法论

作者：（英）吉姆·麦奎根（编）

荐书心语：你想探索文化研究的独特方法吗？本书的撰写者都是文化研究领域的先锋人物，他们以十足的勇气和多元的方法探索文化问题，那些新的思路和研究策略可能对你有启发。该书分三个部分：第一部分概括了文化研究领域内关于批判和实践的一系列方法论观点；第二部分将文献理论具象化于实际研究，提供了说明性的例证；第三部分回顾了文化研究在何种领域作为一种智力劳动得以形成，并在何种制度条件下得以运行。

（五）书名：后现代与大众文化

作者：（澳）约翰·多克尔

荐书心语：在我看来，大众文化并非就是“下里巴人”，本书就是一部为大众文化辩护的正名之作。作者指出，现代主义批判理论夸张地将大众文化妖魔化，把它视之为文明的主要威胁；而后现代主义则认为，西方大众文化并没有助长种族主义、殖民主义、政治压抑等力量，相反，流行的大众文化具有一种哲学内涵。对比现代主义而言，后现代主义给大众文化提供了一个宽容、开放和极富张力的解释场所。

（六）书名：文化理论与现代性问题

作者：（英）阿兰·斯威伍德

荐书心语：我们一般人很少把文化放在社会学框架中进行研究。该书试图揭示文化的各种含义，并运用社会学的方法来讨论文化问题。一是把韦伯、涂尔干、齐美尔、帕森斯等人的文化理论与葛兰西、法兰克福学派、雷蒙·威廉斯等人的文化理论进行了比较性探讨；二是批判性地审视了哈贝马斯、布尔迪厄、巴赫金、杰姆逊以及贝尔的著作；三是强调了文化的理论语境和实践语境研究的重要性，并认为只有将文化与现实的社会生活联系起来考察，才有可能找到解决各种“主义之争”的有效途径。

（七）书名：文化与权力——文化研究史

作者：（澳）马克·吉布森

荐书心语：我觉得，该书的新颖之处就在于从权力的角度来探讨文化研究的历史。整个内容的跨度大致为从20世纪50年代到21世纪初的50多年时间。作者对法国的福柯、20世纪70年代伯明翰文化研究中心的研究成果，到该领域在美国的研究进展，再到现时代人们对相关问题的关注和展望，都作了较为详细而深刻的评述，解答了权力在社会、意识形态和政治等方面缠绕不清的诸种复杂问题。

（八）书名：马克思主义文化理论研究

作者：衣俊卿等

荐书心语：我想，一本好书的标准无非就是既有理论价值，又有实践意义。该书的特点是：首先，系统性。阐述了不同时期马克思主义的文化理论，如马克思主义创始人的文化理论、列宁主义文化理论、新马克思主义的文化理论、中国化的马克思主义文化理论；其次，深刻性。提炼了马克思主义文化存在论的多维价值取向，如文化与社会发展、文化与历史进步、文化与民族复兴等；最后，启发性。书中的基本理论观点有助于增强文化自觉自信，对于我们从事社会主义文化强国建设有着重要的指导意义。

（九）书名：国家文化治理：中国文化产业发展战略论

作者：胡惠林

荐书心语：这是一本国内较早探讨“文化治理”的专著。该书提出：文化治理与文化管理最突出的差别在于，文化治理是通过主动寻求一种创造性文化增生的范式实现文化的包容性发展。它是国家通过采取一系列政策措施和制度安排，利用和借助文化的功能用以克服与解决国家发展中问题的工具化。文化治理的对象是政治、经济、社会和文化，文化治理的主体是政府与社会，政府发挥主导作用，社会参与共治。由于文化产业本身具有治理属性，因此，作者从文化产业的战略价值、发展模式、“走出去”战略转型、文化民权、文化产业正义等方面进行了深入研究。

（十）书名：全面构建现代文化市场体系

作者：张晓明等

荐书心语：我之所以推荐此书，就在于全书贯穿了“使市场在资源配置中起决定性的作用”的新论断。作者在概述现代文化市场体系的基本特征、历史演变、全球化背景的基础上，重点分析了文化市场的交易对象、交易主体、交易中介以及交易环境四个基本环节；探讨了文化市场与一般市场相区别的特殊属性以及我国公共文化服务体系的建设过程；提出了建立健全文化市场体系、深化文化市场体制改革的路径选择。

（作者单位：中共广东省委党校中国特色社会主义研究所）

编后语：书香刻印着黄华园精神

《阅读是心灵的呼吸——中共广东省委党校读书文萃》是荟萃近年来中共广东省委党校教职工优秀读书体会文章而成的一部文稿，是集体智慧和心血的结晶。

近年来，广东省委党校校委会倡导在教职工和学员中开展“书香黄华园”活动，以读书为主题，引领阅读风尚，让有着红色基因的干部学府，主业主课使命下的问道情怀得到弘扬，内生出黄华园独特、深沉的读书气质：大榕树下，古亭沧桑，枝叶几度新绿；图书馆前，几张石凳，问道人不舍昼夜。天地氤氲间，南风回回暖，心语润如酥，书香催人醒。经过全校上下不懈努力，读好书、好读书；读真书、真读书，取得了丰硕成果，活动中形成的几百篇读书报告、读书心得，已蔚然成为大观。正是“书香黄华园”活动的开展，让我们有机会集结一批有思想深度和文风清新隽永的佳作的同时，也走进党校人的精神世界。

得益于“书香黄华园”活动倡导者与践行者们的共同努力，才让这一文稿的编辑出版水到渠成。我们确定的编辑思路是：一是重点打造专家学术著作对话录。对话的对象包括出版过国家级、省级及其他研究项目科研成果的党校学者。对话录试图通过对作者心灵的探寻，作者出版意图、写作主题、解决的问题、理论创新的想法，在书里书外、读书与写书、问道与心灵的关系之间，梳理书籍对为党立言的意义和价值。二是精选读书活动收集到的征文。征文所读的书籍主要为中宣部和中纪委推荐的干部读物，以及校图书馆为配合学校读书活动，根据不同学科领域为读者们推荐的100本专业书目。征文文章富有党校教育和干部培训的特点，具有党味浓郁、政治导向性强的特色。三是择优选编一部分教职工撰写的各类读书笔记。这是黄华园中爱读书的“案例教学”，尽显黄华园书香之美，是党校人工作生活中的一道亮丽的人文风景线。

本书的编著得到了中共广东省委党校校委会的关心和支持。直属机关党委主办的读书征文活动为文稿的编辑奠定了基础，校学术委员会的专家们对我们出版申报的认可，是一种巨大的激励与鼓舞，科研处王新娟副处长和谢穗岚老师对我们申报出版给予大力帮助，图书馆积极协助参与的阅读推广活动，都为本书出版惠助了一帆之风。

感谢广东人民出版社对我们出版选题的赏识与支持。

承担本书编辑工作的人员为：

编辑：王元秋、郑芸。

学者采访：王坚方、郑芸。

文字统审：李青、何宣。

本书编委会

2016 年 12 月 广州 黄华园